新型城镇化背景下特大城市人口空间分异与结构优化研究

孟兆敏 著

Research on Population Spatial Differentiation and
Structural Optimization in Megacities under the Background of New Urbanization

上海交通大学出版社
SHANGHAI JIAO TONG UNIVERSITY PRESS

内容提要

城市人口空间结构优化是我国新型城镇化建设的客观要求,我国特大城市因其人口流动的特殊规律和公共资源空间配置的区域差异,导致中心城区和城郊接合部、城市不同社区之间人口空间集聚和社会结构的差异。特大城市人口空间分异,究其根源是人口空间结构与公共资源配置关系的扭曲,因此,深入研究特大城市人口空间流动与公共资源配置之间的内在关系,揭示人口空间分异形成的内在机理,探索新型城镇化背景下特大城市有效引导人口空间结构优化的理论依据与实践路径,对加快推进我国新型城镇化建设具有重要的理论和实践意义。

图书在版编目(CIP)数据

新型城镇化背景下特大城市人口空间分异与结构优化研究 / 孟兆敏著. —上海:上海交通大学出版社,2023.3

ISBN 978-7-313-28329-0

Ⅰ.①新… Ⅱ.①孟… Ⅲ.①特大城市—城市人口—人口分布—研究—中国 Ⅳ.①C924.24

中国国家版本馆 CIP 数据核字(2023)第 035493 号

新型城镇化背景下特大城市人口空间分异与结构优化研究
XINXING CHENGZHENHUA BEIJINGXIA TEDA CHENGSHI RENKOU KONGJIAN FENYI YU JIEGOU YOUHUA YANJIU

著　　者:孟兆敏	
出版发行:上海交通大学出版社	地　　址:上海市番禺路 951 号
邮政编码:200030	电　　话:021-64071208
印　　刷:江苏凤凰数码印务有限公司	经　　销:全国新华书店
开　　本:710mm×1000mm　1/16	印　　张:15.25
字　　数:274 千字	
版　　次:2023 年 3 月第 1 版	印　　次:2023 年 3 月第 1 次印刷
书　　号:ISBN 978-7-313-28329-0	
定　　价:69.00 元	

前　言

　　城市人口空间结构优化是我国快速城市化进程中的重大战略问题。中国共产党第十八次全国代表大会报告提出了"新型城镇化"的概念。党的十九届五中全会进一步提出了新的发展阶段,高质量推进以人为本的新型城镇化的战略目标。实现新型城镇化战略是要推动我国城镇化水平和质量稳步提升,促进人的全面发展和社会公平正义。然而,我国特大城市由于人口数量快速增长,城市空间规模快速扩张,城市呈现人口空间分异现象,一定程度上制约着新型城镇化战略目标实现。城市公共资源配置对人口空间结构具有很强的导向作用,公共资源空间配置的路径与人口空间流动路径不一致,公共资源空间配置的等级差异化,导致特大城市不同社区之间、中心城区和郊区城乡接合部之间人口空间结构的异质性,同时在资本叠加效应的影响下,特大城市人口空间分异现象呈现持续加剧趋势。因此,新型城镇化背景下特大城市亟待调整公共资源空间配置的逻辑,回归以人为本和空间正义的价值导向,调整和优化城市公共资源配置,发挥公共资源配置对特大城市人口空间结构优化的导向作用,缓解特大城市人口空间分异趋势,实现特大城市人口有序流动和合理分布。

　　本书研究大致分为以下四个部分:

　　第一部分,结合空间正义理论、新型城镇化理论等,阐述新型城镇化背景下人口空间结构优化的目标、原则、核心,揭示公共资源配置引导人口空间结构优化的必要性、可行性和依据,以及公共资源引导人口空间结构优化的层次内容,为研究提供理论基础。

　　第二部分,以上海、北京等七个城市为例,结合历年人口普查数据,分析特大城市人口空间演变特征;以上海为重点城市,采用人口空间指数测量特大城市人口空间分异的异质性,采用因子分析法分析特大城市人口空间分异的集聚性,采用空间计量方法测量特大城市人口空间分异的相关性。

第三部分,论证特大城市公共资源配置对人口空间结构的影响效应。采用线性回归分析行政、产业、市场和公共资源增量对人口空间结构变动的影响。采用结构方程分析公共资源配置存量对人口空间结构分布的影响路径。采用面板数据回归分析公共资源配置对人口空间结构的时空效应;基于公共资源视角下探究特大城市人口空间分异的形成机理,揭示在传统城市化进程中,公共资源配置与人口空间流动路径的扭曲现状,并从政府和市场两个维度探究公共资源空间配置差异及等级化的形成路径,从主观偏好和客观制度两个方面探究个人需求偏好对居住决策的形成机理。

第四部分,借鉴国外城市化进程中人口空间分异与结构优化的经验和教训,从实践原则、行动目标、基本思路三个维度,提出新型城镇化背景下特大城市人口空间结构优化的实现路径,从近期、中期和远期三个维度提出逐步解决我国特大城市人口空间分异现象的行动步骤和重点任务,在此基础上,进一步提出新型城镇化背景下推动我国特大城市人口空间结构优化具体行动策略。

本书的创新价值在于:

第一,结合新型城镇化理论和城市发展理论,阐释了新型城镇化背景下特大城市人口空间结构优化的理论基础,从理论上阐释了公共资源配置与人口空间结构优化内在逻辑,公共资源配置引导特大城市人口空间结构优化内在规律,一定程度上为推动特大城市人口空间结构优化提供了学理基础。

第二,分析了人口空间演变趋势与公共资源配置趋势的路径差异,基于政府和市场逻辑,分析了特大城市公共资源空间配置的逻辑,揭示了特大城市人口空间分异的形成机理,深入阐释了我国快速城市化背景下特大城市人口空间结构演化的阶段性特征,较为深入揭示了新型城镇化背景下我国特大城市人口空间结构优化的主要制约瓶颈。

第三,运用定量分析方法,研究特大城市公共资源配置对人口空间结构的影响效应,揭示了特大城市公共资源配置对人口空间变动的影响,公共资源配置对人口空间结构的作用路径和时空效应,提出了特大城市调整和优化公共资源配置促进人口空间结构优化的实现路径,为新的发展阶段我国特大城市实现新型城镇化战略目标提供决策依据。

目　录

第1章 绪 论

　　城市人口空间结构优化是我国快速城市化进程中的重大战略问题。党的十九届五中全会进一步提出了新的发展阶段,高质量推进以人为本的新型城镇化的战略目标。实现新型城镇化战略是要推动我国城镇化水平和质量稳步提升,促进人的全面发展和社会公平正义。然而,我国特大城市由于人口数量快速增长,城市空间规模快速扩张,城市呈现人口空间分异现象,一定程度上制约着新型城镇化战略目标实现。城市人口空间分异的根本原因是公共资源空间配置的路径与人口空间流动路径不一致,公共资源空间配置的等级差异化,导致特大城市不同社区之间、中心城区和郊区城乡接合部之间人口空间结构的异质性,同时在资本叠加效应的影响下,特大城市人口空间分异现象呈现持续加剧趋势。因此,新型城镇化背景下特大城市亟待调整公共资源空间配置的逻辑,回归以人为本和空间正义的价值导向,调整和优化城市公共资源配置,发挥公共资源配置对特大城市人口空间结构优化的导向作用,缓解特大城市人口空间分异趋势,实现特大城市人口有序流动和合理分布。

1.1　研究问题的提出

1.1.1　研究背景

　　党的十八大明确提出"新型城镇化"的理念,要求在城镇化发展过程中,城镇化水平和质量稳步提升、城镇化格局更加优化、城市生活更加宜人等,要求稳步推进城镇基本公共资源常住人口全覆盖,合理引导人口流动,不断提高人口素质,促进人的全面发展和社会公平正义。十九届五中全会提出了新的发展阶段,高质量推进以人为本的新型城镇化的战略目标,新型城镇化将成为当前和未来指引城市化发展的重要理念,城市化的服务对象是人,目标是让人的生活变得更加美好,新型城镇化即是这样一种新型的城镇化发展理念,回归城市化发展的初心——以人为本。新型城镇化理念的提出,为城市化发展提出了新要求,明确了未来城市发展的思路。

改革开放的四十多年是中国经济快速发展的四十多年,也是城市化快速推进的时期,城市化发展取得了重大进展。在传统的城市化发展中,以"效率"为导向,将经济利益放在发展的重要位置,忽视了环境、社会等方面的权益,由此形成了城市现有的空间格局,这种空间格局过度受到资本、权力等的影响,忽视了城市最根本的生活群体——人,使得传统城市化发展的本质和目标偏离了城市化发展的初心——以人为本,由此产生了众多城市问题和社会矛盾,引发了城市不和谐的因素。因此需要结合当前新型城镇化的发展理念,去纠正在传统城市化发展中出现的人口空间分异等"城市病"问题。

城市化不仅是物质的空间配置,更是人口的空间流动,人口空间分异,即人口空间结构分异,是指不同群体在空间集聚上的异质化现象,在传统城市化进程中,受到各种因素的作用,特大城市人口逐步向郊区分布演变。近年来,公共资源的配置对人口空间结构的影响作用日益增强,其空间配置的路径与人口空间流动路径不一致,且空间配置的等级出现差异化,导致中心城区和城郊接合部、城市不同社区之间人口空间结构的异质性,在资本叠加效应的影响下,加剧了人口空间分异。人口本身也是城市空间的一个重要组成部分,如不加以重视,会引发城市社会空间分异,如果任其自由生长,有可能会重蹈国外城市化发展过程中社会极化的覆辙。因此,辨明公共资源配置对人口空间结构变动的影响,探明公共资源配置对人口空间分异的作用机理,是解开传统城市化发展问题的关键因素。

特大城市一直是我国经济发展的引擎,是当前我国城市群发展战略的增长极,在未来将跻身于全球城市,成为引领全球城市发展的领航员,其城市化发展阶段较其他城市早,因此将特大城市作为本研究的对象具有十分重要的意义。与此同时,无论是在资源配置还是人口集聚方面,特大城市发展的总体量和吸引力均要远远胜过其他普通城市,在城市化进程中的各种社会矛盾和城市问题也更加突出,因此解决社会矛盾和缓解城市问题的急迫性也最强。

1.1.2　研究问题

本书主要研究特大城市人口空间分异及其结构优化问题,具体而言是基于新型城镇化建设对特大城市人口空间结构优化的客观要求,分析当前特大城市人口空间演变的规律,测量及揭示人口空间分异的现状,深入研究特大城市公共资源配置对人口空间结构的影响效应,揭示人口空间分异形成的内在机理,探索新型城镇化背景下特大城市有效引导人口空间结构优化的实践路径,主要包括以下几个问题:①在新型城镇化的发展背景下,为什么要进行人口空间结构优化,优化的目的、原则以及核心内容是什么? 现阶段为什么要通过公共资源来优化人口空间结构,其必要性、可行性和依据是什么? 新型城镇化背景下特大城市通过公共资源优化人口空间结构的方式有哪些? ②在传统城市化发展过程中,特大城市人口空间演变的规律是什么? 人口空间分异的特征和程度是什么? ③公共资源配置对人口空间结构的影响效应是怎样的? 它是否影响人口空间结构变动,对人口空间分布的作用路径是怎样的,时空效应如何? ④特大城市公共资源配置对人口空间分异的作用机理如何? 公共资源空间投入的路径是怎样的? 与人口空间演变之间是否存在差距? 特大城市中公共资源投入的路径由哪些原因导致,又如何会引发人口空间分异? ⑤新城镇化背景下特大城市如何通过公共资源的配置来优化人口空间结构,其实践思路和具体措施如何? 以上皆是本研究需要解决的问题。

1.1.3　研究意义

本书对特大城市人口空间分异与结构优化问题的研究,对于加快推进我国新型城镇化建设具有重要的理论和实践意义。随着社会的进步,居民对教育、医疗等发展型公共资源的需求日益增加,公共资源配置对人口空间结构的影响效应尚未深入揭示。本书研究拟揭示公共资源配置对人口空间结构的影响效应,进而深入探讨特大城市人口空间分异形成的内在机理,这在一定程度上拓展了城市空间结构研究的学术视角;针对快速城市化造成的城市病,提出了一条与传统城市化发展不同的道路——新型城镇化,这条城镇化道路新在其根本宗旨的转变——以人为本,那么在新型城镇化背景下合理的人口空间结构是怎样的? 公共资源应当如何配置? 如何通过公共资源的配置来优化人口空间结构? 本书通过阐述新型城镇化对人口空间结构优化的要求,论述了人口空间结构优化理论的可行性、现实可能性,以及层次内容,在一定程度上丰富和扩展了城市人口结构空间优化的相关理论,具有一定的学术价值和意义。

一直以来,公共资源的均等化配置是政府所努力的目标,整个社会所追求的远景,全体公民所希望的发展,公共资源均等化配置的一个重要环节即是空间的公平配置。然而在当前特大城市的城市空间中,公共资源配置的路径与人口空间演化的路径是错位的,从而导致了人口社会空间分异。本书研究拟揭示当前特大城市人口空间分异形成的机理,进而抓住公共资源配置路径与人口流动路径扭曲的问题所在,未来公共资源在空间配置的时候,可以以此作为参考,从而缓解公共资源供需之间的空间矛盾,增进全体居民的社会福利,具有一定的现实意义。人口空间分异在一定范围内是可以接受的,但超过临界值,尤其与贫富差距叠加,就会引起居住分异,形成富人区和穷人区的显著对比,可能引发不和谐因素,本书通过构建人口空间结构优化的行动策略,引导人口空间的合理流动和分布,希望可以避免城市化进程中的贫富差距,实现以人为本、"和谐、共享"的新型城镇化建设,为政府提供决策咨询,具有一定的现实价值。

1.2　研究问题涉及的核心概念

本书的研究对象是特大城市人口空间分异与结构优化问题。具体而言,主要研究特大城市公共资源配置对人口空间结构的影响效应,揭示特大城市人口空间分异形成机理,探讨新型城镇化背景下特大城市人口空间结构优化的理论依据和实践路径。基于此,有必要首先弄清人口空间分异、公共资源的相关界定和概念。

1.2.1　人口空间分异

1) 分异及空间分异

所谓分异,即是不同寻常,有区别,表示一种由同质化到异质化,结构与功能由简单到复杂的过程和结果。空间分异来源于地理学的一个概念,某一个属性值在不同区域之间存在异质性,包括气候分带、生态分区、地理区划等。城市空间分异则将这种自然属性延续到了人类生产和生活的领域,注入了更多社会属性,如同自然属性一样,城市空间中权利、资本、资源,乃至人口本身都会产生分异的现象。

2) 居住空间分异、社会空间分异

居住空间分异的研究是地理学家和社会学家的经典研究课题。居住空间分异是指在城市中,不同特性的居民聚在不同范围内,整个城市形成一种居住分化,甚至相互隔离的状况。在相对隔离的区域内,同质人群有着相似的社会属性、遵循共同的风俗习惯和共同认可的价值观,或保持着同一种亚文化,在相互隔离的区域之间,则存在较大的差异性。

所谓社会空间分异是指社会群体和社会关系在时空变化过程中形成显著规律性差异化的现象[1][2],强调社会关系在空间中的生产,既包含主动生产,又包含被动的塑造。

从汉字的字面含义来看,居住空间分异更强调同类聚居的现象[3],对同类的分析,如果是从社会结构角度分析的,使用两者概念的分析时并没有差异;不同的是,居住空间分异的定量研究常常以住房为单位,分析由于房产价格的差异而形成的居住空间分异。社会空间分异是指由于不同群体聚居引发的贫富、生产关系、社会网络、资源获得、权利多寡的异质性。由此可见,无论是居住分异还是社会结构分异,其立足点是贫富的空间分异,从而引发资源、社会关系等的空间不正义现象。

3)居住隔离、社会极化

隔离在人文地理词典中的解释是出现两个或者更多群体在同一个城市、区域或者国家占据不同空间的现象[4]。居住隔离或社会隔离的概念来源于 Social Spatial Segregation,与居住空间分异或社会空间分异同义,在国外城市化进程中,居住空间分异或社会空间分异伴随着隔离,不同种族、宗教、职业、生活习惯、文化传统或财富关系等原因,特定群体不仅居住于特定的地理空间,而且不同类型的人群之间产生歧视、敌对的态度[5]。这种隔离多是由于种族、宗教而产生的,少数族裔在一个自由空间内是不均匀的分布,则可视为少数族裔被隔离[6]。从中文字面的解释来看,隔离比分异的程度更加严重。

社会极化(Social Polarisation)最一般的意义可能是一个社会实体内贫富差异的扩大[7]。尤其是进入全球化发展以后,纽约、伦敦等全球城市出现了高收入和低收入集团两级扩张,社会极化、居住隔离形成[8][9]。不同于居住隔离或社会隔离,社会极化是以贫富来区分人群的,而不是以种族、宗教、文化等标准来区分的,但在现实中,种族、宗教和文化又决定了贫富的差异,成为国外国家人口空间分异的极端表现。

4)人口空间演变

人口空间演变的概念主要应用在地理学的研究当中,地理学中并没有对该词语进行明确的概念界定,更多是一种约定俗称的含义,主要是指在城市化进程中,人口空间分布的变动情况,学者们多采用定量的研究方法模拟分析城市人口空间演变的态势[10]。在人口空间演变的研究中,不仅包括不同年龄、性别、户籍等自然特征群体的空间结构变动,也包含了受教育程度、职业、收入等社会结构特征群体的空间演变。最早的城市生态学研究中,建立的同心圆模型、扇形模型、多核心模型是在国外人口郊区化的进程中同时出现的人口社会结构的异质性分布规律。与居住空间分异或社会空间分异相比,人口空间演变更倾向从地理学视角来探究不同群体人口空间变动的规律。

5) 人口空间分异

本书的研究,选择了城市空间分异中一个组成部分,即人口的空间分异,它是指人口空间结构的异质性,多采用人口空间分布异质性指数去测量人口空间分异的程度[11]。这些指数包括人口性别、经济、社会、文化等特征的异质性信息,即不同人口属性群体的空间演变规律,以及他们与其他非属性群体的异质性。从研究的范围上,人口属性不仅包括性别、来源地等人口自然属性,也涵盖受教育程度、职业等社会属性。从本质上来看,无论是自然还是社会属性,它仅仅是衡量人口群体特征的指标,具有一定的必然性,但当其与社会结构、与利益获得等叠加,决定社会阶层、社会关系、贫富程度异质性的时候,则会可能引发居住分异、社会结构空间分异,引发不和谐的因素,而人口结构中的社会属性最容易产生异质性问题,因此本研究中关注的人口空间分异主要指人口社会属性中的空间异质性。

人口空间分异具有一定的程度,在一定范围内,可以提升公共资源的使用效率,过度分异则会引发公共资源使用的拥挤等问题。同时人口是城市空间的一个组成部分,又生产出城市空间的分异,当部分群体过度集聚引发城市权利、资源等获得的空间异质性时,会形成社会结构空间分异,导致城市空间的不正义现象。

与国外城市化进程中的社会空间分异或者居住分异、隔离的概念比较,在我国城市化的发展阶段,人口空间分异尚未有种族、宗教、文化的隔离,也尚未达到贫富极化的程度,也未能够产生主动的空间不正义的生产。但不可否认的是,在特大城市城市化进程中,也出现一些群体过度的空间集聚现象,而且通过购买住房,获得了某些稀缺的公共资源,引发了一些社会问题。因此本书聚焦在特大城市人口空间分异的特征和现象,着眼于揭示其形成背后的不合理逻辑,从而提出缓解人口空间分异的策略。

除此以外,本书是希望通过探究公共资源配置对人口空间结构的影响效应,揭示特大城市人口空间分异的形成机理,公共资源是本书研究的一个视角。在我国公共资源配置的对象是个人,使用的数据也是人口普查的数据,因此采用人口空间分异的概念更为恰当。

1.2.2　人口空间结构优化

1) 人口空间结构

人口结构是人口学中最基本的概念,根据人口的不同特征或属性将人口进行分类,一般而言人口结构包括自然结构、地域结构和社会结构,其中自然结构是按人口生物学特征划分的,包括性别、年龄、婚姻状况等的结构,地域结构是指人口按居住地划分,包括人口地理结构、行政结构等,社会结构是依据社会特征划分的,包括阶级、民族、文化等结构。

人口空间结构是指人口的地理分布情况,与人口结构中的地域结构同义,常常使用人口空间分布的概念,指数量上的人口空间地域分布状况。人口总量具有空间分布特征,当空间与社会属性相结合,就形成了人口社会空间结构,是指人口社会特征在空间上的表现。本书的研究对象是人口空间分异,也是从社会结构上来探讨的人口社会的空间异质性问题,在本书中所指的人口空间结构,主要是人口社会空间结构。

2) 人口空间结构优化

在人口学界并未有对人口空间结构优化的专有界定,类似的提法有人口空间优化、优化人口空间布局等,主要是从人口数量分布的角度,使常住人口在空间上的分布更加均匀,符合城市发展规律。在特大城市中,人口空间优化主要是以疏解密度过高的中心城区人口,向郊区流动为目的[12]。结合本书对人口空间分异的定义,人口空间结构优化主要是对人口社会空间结构的优化,从而改变现有人口空间分异的现状和问题,使得人口社会结构在空间上分布相对均匀。

1.2.3　公共资源

1) 公共物品

所谓物品是指物件、东西,经济学中,公共物品是指既不具有排他性、也不具有竞争性的物品[13],即每个人的消费不会以他人消费的减少为代价,由此产生了纯公共物品的两大特征:非竞争性和非排他性。第一个特征指的是,居民对该公共品的消费并不会建立在其他居民消费数量或消费质量的减少之上,在其消费的同时并不会排除其他居民同时享用;第二个特征指的是,即使居民不为公共物品的消费付费,也同样可搭便车消费,并不会被排除公共物品的收益范围,而且收益水平并不会因为不付费就降低,这是公共物品与私人物品最重要的区别特征。

2) 公共服务

公共服务是产生于 21 世纪公共行政和政府改革的理念,政府为民众提供公共设施建设,发展教育、文化、卫生、体育等事业,强调公民的权利和政府的服务性,比如政府提供的公共教育、执法、监督、税收等,由政府提供的各类服务。与物品相比,服务强调无形,物品则强调有形,但在实际应用中,由于公共服务不仅是有形的设施配置,而且需要提供相应的服务供给,从这个意义上,公共服务的概念要大于公共物品,在我国使用公共服务的概念更多。

现有我国学者对公共服务的分类方式很多,有的从服务的目的分类,分为政治性公共服务、经济性公共服务、社会性公共服务[14];有的根据服务的职责分类,包括全国性公共服务、地方性公共服务[15];有的根据产品的形式分类,包括家庭和社会提供的无形服务,依托服务设施提供的服务[16];根据服务的水平分类,包括基本公共服务和非基本公共服务[17],这种分类方式更适合我国当前公共服务提供的水平和内容,基本公共服务包括国家主要承担的,保障全体居民基本生活生存的公共服务。在基本公共服务内部,又根据消费者的需求层次将基本公共服务分为四类。一是底线生存服务,包括就业服务、社会保障、社会福利和社会救助,主要目标是保障公民的生存权;二是公众发展服务,包括义务教育、公共卫生和基本医疗、公共文化体育,主要目标是保障公民的发展权;三是基本环境服务,包括居住服务、公共交通、公共通信、公用设施和环境保护,主要目标是保障公民起码的日常生活和自由;四是基本安全服务,包括公共安全、消费安全、国防安全等领域,主要目标是保障公民的生命财产安全[18]。

我国《国家基本公共服务体系十二五规划》[19],使用了基本公共服务的概念,包括义务教育、公共卫生和基本医疗、基本社会保障、公共就业服务等保障全体成员基本生存权和发展权的公共资源。《国家基本公共服务标准 2021》[20]对基本公共服务的内容扩展到 9 个方面,22 个大类。

3) 公共资源

资源的基本定义是指可利用的自然物质,是创造人类社会财富的源泉。与物品相较,资源要比物品具有可利用的价值,且要有一定的规模,更偏重自然资源。从经济学中看,公共物品与公共资源两者也有差异,公共资源是不具排他性,具有竞争性的物品,是公共物品的一部分,也称公共池塘物品[21]。在我国,学者也使用公共资源配置,认为公共资源是自然资源与社会资源的集合,为居民提供物质生活条件[22]。

家庭生命周期学说指出,在不同的生命周期,引起居住需求的变化,从而决定迁居决策。不同的生命周期包括家庭型、事业型、消费性和社区型四类迁居方式[23],家庭型的迁居主要由于孩子的需要,一般指对教育资源的需求而选择迁居;消费性则选择市中心,具有便利商业服务业;事业型则指向靠近就业地,互补学说则进一步测量了事业型选择群体在交通成本、便利性与房租之间的平衡[24]。此外,克拉克认为除了这四种类型生活方式驱动的居住选择外,还有一些住户是为了改善居住环境,如绿地、公园等而选择的主动迁居[25]。由此可见,居住选择是居民根据自己的偏好,选择宜居性设施和环境的结果[26][27],其中,绿地[28]、公共交通的便利性[29]、教育资源[30]既是影响房价,又是影响人口空间分异的重要资源,这些资源既包括自然资源又包含社会资源,与公共资源的范畴更为接近。

从当前的发展阶段来看,家庭型、事业型、消费性公共资源尚属于准公共物品的范畴,会随着保障群体的扩大而产生竞争性,尤其是在我国基本公共资源配置的水平和质量产生区域差异的时候,优质基本公共资源的竞争性更加明显,从而产生一定程度的排他性,这也是本书研究的重点内容,与公共资源竞争性特征接近,因此本书采用公共资源的概念更为合适。

结合居住偏好理论及我国当前的发展阶段,本书将公共资源归为三类,第一类,基础交通资源,包括公路、地铁、公共交通,属于基础设施类公共资源;第二类社会发展类公共资源,包括教育、医疗、文化娱乐,旨在保障居民的生活发展权利,是当前城市居民最为重视的公共资源;第三类居住环境资源,主要是公园、绿地等受到人工规划的自然资源。

1.2.4　新型城镇化

1)新型城镇化的提出及发展

新型城镇化概念的产生可以说是经历自下而上的提出过程,最早关于新型城镇化的论文起源于学术界,2003 年,中央党校调研室谢志强教授在《社会科学报》发表题为《新型城镇化:中国城市化道路的新选择》的文章,开始探讨新型城镇化道路。在中央政策层面,2003 年党的第十六次代表大会提出了"农村富余劳动力向非农产业和城镇转移,是工业化和现代化的必然趋势,要逐步提高城镇化水平,坚持大中小城镇协调发展,走中国特色的城镇化道路"。2005 年十六届五中全会通过的《中共中央关于制定国民经济和社会发展第十一个五年规划的建议》[31]第一次使用了"工业化、城镇化、市场化、国际化"的概念,并称为"新四化"。之后2006年各省的"十一五"规划中相继展开了"新型城镇化"的专门论述。2007年,十七大报告中,新四化扩展到新五化"工业化、信息化、城镇化、市场化、国际化"。2007年年底至2008年年初,各省市将"新型城镇化"作为十七大的重要指示进行学习,国家住房和城乡建设部将新型城镇化的概念向全国推广。2009年,住房和城乡建设部强调"探索和发展新型城镇化模式是建设领域落实十七大精神,统筹经济社会发展、人与自然和谐发展的重要途径"。

2010年住房和城乡建设部副部长仇保兴发表了《新型城镇化从概念到行动——如何应对我国面临的危机与挑战》[32]一文,提出了六大转型推动"新型城镇化"建设,包括"城市优先发展到城乡互补协调发展、高能耗的城镇化到低耗能的城镇化、数量增长型到质量提高型、高环境冲击型到低环境冲击型、放任式机动化到集约式机动化、少数人先富的城镇化到社会和谐的城镇化"等方面。

进入"十二五"以后,新型城镇化的发展进入实践阶段,2011年《国民经济和社会发展第十二个五年规划纲要》[33]提出了,坚持走中国特色城镇化道路,科学制定城镇化发展规划,促进城镇化健康发展。各省的"十二五"中均提出了以"新型城镇化"发展为指导,2012年年底,中央经济工作会议在北京召开,提出了2013年经济工作主要任务,积极稳妥推进城镇化,着力提高城镇化质量。2013年,李克强在广西主持召开部分省区经济形式座谈会的时候,提出了要推进以人为核心的新型城镇化[34]。

2014年国家层面正式出台《国家新型城镇化规划(2014—2020)》[35],同年,国家发改委等11个部委联合下发了《关于印发国家新型城镇化综合试点方案的通知》[36],将江苏、安徽两省和宁波等62个城市(镇)列为国家新型城镇化综合试点地区。2015年政府工作报告明确提出"加强资金和政策支持,扩大新型城镇化综合试点"。按照国家新型城镇化综合试点方案明确时间表,2014年底前开始试点,并根据情况不断完善方案,到2017年各试点任务取得阶段性成果,形成可复制、可推广的经验;2018至2020年,逐步在全国范围内推广试点地区的成功经验。2019年,国家发改委发布了《2019年新型城镇化建设重点任务》[37],提出了推进农业转移人口市民化是新型城镇化建设的首要任务,新型城镇化的发展进入全面推进阶段。

2)我国新型城镇化的研究内容

新型城镇化的新主要体现在与传统城市化发展路径的不同,在国家新型城镇化规划(2014—2020)中(见表1-1),总结了我国在传统城市化过程中的突出矛盾和问题,表现在:①大量农业转移人口难以融入城市社会,市民化进程滞后;②"土地城镇化"快于人口城镇化,建设用地粗放低效;③城镇空间分布和规模结构不合理,与资源环境承载能力不匹配;④城市管理服务水平不高,"城市病"问题日益突出;⑤自然历史文化遗产保护不力,城乡建设缺乏特色;⑥体制机制不健全,阻碍了城镇化健康发展。

表1-1 历年新型城镇化主要任务

	具体任务
国家新型城镇化规划(2014—2020)	有序推进农业转移人口市民化,优化城镇化布局和形态,提高城镇可持续发展能力,推动城乡发展一体化,改革完善城镇化发展体制机制
2018年重点任务	加快农业转移人口市民化,提高城市群发展质量,推动城市高质量发展,加快推进城乡融合发展,深化城镇制度改革
2019年重点任务	加快农业转移人口市民化,优化城镇化布局形态,推动城市高质量发展,加快推进城乡融合发展
2020年重点任务	提高农业转移人口市民化质量,优化城镇化空间格局,提升城市综合承载能力,加快推进城乡融合发展

新型城镇化规划颁布之后,每年会出台新型城镇化的具体任务,总的来看,新型城镇化要健全城乡发展一体化体制机制,坚持走以人为本、四化同步、优化布局、生态文明、传承文化的新型城镇化道路,遵循发展规律,积极稳妥推进,着力提升质量,其核心内容是以人为本。从历年的重点任务内容来看,均包括了以下几个方面的内容:加快农业转移人口市民化;优化城镇化布局形态;推动城市高质量发展;加快推进城乡融合发展。不同的是,每年重点任务中的细节之处有所变化,如与2018年相比,在加快农业转移人口市民化的过程中,2019年规划各级别城市的落户条件进一步放开;在加快推进城乡融合发展中,2019年不再提农村土地改革(三权分置、土地确权),而是强调集建地入市、农村资产抵押、保值增值。可见,新型城镇化的推进框架基本不变,但在内容细节上每年都在调整,一步一个小目标,步步推进。

从国家新型城镇化发展的任务来看,包括宏观层次的优化城镇化布局形态,加快推进城乡融合发展等,中观层次的城市高质量发展等和微观层次的加快农业转移人口市民化等,人口空间结构的优化是在中观层次上实现城市高质量的发展。

1.2.5　特大城市

早在 1955 年国家建委《关于当前城市建设工作的情况和几个问题的报告》[38]中就首次提出了大、中、小城市的划分标准——"50 万人口以上为大城市，50 万人口以下、20 万以上为中等城市，20 万以下为小城市"。

1980 年由国家建委修订的《城市规划定额指标暂行规定》[39]将城市人口分为四个等级"城市人口 100 万以上为特大城市，50 万以上到 100 万为大城市，20 万以上到 50 万为中等城市，20 万及 20 万以下为小城市"。在官方文件中提出了特大城市的界定。

1984 年国务院颁发了《城市规划条例》[40]进一步明确了城市的范围界定，指国家行政区域划分设立的直辖市、市、镇，以及未设镇的县城。城市按照其市区和郊区的非农业人总数，划分为三级，划分标准与 1955 年相同。

1989 年 12 月《中华人民共和国城市规划法》[41]颁布，其中第一章第三条指出"本法所称城市，是指国家按行政建制设立的直辖市、市、镇"。第四条指出："大城市是指市区和近郊区非农业人口五十万以上的城市。中等城市是指市区和近郊区非农业人口二十万以上、不满五十万的城市。小城市是指市区和近郊区非农业人口不满二十万的城市。"

2008 年在改革开放 30 年之际，我国城市发展迅速，城市人口规模快速提升，按照原有标准，大城市有 240 个，中等城市 151 个，小城市 264 个。

2014 年 11 月，国务院颁布了《关于调整城市规模划分标准的通知》[42]，新标准按城区常住人口数量将城市划分为五类七档。城区是指在市辖区和不设区的市，区、市政府驻地的实际建设连接到的居民委员会所辖区域和其他区域。常住人口包括居住在本乡镇街道，且户口在本乡镇街道或户口待定的人；居住在本乡镇街道，且离开户口登记地所在的乡镇街道半年以上的人；户口在本乡镇街道，且外出不满半年或在境外工作学习的人。新标准对城区和常住人口进行了准确界定，并将城市划为了五类七档：超大城市为城市常住人口 1 000 万以上，500 万～1 000 万为特大城市，100 万～500 万为大城市(其中，300 万～500 万为Ⅰ型大城市，100 万～300 万为Ⅱ型大城市)，50 万～100 万为中等城市，50 万以下为小城市(其中，20 万～50 万为Ⅰ型小城市，20 万以下为Ⅱ型小城市)。本次城市规模调整，不仅特大城市人口的划分规模有所提升，而且又划分出一个等级超大城市，无论是超大城市还是特大城市，目前均是人口快速集聚地，城市病问题比较突出,城市管理区别于中小城市,在人口政策、户籍落户与中小城市存在一定的限制,鉴于此,学术界在对特大城市的研究中,所指特大城市常常涵盖特大城市和超大城市[43][44][45]。

根据住建部 2020 年底公布的《2019 年城市建设统计年鉴》,符合"超大城市"标准的有"上海、北京、重庆、广州、深圳、天津"6 座城市,特大城市有东莞、武汉、成都、杭州、郑州、南京、西安、济南、沈阳、青岛 10 座城市。本书对特大城市人口空间结构的分析,选取了上海、北京、天津、重庆、广州 5 个超大城市,分别代表了我国北部、中部、南部等城市圈的核心城市,且在数据上具有一定的可得性;武汉、南京 2 个特大城市,作为城市人口在 500～1 000 万的特大城市,南京是传统的特大城市,武汉是近些年中部发展较快的特大城市,分析其人口空间演化规律具有一定的代表性。

1.3 学术界研究脉络及动态

1.3.1 国外学术界研究脉络

国外关于城市空间结构的研究始于 20 世纪初期的芝加哥城市生态学派,伴随着城市化进程的加速,城市空间分异研究在不同学科得到重视和发展。研究的脉络主要可分为以下三个阶段。

1) 研究初期经典模型对城市空间演变过程的研究

伴随着国外国家进入工业化和快速城市化阶段,20 世纪初期,芝加哥生态学派首先关注了城市空间结构扩张的规律性演变,构建城市中不同社会群体居住分布的模式。该学派的主要观点认为,在自然界,植物空间位置是经过竞争而形成的,以获取充足阳光。城市也是一个有机体,在城市扩展过程中,资源是有限和稀缺的,为了获取更好的城市生态环境,家庭之间展开竞争,社会地位、经济收入等是重要的竞争因素,去竞争获得有利的资源,强者占据城市有利空间,从而形成了不同区域城市的功能形态[46],居于中心的是商业区(城市中心),依次是过渡区(下层居民居住区)、工人住宅区、高级住宅区(中产阶级区)和外围区(通勤区),形成了同心圆扩展模式[47],此后模型经过不断演进,产生了扇形扩展模式[48],以及多核心发展模式,由此城市不同区域产生了不同阶层的人口集聚。

城市地理学派强调了环境等生态因素在人口空间演变过程中的主导作用,在某种程度上忽略了城市的社会属性。新人类生态学将城市当作是一种文化形式,认为城市的生态结构不仅包括自然环境因素,而且由人口、组织、环境和技术等人文的和社会因素共同组成[49]。城市不仅是优胜劣汰的自然竞争,还需配以学校、花园、小型商店,增加公共资源设施的可达性来缓解社会的分裂[50]。

2) 研究中期对社会空间分异的多元学科探讨

20 世纪 70 年代,国外国家进入后工业化阶段,社会进入转型时期,社会问题、社会矛盾突出,各学科领域都开始关注城市的社会空间分异现象。

经济地理区位学派从经济学视角对城市区位演绎。该学派认为在自由市场体系中,企业提供土地、劳动力、资本等生产要素,使利润最大化;住户是追求花费最少化的经济人,通过居住决策实现商品和服务的最佳喜好,由此形成城市空间区位模型。假定城市是单中心,基于区际均衡和区位边际收益等,中心城区的区位地租最高。模型被不断修正,除了地租等因素,交通费用也是个人决策的重要考量[51],居住区位的抉择是居住费用与交通费用"互换"的结果,在此过程中,穷人首先考虑地点,富人首先考虑环境[52]。

行为学派将个人的心理行为纳入微观居住决策的分析中,认为由于个人态度、感觉、价值和信念等的不同,对环境感知的关系也不同,从而导致居住选择的群体或个体差异[53][54]。家庭周期学派延续了从微观视角考察居住决策的分析,它以家庭为单位,认为不同家庭所处的生命周期不同,对资源的需求不同,由此导致的居住抉择具有明显不同的区位指向[55]。

社会网络学派则认为,社会网络形成了个人社会资本的大小,决定了居住策略。城市管理学派对欧洲福利国家进行分析,认为除了由于收入导致的住房市场自由竞争,还包括政府力量对个人居住的作用[56]。城市政府的规划管制对于不同阶层起着看门人的作用,通过住房财产税、公共住房政策等方式极力阻碍低收入者从市中心向郊区发展[57]。

新马克思主义学派从政治经济学视阈提出了居住空间区位的理论,认为居住并非是个人决策的结果,而是受制于社会结构体系,由于地位不同、不同社会阶层在土地使用和开发中的权利存在差别,人口空间分异实际上反映了社会秩序、社会阶级的空间分异[58]。城市体系是阶级实践和冲突的场所,阶级关系是城市系统的结构矛盾在实践中的表现[59]。

3) 研究后期社会极化现象及解决途径的探讨

进入全球化发展以后,纽约、伦敦等全球城市出现了高收入和低收入集团两级扩张,社会极化、居住隔离形成,国外城市中,这种二元结构还夹杂了由于文化情感等因素导致的种族隔离[60][61]。基于此,西方各国采取了控制社会分化的政策以缓解日益加剧的隔离。

初期,以美国为代表的国家认为社会空间分异是贫困群体或边缘群体由于个人发展受挫,而在空间上的过度集中,因此采取了针对低收入家庭的租房补贴计划,并鼓励低收入群体搬离原有贫困社区,如美国住房和城市发展都的 MTO 计划[62]。

欧洲等福利国家则认为居住在贫困地区的弱势群体受到社会剥夺,在经济投资、就业机会、社会资本、人力资源等各方面受到剥夺,对弱势群体居住空间的治理要结合地区管制、就业、教育、宜居等全方位的治理[63],因此强调通过城市更新来实现人口混居,促进区域发展的均衡[64],一种方式通过公共住房政策来实现种族间、阶层间的融合[65][66],一种是通过向弱势阶层投入公共资源来消除社会剥夺状态,如荷兰的大城市政策和法国的国家整合项目[67]。与此同时,新城市主义强调以人为中心,鼓励交往,修复中心城区,重构郊区的方式消除隔离,促进融合[68][69]。在国外社会对空间社会治理的过程中,参与治理的主体出现了多元化的趋势,试图寻求除政府再分配和市场之外的第三方道路,整合多个部门,强调过程参与,引导资本塑造边缘社区[70]。

从总体上看,西方国家对空间结构分异的研究已经形成了较成熟的理论体系,研究内容上经过了由城市空间结构演变的关注,向城市社会分异的形成,到社会极化、居住隔离的产生,其研究轨迹从理论研究、机理探讨向公共政策完善、行动实践转变,对我国学者的研究具有借鉴和参考价值。

1.3.2　国内学术界的研究动态

伴随着我国城市化及住房市场化进程,我国学者开始关注人口空间结构问题,最早可追溯到 20 世纪 80 年代,始于地理学界。从研究脉络来看,沿袭了由人口空间演变的现象分析、社会机理分析向政策框架构建的过程转变。分学科来看,地理学从产业、交通等因素揭示人口空间扩展的途径以及从微观探究居住的区位选择[71][72];社会学分析社会空间分异的现状及排他机制的形成机理[73];管理学则构建了政策分析框架实现人口空间合理分布[74]。各学科使用的概念略有不同,但是人口的社会结构都是研究的基础。

1）对人口空间演变模式及分异特征分析

80 年代末期,我国学者开始进行城市人口空间演变规律性的探索,在研究的方法上,主要使用人口普查的数据,以街道为单位,采用因子分析的方法,探寻城市空间结构的演化特征。如南京、上海[75]、北京、广州[76]、西安[77]等区域人口空间结构的演化,这些大城市在人口结构的空间演变表现出由简单到复杂、由同质性向异质性的发展,在形态上表现出以同心圆为主、扇形模式和多核心模式结合的方式[78]。此后,部分学者对人口空间结构研究单位缩小到居委会,在空间结构形态上也得到了同样的分布特征。

在人口空间分异的特征上,在计划经济时代,我国居住空间相对均质,分异不明显。改革开放以后,我国城市出现中心城区人口减少,外围郊区人口集聚,社会空间结构更趋复杂化,异质性日益突出。与国外人口空间分异规律不同,我国城市中户籍人口、受教育程度较高人口集中,外来人口则在外围区集中。由于非户籍外来人口具有明显的低收入、受教育水平不高、低稳定性特征,因此他们中的大多数居住在棚户区、城中村等价格较低的聚居区,城市由内层向外层展现出较明显的贫富差距[79]。低收入人群聚集的社区已经显现出较差的社会问题[80]。在分异的程度上,多采用隔离指数、分异指数、集中化指数等对分异程度进行测量,五普的数据显示,上海的各类人口分异程度在 0.45 以下,并不严重,且测量区域尺度越小,分异程度越高[81]。

近年来,学者们对人口空间分异研究的深度和广度加强。在研究的群体上更加聚焦特殊群体,并关注城市郊区人口的空间分异。外来人口大多集中在郊区,其中省内移民多集中在中心城区外围,而省外移民分散在更远的远郊[82]。从分异程度上来看,城市新移民表现出城郊分异显著高于中心城区的特征[83]。在流动人口内部也出现了空间分异[84],按照户籍地划分,市内迁移人口集聚在行政中心居住,省内人口集中分布在商业中心周围,省外迁移人口则集中在工业园区,其中省外迁移人口的居住分异程度最高[85]。值得主意的是,由职业、户籍决定的居住分异明显,表现出中心城区的绅士化、白领化,普通白领、移民的空间边缘化发展特征[86][87][88][89]。在分异指标的测算上,使用了集聚—分散度、中心—边缘度、极化—均质度,空间自相关等指标进一步挖掘人口聚居形态[90]。在研究的内容上,有学者不仅关注了人口空间分异的本身特征,而且开始关注了人口分异对社会交往和融入等的影响关系[91],特大城市流动人口与户籍人口在空间集聚上具有差异,城市流动人口、镇流动人口、农村流动人口与本地人口的隔离度逐渐增加[92]。失地农民作为一个特殊群体,不同的居住空间和居住分异程度会造成他们的社会融合度差异[93]。

2) 人口空间分异的影响因素及形成机理

与国外人口空间分异的形成机理不同的是,我国人口空间分异的形成具有一定的特殊性,主要的影响因素包括政策因素、房价因素和个人选择因素。

　　制度及宏观政策因素对我国城市人口空间分异的影响。户籍制度、城市规划等政策的实施对人口空间分异产生了主导性作用[94][95][96]。户籍制度通过制度安排,对外来人口形成了社会排斥,成为影响我国城市化模式的根本性因素[97];城市土地有偿使用制度、城市土地功能置换等因素都会对人口空间演化产生影响[98]。住房商品市场的健全加剧了居住空间的分异[99]。住房制度、土地制度、税收制度加剧了居住分异[100],此外,财产产权制度改革、房地产金融信贷政策,乃至城市规划政策的偏好等都是影响社会空间结构变迁的动力之一[101]。人口空间分异是在政策因素的作用下,叠加市场行为,中国的住房制度、户籍制度、土地制度,结合市场经济发展,经济形态变化和产业结构布局共同对人口空间分异产生作用。其中,政府是土地的所有者,决定了人口空间分异的作用形态,城市规划决定了人口空间结构的思想与导向,城市建筑商、地产开发商决定了人口空间分异的发展方式,金融信贷决定了社会空间和物质空间的非均衡性影响,地产物业机构对邻里结构进行操纵和强化[102]。在城市规划对人口空间分异的效果中,改革开放初期政府通过旧城改造,在城市化进程中起着重要的组织角色[103];进入新世纪后,大型保障房在偏远郊区集中建设,造成了该区域居民居住空间和社会地位的边缘化[104]。

　　住房对人口空间分异的研究主要分为三种观点:一是认为在我国,住房状况已经成为决定人口社会阶层的一个重要因素,因此将房价的空间分异作为人口空间分异衡量的一个重要指标。在城市中住宅价格、住宅租赁数据在存在空间上的集聚效应,表现在等价格线呈现出同心圆、扇形、次中心等不同模式的叠加[105][106]。城市中的房权也表现出空间分异[107]。二是持反对意见,认为住宅价格在多大程度上能反映社会空间分异有待验证,在市场化程度较高的城市和区域更适用[108]。三是认为住宅价格对居住空间分异具有"过滤"作用。一般来说,人口空间分异形成因子,包括社会经济地位、家庭状况、种族状况三类,而在我国人口空间分异的主要因子是社会经济地位[109],如受教育程度、职业等,决定了人口的社会经济地位,房地产市场存在着等级差异,人口的社会经济差异则起到了"分选"作用,共同促进了居住分异的形成[110]。

　　住房需求、消费偏好对人口空间分异的微观作用,主观态度、生活方式都决定了居住决策的个体行为。房价、工作地点离市中心的距离是影响人口居住的重要原因[111]。不同群体居住决策的影响因素并不相同,对于外来人口而言,就业和居住对人口空间分异的作用突出[112],交通条件、社会网络、城市产业规划也具有作用[113],其中,住房因素是跨省迁移人口空间分布的影响因素,就业是影响省内迁移人口空间布局的主导因素,而住房和就业对市内人口迁移的作用则并不明显。住房作为商品,为了满足不同层次的需要,通过配套设施、生活设施便利程度、区位等进行等级化开发,构成了居住环境,影响了个体的居住空间平衡[114]。相同特征阶层属性的人群表现出需求选择的一致性。随着社会进步,居民在城市中要实现自我发展价值,追求更美好生活,对空间的个性化需求更强烈,构成居住环境的公共资源配置对微观居住决策的影响日益增强。

公共资源配置对人口空间结构的影响。在快速城市化进程中,人口快速向城市,尤其是特大城市集中,"城市病"问题突出,究其原因是公共资源配置不能满足人口集聚的速度,在空间上则表现出城市人口快速集聚区公共资源紧缺,主要体现在特大城市郊区成为公共资源配置的薄弱地带[115][116]。公共资源配置对人口空间演变的作用日益增强,在城市中心城区人口向郊区的导出过程中,外围地区公共资源不足影响了人口郊区迁移[117]。公共资源的空间可达性对人口空间分化产生作用,如城市绿地,绿地带动了周围房价,从而导致了城市中的二元分化[118][119]。大量郊区新城区因为基础设施配置的薄弱,导致了不同类型的有着等级差异的居住区以"马赛克"式的方式出现[120]。公共资源空间分异导致的人口分异,实际上体现的是不同城区权利的不平等带来的资源空间获得的不均[121][122][123]。在所有资源配置中,教育资源对人口空间分异的作用特别突出,中国城市教育资源设施配置的不均衡引发了学区绅士化现象[124],表明了优质教育资源在人口空间结构中的主导作用。

3)人口空间结构优化的研究

从人口空间分异的概念上来看,分异即是差异的极化出现,即便是已经出现了人口空间分异,也并非全然需要进行干预,一般而言,根据分异指数测算的分异程度,超过0.3表明具有分异,超过0.6表示严重分异,需要政府干预。由于采取的指标和测算的单元不同,得出的分异指数具有差异,对管制政策制定的并不具有指导作用。然而,介于国外社会空间分异与隔离引发的城市贫困、居住边缘化等问题,我国在改革开放以来,管制放宽,市场经济成熟和城市化加速,个人主义泛滥,社会多元化发展及贫富差距的悬殊导致社会结构分异加速[125],与实现共同富裕的社会发展目标相冲突,因此学术界普遍认为应当对人口空间结构进行优化[126][127]。

现有对人口空间结构优化的思路主要集中在城市规划领域和公共管理领域。在区域城市规划中,学者们认为要通过物质空间建设来改变居住分异的情况,实行混居项目[128],改善弱势群体的居住设施,提升区域的整体环境,优化公共资源配置、完善公共交通,提高城市的宜居性[129],尤其是对于当前居民比较关注的优质教育资源,通过教育等资源配置向人口聚集区倾斜,引导人口郊区分布[130][131];同时,关注和增加交往型的规划和实践,促进不同群体的社会融合[132][133][134]。

城市整体布局和政策实施对人口空间布局的引导。通过卫星城建设、多种空间结构来进一步疏导中心城区的人口[135][136]。结合产业调整,通过利益导向、结构调整等方式促进产业结构布局和升级,引导人口合理分布[137][138][139][140]。产业调整和城市郊区建设规划,要紧密配合公共资源配置、住房供给、轨道交通的建设布局[141]。

在政府实施的具体政策方面,需要通过住房政策、经济和技术手段引导和控制城市房产投资,控制城市公共空间资源,完善城市财政投资溢出回收机制[142][143];在社会管理政策中,加大社区网络建设与服务,完善社区建设的管理系统[144],理顺城市规划的公益性质,推进市民利益维护机制建设,加强公共投资,提升社会住房保障[145]。

1.3.3　研究评述

我国学术界对人口空间结构的研究成果颇丰,且总结出我国城市化推进中,人口空间分异形成的特殊性。与此相较,学术界对人口空间结构优化的研究并未形成中国的理论指导,特大城市为什么要进行人口空间结构优化?在现阶段人口空间结构优化的方式选择是什么?已有研究尚存在以下空白点:

1) 尚缺乏从公共资源视角揭示其对人口空间结构的影响效应

受到产业布局、城市化发展阶段等因素的作用,特大城市在城市化进程中,人口空间演变呈现出一定的规律性,表现在向郊区的空间演进特征,与此同时,公共资源空间配置的路径滞后于人口空间演变的路径,受到政府和市场的作用,甚至出现了公共资源空间配置的等级化特征,制约了人口空间演变的规律性,并叠加房产品质等因素,从宏观上呈现出中心城区与郊区、不同社区之间的人口空间分异特征,本书梳理了特大城市人口空间演变的规律,从公共资源配置视角揭示其对人口空间结构的影响效应,并提出通过公共资源配置优化人口空间结构的实践路径。

2) 尚缺乏揭示公共资源配置促成人口空间分异的作用机理

进入城市化发展时期,受到级差地租等资本、市场的作用,人口空间分异的形成必不可免,如果政府不进行有效干预,则会形成市场在空间配置上的失灵,从而引发国外社会居住隔离等问题,因此需要政府在空间维度进行宏观调控,公共资源的空间配置对于优化人口空间结构,缓解居住隔离具有重要作用。在我国传统城市化进程中,宏观政策、资本、房价及个人选择在共同发挥着作用,也出现了人口空间分异的现象,个人在城市中发展、实现自我价值的公共资源配置对人口空间演变及结构分异形成的导向作用日趋明显,但其投入逻辑却被市场资本所绑架,共同引发了公共资源空间配置的等级化,促成了人口空间分异,偏离了公共资源原有对空间生产的调整功能。以往研究虽然关注了公共资源配置对人口流动和分布的作用,但集中于描述性分析。本书将分析行政因素、市场因素是如何叠加公共资源配置的空间路径,在个人偏好影响下,深层次揭示人口空间分异的形成机理。

3) 尚缺乏对新型城镇化背景下人口空间结构优化理论的阐释

我国城市发展已由传统城市化向新型城镇化转变,新型城镇化对人口空间合理布局及公共资源配置提出了新的要求,为通过公共资源配置来优化人口空间结构提供了理论支撑和可能。新型城镇化为什么要通过公共资源来实现人口空间结构的优化,实现的路径和目标是什么,已有研究尚缺乏从新型城镇化视角,对人口空间结构合理布局进行理论阐释。

上述研究不足,为本书研究提供了学术空间。本研究拟通过探究公共资源配置对人口空间结构的影响效应,揭示人口空间分异形成的内在机理,探讨在新型城镇化背景下,特大城市有效引导人口空间结构优化的理论依据与实践路径。

1.4　我国城市人口空间分异的历史及现实

1.4.1　计划经济时代城市人口空间分异的历史

在近代中国,特大城市由于受到西方列强势力的控制,一些沿海通商口岸,如上海、天津、广州等城市建立了租界,成为城市高级住宅区域,一些普通职员、技工和小商人等中产阶级居住在里弄石库门,广大工人和农民等则居住在高度拥挤的城市棚户区内[146]。此时的城市发展仅限于中心城市内部。

进入现代中国以后,计划经济体制下,福利分房是城市房屋获得的主要方式,职工根据工作时间长短、职位高低、是否有房、是否结婚等排队获得住房,由于不同单位和部门之间获得的土地、盖房资金不同,给职工的福利也不同,在这个时期,权力及关系是主导住房大小等状况的主要因素。由于不同单位的居住在城市地理空间位置上不同,呈现出"小集中"(本单位集中)、大分散与混居(不同单位之间)的特征,不同行业或者行政管理部门经济收入水平的差异,导致了居住空间区位"等级"分化。这种"等级"分化是建立在行业间分化的基础上,而不是建立在个人、家庭社会经济地位基础上的分化,在同一个社区内部居住的同单位人员,从最高级别领导到普通员工,因此形成了高度的行业"均质性"与社会阶层的"混合性"[147]。

与此同时,我国许多城市开始出现了最早的郊区化人口空间转移,主要是由于许多城市的中心城区出现了人口压力的问题,如上海,在 1957 年开始开辟近郊工业和远郊卫星城,首先在闵行,后来又规划了吴泾、松江、嘉定、安亭四个卫星城,成为第一代的卫星城,但由于此时的卫星城建设多为重工业为主,产业单一,重生产轻生活,出现了职住分离、人户分离的问题[148]。可见,建国初期,居住以单位为中心,同一企业内部的不同职位的人群在居住区位选择上并不能体现出较大差异,居住空间相对均质,分异不明显[149]。

1.4.2 改革开放以后城市人口空间分异的形成

进入改革开放以后,我国相对"均质性"的城市空间被逐步打破,一是取消了城市粮食配给制度,开放了城乡人口流动的限制,大量农村人口涌入城市;二是城市土地有偿使用,住房私有化进程推进,个人在居住上具有更大的选择性,以家庭和个人社会经济地位为基础的居住空间选择和流动更加频繁;三是产业结构的调整和城市规划向郊区推进,以行政手段为主导,加剧了人口空间的布局。

在城市演变过程中,大城市功能持续向郊区推进,以上海为例,1986 年《上海市城市总体规划》[150],提出了建设和改造中心城,充实和发展卫星城,有步骤地开发"两翼",有计划地建设郊县小城镇,使上海发展成为以中心城为主体,市郊城镇相对独立,中心城与市郊的城镇有机联系。结合新区建设进行中心城区的旧城改造,郊区开始了第二代卫星城建设。90 年代开始的浦东建设,城市功能进一步定位为多功能的综合服务型国际经济中心城市。在产业结构上,由"二、三、一"的产业结构调整至"三、二、一"的产业发展方针,中心城区内环线以内,"退二进三",发展金融和贸易等产业,内外环间发展"工业园区化",发展九个市级工业区,外环以外则以职业中心、农业生产基地为重点。城市人口进一步外迁,中心城区人口快速下降,近郊区人口导入剧烈,以北京为例,80 年代,北京近郊区人口年增长率在 4.34%,90 年代则增长至 4.82%[151]。改革开放以后,在我国城市中,外来人口的城市化,交织着户籍人口的郊区化,住房市场化使得人口自由选择居住的可能性增加,城市人口社会空间结构更趋复杂化,社会结构的异质性日益突出。其中,特大城市郊区人口的复杂性更为突出,一方面,特大城市的郊区是人口快速集聚的区域,包括在城市化进程中,由于企业外迁、旧城改造、改善居住等原因由城市中心向郊区迁移的户籍居民,还包括生活在近郊区的"外来人口",居住在城乡接合部农户的出租房或简易自建住宅,建筑工地等居住条件较差的区域,形成较大的居住差异;另一方面,公共资源配置滞后于人口变动,人口与公共资源配置的矛盾在郊区异常突出。

1.4.3　进入新世纪后城市人口空间分异的演变

进入 21 世纪以来,我国各城市的产业政策进一步调整,出台了一系列产业政策,大力发展高新技术产业、先进制造业和现代服务业、海洋产业,《上海市国民经济和社会发展第十一个五年规划纲要》[152]以技术创新为动力,重点发展高科技产业,提高产业外向度,基本形成与现代化国际大都市相适应的经济规模、综合实力与服务功能。"十一五"规划提出优先发展先进制造业,加快生产型经济向服务型经济转变。2009 年《关于推进上海加快发展现代服务业和先进制造业建设国际金融中心和国际航运中心的意见》[153],进一步提出了向现代服务产业转型的目标。2006 年,上海市国内生产总值达到 10 296.97 亿元,2008 年人均国内生产总值突破 10 000 美元大关,2011 年第三产业的比重连续多年超过50%。"十二五"期间我国的经济结构进行调整,新常态成为经济发展的新形势,经济增速放缓,产业结构升级,《上海市国民经济和社会发展第十二五规划》[154]提出了建设四个中心的发展定位,2015 年以来提出了科创中心的建设方案,对经济、产业转型提出了更高的要求,产业的转型吸引相应的科技等高层次人才,人口的整体素质提升。

在城市空间规划过程中,2001 年《上海市城市总体规划(1999—2020)》[155]城市发展定位于"多核、多轴"的空间布局,中心城区定位于"多心、多敞"的布局。《上海市国民经济和社会发展十五计划》[156]提出了"一城九镇"的方案,加快郊区产业集聚,促进人口有序集中。2006 年《上海市国民经济和社会发展十一五规划纲要》,提出了"1966"四级城镇体系,一个中心城区,宝山、嘉定、安亭、青浦、松江、闵行、奉贤、金山、临港、崇明等 9 个新城,60 个新城镇,600 个中心村。在旧房改造中,进行两个阶段的旧城改造,2007 年开始,大力推进保障性住房建设,同时建立了 15 个大型居住社区。借着世博会的契机,重点发展上海世博会园区,加快了中心城的功能向城郊迁移,形成了一些人口高度集聚的郊区新城,如上海的嘉定新城、松江新城等。

根据美国学者罗斯托的理论,随着经济发展水平的不断提升,政府在公共产品方面的支出也会不断增长。一个国家的人均 GDP 由 1 000 美元向 3 000 美元过渡时期,是该国公共产品需求迅速扩张的时期,国民的教育、医疗、卫生、社会保障等公共产品需要大大增加,可以说这一时期的现代化是以公共产品的供给为基础的。2003 年我国人均 GDP 首次超过 1 000 美元,我国经济进入一个重要发展阶段,社会消费结构向着发展型、享受型升级,居民对公共物品的需求迅速扩张。在城市质量发展方面,2006 年 10 月《中共中央关于构建社会主义和谐社会若干重大问题》[157]中,明确提出了公共资源体系的概念,并指出构建和谐社会的目标和主要任务[158]。进入新时期以来,居民对公共资源的需求已经由数量上升到质量,十九大指出,中国特色社会主义进入新时代,我国社会主要矛盾已经转划为人民日益增长的美好生活需要和不平衡不充分发展之间的矛盾。在特大城市中,人口结构的多元化,决定了对公共资源需求的多样化,同时,城市对人才的吸引决定了对公共资源高质量高品质的需求,为了获取更高质量的公共资源,更多居民用脚投票,成为城市内部人口空间分异的重要因素。

特大城市在向郊区扩散过程中,一方面,特大城市的人口持续导入,由人口快速集聚引起的郊区公共资源配置短缺的问题尚未得到完全缓解;另一方面,居民对公共资源的需求水平和质量不断提升,而优质公共资源是稀缺的,表现出中心城区好于郊区的态势,从而使得部分富有阶层向中心城区集聚,引起人口空间分异。

1.5 解决问题思路、框架及方法

1.5.1 研究思路

本书首先从理论上阐述新型城镇化对人口空间结构优化的要求,为通过公共资源配置优化人口空间结构提供理论基础;分析特大城市人口空间演变的规律和人口空间分异的现象,探究公共资源配置对人口空间结构的影响效应;揭示在传统城市化进程中,公共资源配置路径与人口空间演变路径的扭曲,并从宏观和微观两个维度探究人口空间分异的形成机理;最后,提出新型城镇化背景下人口空间结构优化的实践思路,实现新型城镇化的策略步骤。具体框架如图 1-1 所示。

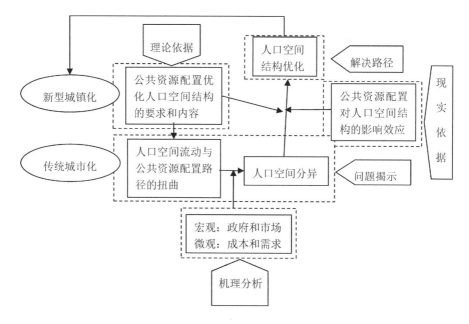

图 1-1   研究思路示意图

1.5.2   研究框架

本书主要分为四个组成部分,共八章。

第一部分为理论基础。第 1 章绪论,阐述问题产生的背景,包括研究背景、研究问题、研究意义;通过梳理他人的研究,理清本书研究的脉络,以及我国研究的相关动态,同时梳理我国城市人口空间演变的发展,理清研究背景;提出本书研究的主要思路、内容、方法以及本研究的对象及界定。第 2 章为新型城镇化背景下特大城市人口空间结构优化的学理性分析。结合相关理论,阐释新型城镇化背景下人口空间结构优化的目的、原则和核心内容;论述新型城镇化背景下通过公共资源配置优化人口空间结构的必要性、可行性和依据;阐明通过公共资源配置引导人口空间结构优化层次内容,为本书的研究提供理论依据。

第二部分是研究的重点内容。第 3 章特大城市人口空间演变的规律性,分析特大城市常住人口空间演化的规律,归纳特大城市不同户籍、受教育程度、职业人口空间演变的特征。第 4 章特大城市人口空间分异的特征,主要采用分异指数、因子分析、空间自相关分析来揭示特大城市人口空间分异的现象以及分异的程度。

第三部分是研究的难点。第 5 章探究特大城市公共资源配置对人口空间结构的影响效应,首先,公共资源的增量对人口空间结构变动的影响效应。其次,公共资源配置存量对人口空间结构分布的影响路径。再者,公共资源配置对人口空间结构影响的时空效应。第 6 章基于公共资源配置视角特大城市人口空间分异的机理分析,揭示我国特大城市公共资源配置与人口空间流动的路径差异,从政府和市场视角探究公共资源配置区域差异的形成机理,揭示人口空间分异的宏观驱动机制,从成本和需求探究居住的微观决策形成,揭示人口空间分异的微观机理。

第四部分是特大城市人口空间结构优化的实践思路与具体路径。第 7 章,吸取国外城市发展的经验教训,依据新型城镇化建设的要求,建立特大城市人口空间结构优化的实践思路和策略步骤。第 8 章从规划重视、公共资源均等化、优质公共资源配置和制度保障四个方面,提出新型城镇化背景下特大城市人口空间结构优化的具体路径。

1.5.3 研究方法

1) 资料收集方法

问卷调查法,组织并参与 2016 年上海社会质量调查,根据人口空间分异的现状,分别选取中心城区、城乡接合部若干典型社区,采用分层抽样的方法,每个区县抽取一定的居委会,根据遥感地图,在居委会内部,以整栋居民楼为单位抽取居民楼,再结合等距抽样法抽取被调查对象,共获得 1 200 份调查问卷。

实地调研法。通过对教育主管部门的领导以及基础教育学校的校长、教师、家长等的访谈,了解基础教育资源对人口空间结构的特殊影响效应。

2) 空间分析技术

采用 GIS 空间分析技术,展示不同户籍、受教育程度、职业人口的空间集聚分布,以及公共交通、教育、医疗、公共文化和体育场所的空间布局。

采用空间相关性技术,包括全局空间自相关、局部空间自相关和热点分析,分析了特大城市不同户籍、受教育程度、职业人口的空间相关性;比较了不同时期特大城市人口空间相关性的差异。

3) 统计分析法

结合分异指数分析了特大城市人口空间异质性,分别得出了不同职业、受教育程度、户籍人口的分异指数;比较了不同区域、不同时期人口空间分异的程度差异。

结合因子分析法,提取出特大城市人口社会结构主因子,分析了特大城市人口空间分异的现状;并结合不同年份的数据,比较分析不同年份主因子的变化以及人口空间分异变动。

采用多元线性回归分析市场因素对房价的作用,分析产业、行政、公共资源、房价对人口空间结构变动的影响。

采用熵值法,对不同年份、不同区域人口数据和公共资源指标赋以权重,并对数据进行标准化处理。

采用面板数据分析方法,分析公共资源对人口空间结构作用的时空效应。

采用结构方程,分析公共资源配置对人口空间结构的作用路径。

第2章　新型城镇化背景下特大城市人口空间结构优化的学理基础

　　人口问题一直是我国经济社会发展中的首要问题,在实践中,人口的数量和规模往往是人口问题的关注重点。进入新的发展阶段,我国人口问题表现出由数量问题向结构问题转变,人口结构不仅包括年龄结构、性别结构、社会结构,还包括空间结构,随着房地产市场不断的成熟和发展,由人口空间结构不均衡带来的社会问题愈演愈烈。特大城市是人口快速集聚的中心区域,人口结构复杂,人口结构带来的社会问题尤为突出,特大城市是都市圈发展的核心区域,对带动都市圈发展具有示范作用,实现人口空间的合理布局具有突出带动意义,特大城市是中国参与全球化的重要节点,未来最有可能会成为全球城市,要避免西方全球城市发展进程中居住极化现象。基于此,本章主要从学理上尝试回答新型城镇化背景下特大城市人口空间结构优化的目标、原则和核心内容,现阶段新型城镇化背景下特大城市人口空间结构优化的方式选择,以及如何实现人口结构优化。

　　根据"十八大"精神,新型城镇化是我国未来城镇化的主要方向,也是实现全面小康社会的重要载体,特大城市是都市圈人口集聚的中心区域,在传统城市化发展过程中,人口空间分异现象突出,新型城镇化要求实现特大城市人口空间结构优化。本章首先梳理了新型城镇化对特大城市人口空间结构优化的要求,结合居住空间分异理论,分析了人口空间分异的本质,新型城镇化对人口空间结构优化的目标。分析了传统城镇化背景下人口空间分异形成的逻辑,新型城镇化背景下特大城市人口空间结构优化的逻辑及其所遵循的原则。论述了新型城镇化背景下特大城市人口空间结构优化的核心内容,以及如何实现该价值目标;其次本章论述了通过公共资源优化人口空间结构的必要性和可行性,分析了新型城镇化对公共资源空间配置的要求,为通过公共资源优化人口空间结构提供了依据;最后,结合人口对公共资源配置的数量、质量、种类的需求,从理论上论述了通过公共资源空间数量、质量和多元化配置来优化人口空间结构的层次内容。

2.1 新型城镇化背景下特大城市人口空间结构优化的价值导向

《2021 年新型城镇化建设和城乡融合发展重点任务》[159]中指出,促进超大特大城市优化发展,合理降低中心城区人口密度,促进郊区卫星城和多中心、组团式发展,明确了特大城市空间优化目标,但此目标主要是人口空间分布的优化,并未具体涉及人口空间结构的优化。然而,人口不仅包含数量还存在结构,特大城市人口空间结构的优化应当是实现新型城镇化发展的重要一环。《中华人民共和国国民经济和社会发展第十四个五年规划和 2035 年远景目标纲要》[160]中指出,坚持走中国特色新型城镇化道路,明确了优化提升超大城市和特大城市中心城区功能……促进高质量发展的要求……推动城市空间结构优化和品质提升,人口空间结构是城市空间结构的一个重要组成部分,这为人口空间结构优化提供了依据。

2.1.1 共同富裕的价值目标

1) 人口空间分异超过一定程度则有可能引发居住的贫富分化

在城市化进程中,人口空间演变是具有规律的,在我国特大城市,如北京、上海早在 20 世纪 80 年代就相继出现了郊区化[161],进入 21 世纪以后,流动人口大量快速涌入,主要集中在特大城市的城乡接合部等郊区[162]。一直以来,中心城区人口疏解,郊区人口导入是特大城市人口空间演变的主要规律,在此过程中,个人根据居住偏好选择居住地,并根据个人能力获取不同房产质量、物业服务、商业便利性等的居住条件,在一定程度上,会形成人口空间分异。当其与收入、阶层结合,则在空间上表现出居住的贫富差异[163],在合理范围内,会提升公共资源的使用效率,促进社会阶层流动,甚至适度的人口空间分异有利于城市机能良性运作。相反,过度的分异则会阻碍城市机能的发挥,引发贫富的空间异质化,产生居住分异,有悖于社会主义制度[164],必须进行有效的空间治理。

从历史发展上看,城市中只要存在不同社会阶级和阶层,不同阶层的人口居住集中就不可避免。对于居住分异程度的测算采用分异指数等方式,一般来说,0.4 以下属于分异程度较低,0.4~0.6 属于中等分异,0.6 以上则为高度分异,由于测算基本单元的差异,会影响分异指数的结果,测算的可信度和可比性降低。我国城市中居住分异的存在和程度加深已经成为学术界不争的事实,尤其是特大城市和超大城市,人口空间分异的形势最为严峻,分异指数等指标在一定程度上可以作为人口空间分异状况的观察指标,尤其是其动态变化状况,更可以显示某些人口空间结构的分异程度变动,引起城市治理者的关注。

2)特大城市人口空间分异在一定程度上是我国城乡差异、区域差异在城市内部的反映

在进入快速城市化发展进程中,特大城市主要承担了全国人口快速涌入的增长极,其中为了生存目的,追求更好的就业机会和更高的收入水平[165],成为特大城市人口快速集聚的重要驱动力,由此造就了大量农业转移人口由农村进入城市打工,中小城市人员进入特大城市居住和工作。从本质上看,以生存为目的的特大城市人口流动是城乡、特大城市与中小城市之间经济发展水平差异的反映。进入城市内部,城市户籍与农村户籍、本地人口与外来人口之间存在一定的空间分异,特大城市人口空间分异在一定程度上是我国城乡差异、区域差异在特大城市内部的表现。

《国家新型城镇化规划(2014—2020)》[166]中指出,新型城镇化要坚持以人的城镇化为核心,合理引导人口流动。虽然在规划中的人口有序流动、合理分布和社会融合是指全国宏观层面的城乡一体化、区域空间一体化,但是,特大城市人口空间结构优化也是从城市内部解决我国城乡差异、区域差异的重要环节,是新型城镇化的应有之义。

3)新型城镇化背景下人口空间结构优化是从空间维度实现共同富裕的目标

社会主义的根本目的是实现共同富裕,《中共中央关于制定国民经济和社会发展第十四个五年规划和 2035 远景目标的建议》中提出,到 2035 年基本实现社会主义现代化,人民生活更加美好,人的全面发展,全体人民共同富裕,新型城镇化发展即是从空间维度实现共同富裕的目标。

人口优化是指人口发展的诸方面能达到并保持某种优良适宜的状态,而且对资源环境系统和经济社会发展产生积极影响的过程,即人口结构均衡协调[167],人口空间结构优化是对人口空间结构分布的适度协调,既包含人口空间的合理分布,又包含人口结构的空间合理布局。共同富裕不是消灭绝对的贫富差距,这也意味着人口空间结构的绝对均匀分布是不存在的,其合理的依据是顺应人口空间演变的规律,人口空间结构较为合理,未超过人口空间分异的警戒线,缓解空间过度贫富差异,从而防止西方国家城市化进程中过度人口空间分异,逐步走向居住极化和社会割裂的现象。

随着社会发展阶段的不同,共同富裕的标准和内涵也会发展变化,那么意味着新型城镇化背景下,人口空间结构优化也是动态的过程,是人口空间结构不断合理布局的过程。

2.1.2 空间正义的价值逻辑

1) 人口空间结构优化是城市空间治理的一部分,要以物质空间治理为基础

新马克思主义学派认为,空间是自然、社会和精神三位一体的存在。首先,空间的自然属性,自然属性是空间的原始属性,一方面包括原始的自然环境,另一方面进入工业化和城市化以后,城市建造出的高楼、街道等物质空间;其次,空间的社会属性,新马克思主义者认为,城市的空间是社会关系的产物,传统的资本主义城市空间由资本主义生产方式所生产,同时也促进生产力的发展和生产关系的再生产,城市的高楼、建筑等人为景观,乃至自然景观受到资本和权力等的租用,成为统治阶级意志的体现[168],如绿地景区的高端别墅,中心城区更为便利的高端小区,政府和市场共同作用为富有阶层或权利阶层服务;再者,空间的精神属性,受到社会关系的影响,不同的城市空间场景被不同阶层所选择,不同的阶层群体形成社会距离,在生活方式、价值观等方面表现出不同[169],从而造就了空间精神属性的差异,如美国的阶层隔离,黑人居住在贫困区,具有非主流的价值观,与白人居住的富人区形成明显的文化差异[170][171]。人口空间分异是人类空间集聚的特征,具有规律性,但当某些群体占有了城市优质资源,使得人口结构与城市物质空间结合并异化,则产生社会空间异化,同时引发文化及精神空间的异化。由此可见,人口空间结构优化,物质空间是基础,对城市空间的治理要以物质空间治理为主导,并注重社会结构和关系的调整和营造,最终实现精神空间的和谐正义。

2) 新型城镇化要打破原有物质空间生产逻辑,建立一种新的空间生产逻辑以实现空间正义

新马克思主义学派认为在资本主义下,城市空间表现出的是一种以资本为核心的非正义的城市化,追求剩余价值的逻辑生产。在我国传统城镇化发展过程中,城市也存在着由资本逻辑主导城市空间生产和城市自然环境塑造,资本过度追求利润,则会引发过度的人口空间分异,就需要政府从空间上调整市场的失灵;与此同时,长期以来,在绩效导向下的快速城市化进程中,行政权力助长了城市自然空间不均衡的生产,公共资源的配置出现了空间的等级化,这迅速被市场资本所利用,并叠加在房价中,使得富有阶层通过购买房产获取等级较高的公共

资源,从而加剧了人口空间分异,导致了空间不正义的现象[172]。新马克思主义在批判资本主义空间生产的基础上,提出了社会主义实现城市空间正义的价值判断[173],我国新型城镇化的建设要重视空间正义[174]。因此新型城镇化背景下人口空间结构优化的原则也应当遵循空间正义的原则:一是规范资本在空间运行的不合理逻辑,填补市场失灵在空间上的空白[175],走出资本在空间生产中的悖论[176];二是扭转传统城市化进程中,由政府主导的公共资源配置的不合理逻辑。着眼于城市物质空间的生产,建立一种具有中国特色的、空间正义的物质空间生产逻辑,以扭转传统城镇化下,城市空间在政府和市场导向下的非正义扭曲。

3) 特大城市是城市群发展增长极,人口空间优化具有迫切性

根据国外发达国家城市发展的经验,在全球化发展进程中,产业结构转型,日益增长的社会不公平现象突出,收入两极分化现象严重,甚至成为全球城市纽约、伦敦和东京等的一个主要问题[177]。我国特大城市和超大城市是最有可能率先进入全球城市的行列,是全球资本、人口集聚的中心,必须吸取国外全球城市发展的教训,摒弃非正义的空间城市化进程,优化人口空间结构具有迫切性;2019 年,国家发改委印发的《关于培育发展现代化都市圈的指导意见》[178]指出,建设现代化都市圈是推进新型城镇化的重要手段,既有利于优化人口和经济的空间结构,又有利于激活有效投资和潜在消费需求,增强内生发展动力。受限于行政区划,特大城市是都市圈发展的核心,需要首先在空间上做到结构优化,由此带动整个都市圈的空间结构优化,实现空间正义具有必要性。

2.1.3　满足人民空间需求的价值核心

1) 新型城镇化背景下特大城市人口空间优化以人的空间需求为核心

空间正义何以实现?《国家新型城镇化(2014—2020)》中提出,以人的城镇化为核心……实现人的全面发展和社会公平正义。新型城镇化的空间生产坚持以人的城镇化为核心,实现空间正义价值[179]。以人为本是满足人的需求、促进人的全面发展[180]。新型城镇化下人口空间结构优化的核心内容即要以人口的空间需求为核心,着眼于城市自然空间的生产,实现空间正义。

2) 以人对自然景观的需求为基础实现社会和精神空间人本主义

结合城市空间的层次,人的空间需求首先是对自然空间的需求,对自然空间治理的以人为本、实现空间正义,会贯穿于社会景观和精神景观之中:①自然属性的人本主义,在以人为本的社会生产关系下,城市自然景观和建筑景观等城市

场景的构建,需要满足每个人获得城市空间资源的权利,回归市民的"城市权利",打破传统的等级差异的物质空间,构建多元化自然空间景观,让市民根据自己的偏好选择居住地。②社会属性的人本主义,在传统城镇化等级化的自然空间中,不同社会阶层群体根据偏好选择自然空间,形成人口空间分异,将城市空间打上社会阶层符号。新型城镇化在尊重多元化选择基础上,打造差异化城市空间,居民也根据自己的偏好,居住地,形成人口空间的差异性,实现人口合理分布。③精神属性的人本主义,城市自然景观和社会关系的人本主义,最终决定了精神属性的人本主义转变,从而避免了以阶层为主导的生活方式空间分异和文化价值观空间隔离。自然物质空间以人为本,最终实现社会空间和精神空间的和谐正义。

3) 尊重人对自然空间的多元化需求,实现人口空间有序合理分布

人的空间需求是具有层次的,具有数量、质量、种类的需求。马克思在《共产党宣言》和《资本论》中提出,未来的理想社会形态是个体自由而全面发展的个体,是充满个性、差异性的个体,可见,实现人的全面发展,要尊重人的个性化需求,社会主义空间正义不是同质化的,而是多样性的,差异化城市空间,区别于资本主义的异质性空间[181]。新型城镇化以人为本,以尊重人的多元化空间需求为原则,打造差异化空间。自然物质空间打造也要以满足和尊重人的多元化需求为基础,塑造城市空间多元化,破除等级化空间,增加社会的交往和融合。最终,新型城镇化是在物质生产和精神生产中实现不同阶层、群体的利益与权利获得的公正性。

《国家新型城镇化规划(2014—2020)》中指出,新型城镇化要坚持以人的城镇划为核心,合理引导人口流动。特大城市人口空间的优化,并非阻止人口的迁移和流动,而是要尊重人口自由迁徙的权利,在差异化的城市空间中,人们就可以根据自己的合理需求和偏好来选择居住地,从而满足多元化个性化选择,追求个人价值的实现和美好生活。新型城镇化背景下人口空间结构优化以尊重人的多元化空间需求为原则,打造城市差异化自然空间,实现人口合理分布。

2.2　公共资源配置引导人口空间结构优化的依据

引导人口空间结构优化的手段有很多,从现阶段来看,行政直接调整的手段作用减弱,通过产业调整影响人口空间结构分布的作用有限,市场在空间配置中会失灵,公共资源对人口空间结构的引导作用在加强,这为通过公共资源优化人

口空间结构提供了可能。新型城镇化要求公共资源配置在空间上实现公平性，以实现不同群体公共资源可获得的公平性，新型城镇化要求公共资源质量的空间公平性，以实现城市高质量发展，新型城镇化要求公共资源配置的空间多样化，以满足人们多样化需求选择，实现以人为本，这为通过公共资源优化人口空间结构提供了依据。

2.2.1　产业、行政、市场因素对人口空间结构的影响

1) 行政因素对人口空间分布的直接调节作用逐渐减少

人口空间布局受到多种因素的影响，其中行政因素既有直接手段，也有间接手段。从调节人口空间分布的直接手段来看，主要是通过行政因素调整住房，在计划经济时期，福利分房既是典型的行政因素，这种方式将个人、家庭乃至某个阶层的社会地位获得由当时的制度、政策变化来决定[182]，形成以行业为特征的居住差异；改革开放以后，在城市化初期，行政主导的郊区化成为城市更新的主导因素，在此过程中，中心城区的土地被征收，用于商业开发或城市规划，将原有中心城区居民迁居到郊区，给予动迁房安置，居民在区域选择上并没有多大空间，往往仅有一个或两个动迁地点可供选择，而且动迁地配套较不成熟。随着住房市场的商品化，商品房大量供给，人们在选择住房的时候具有更大的主动性，一部分有条件的居民则会重新选择居住地，使得动迁地筛选下收入不高的居民；2010年以后，为了解决中低收入家庭的住房困难，我国各城市大量廉租房、经济适用房等保障性住房政策出台[183]，由于中心城区与郊区巨大的级差地租及保障房本身的公益性，大型住房保障建设大都选址于郊区，虽然有力地改善了人民的居住条件，但也间接造成低收入群体的集聚。以上三种行政力量直接主导的居住地改变，对今天的城市人口空间结构布局仍具有一定的作用。然而，随着时间的推移，行政手段在人口空间结构异质化的作用逐渐弱化：一是福利分房对城市人口空间分异的作用减弱；二是我国城市化逐渐进入成熟阶段，尤其是特大城市，根据住建部的总体规划和任务，我国700万套棚改任务将于2020年底前全面完成，在未来大拆迁大建设的情况将会告一段落；三是特大城市集中建设大型保障住房的措施减少，转向在同一商业住宅项目配套一定比例保障住房的混居形式，对原有大型居住区的配套设施也逐步完善。可见，采用行政直接手段对人口空间结构调整的方式将会大大减少。

2) 产业对人口空间结构的引导作用有限

产业结构等政策调整对人口空间布局也产生过重大作用[184]。从整体上来

看,特大城市在城市产业化布局过程中,第二产业从中心城区向近郊区、远郊区迁入,使得从事第二产业人口向郊区分布。从各区域来看,由于特大城市内部各个区域的资源条件和禀赋差异,区域的产业定位必然存在差异化,不同区域在城市规划和产业定位中存在差异,导致相应的就业人口集中,使得人口职业构成出现空间的差异,产业结构引发的人口空间结构的异质性影响延续至今,新城产业园区蓝领工人的集聚即是最好的印证。然而,随着特大城市产业结构的升级,第二产业对人口空间结构的影响程度将会减弱。

《2019年新型城镇化建设重点任务》中提出了合理疏解中心城区非核心功能,人口空间调整对推动产业和人口向一小时交通圈地区扩散。产业为主导的中心城区人口疏解一直是特大城市人口空间治理的重要手段,但产业在人口疏解中的作用往往并未如预期般有效,随着特大城市通勤圈时间的不断缩短,便利了通行,更多居住者选择了郊区新城相对便宜的房价,使得郊区成为睡城,尤其是对部分有孩子且重视教育的家庭,通过购买学区、学区"空挂户"等方式保留中心城区资源获得的权利,由此引发人口空间结构的异质性。因此众多学者和专家认为产业疏导要与公共资源协调配置,促进产城融合,才能有效引导人口疏解[185],促使人口郊区化有序推进。由此可见,通过产业对人口空间分布的疏导,需要借助公共资源的力量,才能防止产业单一发挥作用而引发的人口空间分异。

3)市场追求利润最大化在城市资源配置中存在空间失灵

城市自然空间不仅仅包括自然景观,还包括城市建筑、公共服务等一系列人造景观,在城市中,即便是自然景观也受到人类的改造,并共同营造了城市的物质空间。从城市物质空间提供的主体来看,公园、教育等公共资源主要由政府主导来进行规划和分配,商业的、商品房等由市场作为主体进行打造。党的十八届三中全会提出的"使市场在资源配置中起决定性作用",这表明资源配置的最终决定权在市场,在城市空间资源配置中,市场也具有效率的优势,并通过供需及价格规律,达到城市空间资源的供给效率。然而,市场具有其局限性,为了获取超额利润,资本投入会通过房产质量、广告营销、商业配套设施等建设来不断提升投入地段的空间价值,并体现在房产价格中,使得富有阶层享受更多的便利服务和房产品质,在空间上形成马太效应,但如放任其发展,会引发居住分异,从而产生空间的失灵,因此亟需政府的空间干预。

2.2.2　公共资源配置对人口空间结构优化的作用

1) 从我国城市发展阶段来看公共资源对人口空间结构的影响作用加强

根据城市发展阶段理论,人均 GDP 超过 3 000 美元后,经济发展进入转型期,人们对教育、医疗等公共资源的需求快速增加。著名的用脚投票理论指出,为了获取优质的公共资源,居民在税收与资源之间进行选择,从而做出迁居的决策[186]。从我国的发展阶段来看,我国经济发展早已进入了转型期,随着房地产市场化的推进,大量商品房上市,大量居民可以根据自己的居住偏好进行选择。在特大城市中,公共资源配置对居民居住决策的影响作用尤为突出,如北京北郊的别墅区,占据了优质的自然环境,形成富有阶层集中居住区,与此对应的是大规模制造业雇佣的外来人口,由于居住成本的原因,选择居住在城市边缘区[187];此外,由优质教育资源引发的中产阶层向中心城区的聚居[188],是当前特大城市人口空间分异的突出问题。住房的商品化,让人们有了自由选择的空间,但也正是如此,让城市的优质公共资源,通过住房被部分阶层所享有。随着城市化的不断推进,人们追求个人价值的实现和美好的生活,对优质公共资源的需求将会更加突出,通过公共资源的配置来合理优化人口空间结构更是得到了学术界的普遍认同[189][190]。

2) 通过公共资源配置来调节人口空间结构,缓解过度的人口空间分异避免居住分化

当前特大城市中存在着一定程度的人口空间分异,而公共资源配置对人口空间结构的作用凸显,因此当前及今后一段时间内,则需要通过公共资源配置来调节人口空间结构缓解过度的人口空间分异,避免居住的贫富分化,塑造城市空间,引导人口结构合理布局。

从客观因素来看,在传统城市化发展中,引发人口空间分异的因素之一是公共资源配置,即便是在公共资源空间均等化配置下,由于级差地租、房产属性、产业结构等原因导致的房价空间的异质性依然存在,超过一定范围后,仅依靠公共资源的作用来调节或许并不能发挥理想效果,需要结合保障房、城市更新、产业布局等多种手段共同发挥作用。

从主观因素来看,决定人口空间结构的主要指标:受教育程度、职业、户籍等因素,这些都可能引起收入的差距,但机理是不同的,其中户籍是由于制度因素导致的,这需要进行及时的政策调整和制度改革;从事职业类型导致的人口空间分异,本质上是由职业结构差异导致社会阶层的等级化差异,受到社会发展阶段

的影响,需要社会改革、制度转型、教育发展等多方面的综合治理;受教育程度、职业经验等是后天努力导致的收入差异,通过努力工作和学习获得拥有所得,并实现居住环境、条件的提升,在某种程度上是促进阶层流动、增强社会活力的客观存在,只要在合理人口空间分异范围内,具有存在的合理性。

3) 调整政府在公共资源空间供给中的逻辑,避免由公共资源配置导致人口空间分异加剧

政府的职能在于"保持宏观经济稳定,加强和优化公共服务,保障公平竞争,加强市场监管,维护市场秩序,推动可持续发展,促进共同富裕,弥补市场失灵"[191],在城市空间中也需遵循该原则。然而在传统城市化进程中,为了追求资源配置效率,在历史上公共资源配置的存量是具有空间差异的,随着历史文化的积累,形成了公共资源配置等级的空间差异;其次在快速城市化进程中,特大城市中人口快速向郊区集聚,而公共资源配置的增量不能及时满足需求的快速增加,同时为了突出政绩,集中力量办大事,不同区域发展先后顺序不同,给予的公共资源投入增量也不同。公共资源配置数量和质量的空间差异,迅速被市场所捕获,并转嫁在房价上,加剧了人口空间分异。进入新时代,新型城镇化要求城市公共资源投入要更加注重空间正义,因此通过公共资源来优化人口空间结构,转变公共资源配置的逻辑,避免公共资源空间配置引发的人口空间分异。

2.2.3　新型城镇化要求公共资源配置的空间正义

通过公共资源来优化人口空间结构有两层目标:一是缓解过度的人口空间分异,避免居住分异;二是调整公共资源配置逻辑,避免其引发人口空间分异。这两个目标实现的原则均是以空间正义为目标,与新型城镇化对公共资源配置的要求不谋而合。

1) 空间正义的实现具有层次性:空间权利、机会、结果公平正义

新型城镇化必须重视空间正义,新马克思主义理论认为,社会主义空间最终满足"人的无差别发展",遵循了以下内容:①权利的公平,每个人都享有自由地进入城市求生存和发展的权利;②使用价值优于交换价值,城市空间以满足人的基本生活需要为本,而不是无限地实现价值增值和阶级统治的工具;③包容共享的差异空间;④生态可持续发展的道路[192]。其中,①③是城市空间正义的实现原则,②④则是城市空间正义的实现方式。公共资源是城市空间的重要组成部分,其空间的配置也需要遵循空间正义实现的基本原则,有学者从公平的维度将城市空间正义实现的方式分为空间权利、机会和结果的公平性[193]:①空间权利

的公平,每个人都享有获得公共资源的权利。由于公共资源是具有层次的,我国《基本公共服务标准(2021年版)》[194]中指出,基本公共服务是公民的基本权利,保障人人享有基本公共服务是政府的重要职责。对于基本公共服务则要保障每个人获得权利的公平。②空间机会公平。除了基本公共资源以外,由于地区禀赋、供给水平等的差异,公共资源还存在优质资源,在优质公共资源配置中也需要实现权利的公平,但由于其稀缺性,决定了不可能每个人都会获得优质公共资源,因此要保证其获得机会对每个人是公平的。③空间结果的公平,结果的绝对公平显然是不存在的,人对城市空间的多样化需求决定了城市空间正义实现的多样性[195],公共资源配置空间结果的公平可以以是否满足了人对城市空间多元化需求为标准,即打造公共资源空间配置的多样性。

2) 新型城镇化要求公共资源配置的空间可得性均等,实现空间权利正义

新型城镇化的具体任务中,提出农业转移人口市民化的任务,其目的是赋予农民工同等的享受城市服务的权利,特大城市的农民工一般集中分布在城乡接合部等郊区地带,特大城市公共资源空间配置的均等化,是从空间上赋予农民工公共资源可得性的权利,实现农民工市民化具有重要意义。因此新型城镇化要求公共资源在空间配置的可得性上实现均等,实现空间权利的正义。

3) 优质公共资源空间获得机会均等,实现机会公平正义

新型城镇化要推动城市高质量发展。经过改革开放的发展,我国经济社会发展各领域取得了重大成就和显著进步,进入了中国特色社会主义的新时代,人们对美好生活的需求日益增长,居民对公共资源的需求不仅是数量上,还有高品质。在《2020新型城镇化建设和城乡融合发展重点任务》[196]中,明确了要提升城市综合承载能力,增强人口经济承载和资源优化配置等功能,其中补齐城市公共资源短板,改善城市基础设施是重要任务。从空间上,优化资源配置即是实现公共资源的空间公平性。特大城市人口快速集聚,公共资源不仅需要空间公平性和均衡性,还需要质量和品质上的空间公平性,以实现城市生活空间的宜居,实现城市高质量发展。由此可见,新的发展阶段,特大城市公共资源要实现质量上的空间公平性,主要是优质公共资源空间获得机会的均等,实现空间机会的正义。

4) 公共资源要空间多元化配置,实现空间结果正义

新型城镇化是以人为本的,追求空间正义。党的十九届五中全会明确提出:"促进社会公平,增进民生福祉,不断实现人民对美好生活的向往,推动民生福祉达到新的水平。"城市让生活更美好,就是因为城市能够包容人的多样化需求,尤

其在特大城市,随着社会的进步,需求的差异化必将进一步凸显,多样化需求也是城市发展的动力之一,城市发展要尊重和保护对公共资源高品质多样化的需求。因此,公共资源配置需要实现空间多样化,满足居民的多样化空间需求,实现空间结果的正义。由此可见,新型城镇化对公共资源空间配置的要求为通过公共资源优化人口结构提供了依据。

2.3   公共资源配置引导人口空间结构优化的层次内容

人对公共资源的空间需求包括三个层次:①人口空间布局对空间资源的数量需求。特大城市是人口的集聚地,而在现阶段,特大城市空间资源配置尚不能与常住人口空间分布相一致,因此满足数量的需求是最基本层次。②人口空间布局对空间资源高品质的需求。进入新时期,我国居民的主要矛盾发生了变化,对城市生活高品质的需求,这也是城镇化发展的主要任务之一,要求高质量空间资源的配置,这也正是特大城市当前公共资源供需之间最主要的矛盾和问题。③人口结构的复杂性对空间资源高品质多样化的需求。根据马克思空间正义的理论,要尊重人的多样化差异需求,那么城市空间资源应当是多元化高品质的供给,供居民自由选择居住区域,这三个层次是层层递进的关系。

2.3.1   用公共资源空间均等化配置来优化人口存量结构

马克思认为,人自身的发展既是空间生产发展的动力,又是空间生产发展的终极目标。也正因为如此,城市的发展既要遵循人的需求,又要能够激发人的潜力,促进人的全面发展。公共资源的配置,尤其是发展类公共资源,如教育、健康等资源配置,可以促进人口素质的提升,优化人口存量结构,实现人的全面发展。在经过改革开放的四十年发展中,受到多种因素的作用,特大城市人口空间分异已经形成,公共资源对人口空间结构具有提升作用,因此可以通过该手段来提升人口空间结构集聚的注地,促使人口存量结构的优化。

《中华人民共和国国民经济和社会发展第十四个五年规划和2035年远景目标纲要》提出,要推进户籍制度改革,实现基本公共服务常住人口全覆盖。当前,我国大中小城市户籍制度均已放开,只有特大城市尚未完全放开户籍壁垒,特大城市郊区是外来人口的集聚区,由于郊区人口快速导入,即便是公共资源可获得,郊区也是公共资源配置的短板,存在着可获得性差、可及性不高的问题。因此公共资源要实现空间配置的均等化,尤其是包含基本公共服务的,关乎人的全面发展的公共资源,如教育、健康等,需要顺应人口空间流动的趋势,实现面向所有常住人口进行布局,快速向郊区配置公共资源,使得公共资源具有可获得性,破除资源配置的行政壁垒,保障每个人获得空间资源的权利相等;同时,提升公共资源的空间配置的可及性,公共资源的配置要以人口空间密度为依据,尤其是基本公共资源,如医疗、义务教育等,空间上具有大致相同的布局,由此实现每个城市居民获得空间权利的公平正义。

2.3.2　用优质公共资源空间公平性来优化人口存量和增量结构

《2021 年新型城镇化建设和城乡融合发展重点任务》中指出,促进超大特大城市优化发展,疏解中心城区过度集中的公共服务资源,新型城镇化对特大城市公共资源空间布局有了较明确的任务。随着城市化的推进,居民生活水平的提升,对优质公共资源的需求不断提升,对于特大城市而言,是高学历等人才的首要居住地选择,对公共资源的需求更强烈,特大城市一般承担着全球城市的角色,成为区域发展的增长极,要不断提升优质公共资源的配置,让更多人享受到优质公共资源,并且在空间上,根据人口密度、数量分布进行配置,实现空间的可及性和可获得性。与普通资源相较,优质资源往往意味着可以更好、更强地实现人的全面发展,因此,在低收入群体、外来人口集聚的区域,可以不断扩大优质资源的供给,提升该区域人口存量的素质,使得不同群体获得个人发展结果的大致相同。

优质公共资源本身就决定了它的稀缺性,在现阶段,居民对一些优质资源需求是十分迫切的,而短期内扩大优质资源的供给却又难以实现,如优质教育资源,这就需要保证每个居民具有相同的获得优质资源的权利,而不是根据房产、户籍来进行人为限制,使得优质资源仅成为部分群体享用的特权,打破优质公共资源空间权利获得的壁垒,实现获得机会的空间正义。

此外,我国新型城镇化已经进入了高质量发展阶段。“十四五”及未来一个时期,新型城镇化将呈现新的趋势,推动新型城镇化高质量发展是构建新发展格局的重要举措[197]。进入新的发展阶段,我们需要谨记居民对美好生活的需求,顺应居民对优质资源的迫切需要,并借此来实现人口增量的结构调整。对于一些低收入群体集聚的区域,在未来城市更新过程中,可以通过配置大多数关乎社会发展类的、居民最为需求的优质公共资源,如教育和健康资源,提升区域的空间品质,将一些消极的空间转变为积极空间,吸引高收入群体导入,矫正低收入群体的空间集聚,实现人口混居,实现人口空间结构的优化。

2.3.3　用公共资源空间多样化配置来引导人口有序流动

从人口空间结构来看,绝对合理的人口空间结构并没有也不可能具有一定的标准,人的差异性,决定了人口空间需求的差异性。公共资源的空间供给即便是更高水平的,但如果是单一的供给,也总是与需求相错位。新马克思主义学派认为,城市不仅赋予居民"城市的权利",还具有"差异的空间",这种差异包括种宗教、信仰等差异[198],城市要尊重、包容由此带来的人口空间需求的多元化[199],同时公共资源在质量和数量上的绝对均等化是不可能实现的,也是会损失使用效率的。基于此,公共资源的配置需要向"多样化、差异化"供给转型,这与"异质性"具有本质性的不同。通过公共资源来优化人口空间结构则是要尊重人口的主动选择性和差异性,积极塑造公共资源空间的多元化,让居民根据自己的偏好而不是根据公共资源空间配置的等级,依仗手中的财富去选择公共资源富集地居住地,如此,也可以还原房产的居住属性,既尊重人口空间有序、自由迁徙,又鼓励个人通过合法的劳动和努力,实现阶层的流动。

《中华人民共和国国民经济和社会发展第十四个五年规划和 2035 年远景目标纲要》中进一步明确了优化提升超大城市和特大城市中心城区功能……促进高质量发展的要求,全面提升城市品质。城市品质的提升表现在每个人在城市中实现自我发展的可能,空间资源多元化配置来满足人口多元化空间需求即是满足和实现个人发展和选择的权利,来引导人口有序流动,实现人口空间的合理分布,这是新型城镇化下人口空间结构优化的最高层次。该层次的实现不仅尊重了居民的多元化选择,提升了城市生活的满意度和幸福感,而且提升了公共资源的使用效率,提高了城市空间的品质,为每个人实现全面发展提供了空间条件,最终实现结果的空间正义。

"十四五"时期,在新的发展阶段,明确了双循环发展战略作为中国中长期发展的主旋律,"城市圈—都市圈—大中小城市协调发展"的空间发展提出了更高的要求,特大城市在我国城市发展空间战略中起到了引领作用,率先打造高品质多样化的空间结构,对于优化城市宜居品质,带动城市圈发展,形成区域增长极具有积极示范效果。

2.4　本章小结

本章主要从理论上阐释新型城镇化背景下人口空间结构优化的价值导向、

依据和内涵。

1) 新型城镇化背景下特大城市人口空间结构优化的价值导向

首先,新型城镇化的目的是实现共同富裕,人口空间分异超过一定程度有可能引发居住的贫富分化,特大城市人口空间分异是我国城乡差异、区域差异在城市内部的反映,因此人口空间优化是从空间维度上防止居住的贫富分化实现共同富裕。

其次,人口空间结构优化是城市空间治理的一个组成部分,要以物质空间治理为主导,建立一种具有中国特色的、空间正义的自然空间生产逻辑,以扭转传统城镇化下城市空间在政府和市场导向下的非正义扭曲。特大城市是中国城市圈的核心和增长极,人口空间结构的优化可以带动城市圈的结构优化。

最后,新型城镇化下人口空间优化的核心内容即要以人口的空间需求为核心,实现城市物质空间的人本主义,从而带动实现社会、精神空间的人本主义。新型城镇化背景下人口空间优化以尊重人的多元化空间需求为原则,打造城市差异化自然空间,实现人口合理分布。

2) 新型城镇化背景下通过公共资源实现人口空间结构优化的依据

首先,随着城市化的推进,行政直接对人口空间分异的调节功能大大减少,产业结构对人口空间调整的作用依然存在,但其单独发挥作用的功能有限,市场在城市空间资源配置中会失灵,需要政府对空间进行干预。

其次,从我国城市化发展阶段来看,公共资源对人口空间结构的影响作用逐渐突出,一是可以通过公共资源来调节人口空间结构,缓解过度的人口空间分异,避免居住分化,但需要产业、制度等各种因素共同配合;二是调整政府在公共资源空间供给中的逻辑,避免由公共资源配置导致人口空间分异加剧。

最后,新型城镇化要求公共资源在空间配置的可得性上实现均等,实现空间权利的正义。特大城市公共资源要实现质量上的空间公平性,主要是优质公共资源空间获得机会的均等,实现空间机会的正义。公共资源配置需要实现空间多样化,满足居民的多样化空间需求,实现空间结果的正义。

3) 通过公共资源配置优化人口空间结构的层次内容

结合人口对公共资源的三个需求层次,论述了新型城镇化背景下,通过公共资源配置优化人口空间结构的层次内容:通过公共资源空间均等化配置来优化人口存量结构;通过优质资源空间公平性的配置来优化人口存量和增量结构;公共资源的空间差异性和异质性具有本质的不同,通过公共资源来优化人口空间结构则是要尊重人口的主动选择性和差异性,积极塑造公共资源空间的多元化,让居民根据自己的偏好而不是根据公共资源空间配置的等级选择居住地。

第3章 特大城市人口空间演变特征

城市化进程中人口空间结构的演变具有特殊规律,表现出空间分布上郊区化的演变特征,然而在此过程中,在各种因素的作用下,不同人口结构郊区化的程度出现了差异。本章首先选取了特大城市北京、上海、天津、重庆、南京、武汉为例,分析在城市化进程中,特大城市人口空间演变的一般规律和特殊特征。

3.1 特大城市常住人口空间演变特征

经济发展阶段理论指出,人均收入水平是判断经济发展阶段总体性的重要指标,不同经济发展阶段,产业结构、工业化水平、城市化发展均有不同的特点。在我国,城市人口郊区化进程也受到经济因素的影响,两者存在一定的规律性,如上海市在人均 GDP 超过 2 000 美元时,郊区化活动明显[200]。根据该规律,结合 2005 年以来七个特大城市人均 GDP 变化特征(见图 3-1),将七个特大城市划分为三类:一是上海、北京,这两个城市发展水平较高,城市化进程较早,2005年人均 GDP 均超过 40 000 元,此后人均 GDP 稳步提升,至 2020 年依然领先于其他特大城市;二是南京、天津、武汉三个城市,2005 年南京、天津两个城市的人均 GDP 接近 40 000 元,武汉虽然人均 GDP 低于 30 000 元,与其他城市相差较多,但在 2013 年前,三个城市的人均 GDP 增长均十分快速,有赶超上海、北京之势,但 2013 年之后,天津人均 GDP 增速下降,2018 年以后,人均 GDP 总量下降;三是重庆、广州,这两个城市的经济发展特征较为相似,2005 年人均 GDP 在20 000 元左右,此后稳步增长。结合经济发展的特征,分别分析三类城市在人口空间演化中的规律。需要注意的是,各特大城市历年行政区划有所变动,根据相关变动的情况,城市各区县人口数据采用最新的行政区划进行统一整理。

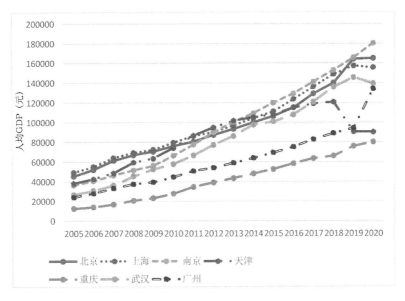

图 3 - 1　特大城市历年人均 GDP

数据来源:历年各城市统计年鉴。

3.1.1　北京、上海常住人口空间演变特征

1) 北京市常住人口空间演变特征

《北京市 2016—2035 城市总体规划》[201]给出了北京四大主体功能区,首都功能核心区:包括东城和西城;城市功能拓展区,包括朝阳、海淀、丰台、石景山;城市发展新区,包括通州、顺义、大兴、昌平和房山;生态涵养发展区,包括门头沟、平谷、怀柔、密云、延庆。

2005 年以来,北京市常住人口快速增加(见表 3 - 1),其中 2005—2010 年间增量最多,超过 400 万人,2010—2015 年间增加了 200 多万,在总量控制下,2010—2020 年间常住人口增加速度大幅减弱,五年间增加了不到 20 万人。分区域来看,2005—2015 年间,首都功能核心区人口持续增加,2015—2020 年间,人口由导入转为导出,年人口减速 1.73%;三个时间段中,城市功能拓展区人口由大量导入,导入量减少,至 2015—2020 年间的人口导出,年人口减速为0.41%;城市发展区人口持续导入,2005—2010 年间,人口增量接近 200 万,2010—2015 年间,增加人口数量减少,为 90 万,2015—2020 年间,人口增量又扩大至近 180 万;生态涵养发展在三个阶段的人口增量呈现出增量变小,再变大的过程。总的来看,首都功能核心区人口导出最强,其次是城市功能拓展区,城市发展新区人口大量导入,生态涵养区人口导入略弱。

表 3 - 1　北京市常住人口空间演变　　　　　单位:万人、%

	人口数量				人口增量			人口增速
	2005	2010	2015	2020	2005—2010	2010—2015	2015—2020	2010—2020
东城区	86	91.9	90.5	70.9	5.9	−1.4	−19.6	−2.56
西城区	119.2	124.3	129.8	110.6	5.1	5.5	−19.2	−1.16
首都功能核心区	205.2	216.2	220.3	181.5	11	4.1	−38.8	−1.73
朝阳区	280.2	354.5	395.5	345.2	74.3	41	−50.3	−0.27
丰台区	156.8	211.2	232.4	202	54.4	21.2	−30.4	−0.44
石景山区	52.4	61.6	65.2	56.8	9.2	3.6	−8.4	−0.81
海淀区	258.6	328.1	369.4	313.3	69.5	41.3	−56.1	−0.46
城市功能拓展区	748	955.4	1062.5	917.3	207.4	107.1	−145.2	−0.41
房山区	87	94.5	104.6	131.3	7.5	10.1	26.7	3.34
通州区	86.7	118.4	137.8	184	31.7	19.4	46.2	4.51
顺义区	71.1	87.7	102	132.4	16.6	14.3	30.4	4.21
昌平区	78.2	166.1	196.3	227	87.9	30.2	30.7	3.17
大兴区	88.6	136.5	156.2	199.3	47.9	19.7	43.1	3.86
城市发展新区	411.6	603.2	696.6	874	191.6	93.4	177.4	3.78
门头沟区	27.7	29	30.8	39.3	1.3	1.8	8.5	3.09
怀柔区	32.2	37.3	38.4	44.1	5.1	1.1	5.7	1.69
平谷区	41.4	41.6	42.3	45.7	0.2	0.7	3.4	0.94
密云区	43.9	46.8	47.9	52.8	2.9	1.1	4.9	1.21
延庆区	28	31.7	31.4	34.6	3.7	−0.3	3.2	0.88
生态涵养发展区	173.2	186.4	190.8	216.5	13.2	4.4	25.7	1.51
全市	1538	1961.9	2170.5	2189.3	423.9	208.6	18.8	1.1

数据来源:历年北京市人口普查及统计年鉴计算而得。

2) 上海市常住人口空间演变特征

《上海市城市总体规划（2017—2035）》[202] 中，将上海划分为"主城区—新城—新市镇—乡村"的市域城乡体系，在主城区的规划中，突破了区县行政区，主城区中心城为外环线以内的区域，主城片区则包括虹桥、川沙、宝山、闵行 4 个区域。然而，考虑到人口和公共资源等数据是按照行政区划进行统计的，因此将主城区进一步划分，原有静安、黄浦、徐汇、虹口等七个上海市区划为都市主城区。宝山、闵行、浦东新区与中心城区接壤，且在规划中属于或部分属于主城区范围的区县划为都市边缘区。规划中的五个新城中的嘉定、青浦、松江、奉贤划为新型城镇化区域。远郊区指综合生态发展区崇明，加上远郊区金山。其中主城区属于原有的中心城区，都市边缘区、新型城镇化区域和远郊区属于传统意义上的郊区。

自 2005 年以来，上海市常住人口总量不断增加（见表 3-2），但增加数量逐渐减少。分区域来看，中心城区各区县除徐汇、长宁略有增加，其余区县人口持续导出，且三个时间段中，导出人口总量先减少后增加，2010—2020 年人口导出速度在 0.44%；都市边缘区人口持续导入，但三个时间段人口导入量减少；新城人口持续导入，导入总量也有所减少；远郊区金山区人口略有导入，崇明区人口一直导出，导入总量先减少后增加。总的来看，中心城区人口导出，与北京城市功能拓展区导出速度相近，都市边缘区、新城人口导入，但导入速度均低于北京城市发展新区的速度，远郊区生态发展区崇明人口导出。

表 3-2　上海市常住人口空间演变　　　　　　　单位:万人、%

| | 人口数量 | | | | 人口增量 | | | 人口增速 |
	2005	2010	2015	2020	2005—2010	2010—2015	2015—2020	2010—2020
黄浦区	78.01	67.9	65.86	66.2	−10.11	−2.04	0.34	−0.25
徐汇区	98.59	108.5	108.91	111.31	2.81	0.41	2.4	0.26
长宁区	67.18	69.1	69.11	69.31	0.21	0.01	0.2	0.03
静安区	101.46	107.7	107.4	97.57	72.87	−0.3	−9.83	−0.98
普陀区	110.6	128.9	128.8	123.98	−4.92	−0.1	−4.82	−0.39
虹口区	78.26	85.2	80.94	75.75	−9.45	−4.26	−5.19	−1.17
杨浦区	120.32	131.3	131.52	124.25	−7.05	0.22	−7.27	−0.55

（续表）

	人口数量				人口增量			人口增速
	2005	2010	2015	2020	2005—2010	2010—2015	2015—2020	2010—2020
中心城区	654.42	698.6	692.54	668.37	−30.23	−6.06	−24.17	−0.44
闵行区	170.76	242.9	253.79	265.34	22.44	10.89	11.55	0.89
宝山区	130.54	190.5	202.29	223.52	33.02	11.79	21.23	1.61
浦东新区	367.76	504.4	547.49	568.15	63.75	43.09	20.66	1.2
都市边缘区	669.06	937.8	1003.57	1057.01	119.21	65.77	53.44	1.2
嘉定区	94.28	147.1	156.8	183.43	36.33	9.7	26.63	2.23
松江区	88.58	158.2	176.02	190.97	32.77	17.82	14.95	1.9
青浦区	73.75	108.1	120.91	127.14	19.04	12.81	6.23	1.64
奉贤区	73.44	108.3	115.99	114.09	5.79	7.69	−1.9	0.52
新城	330.05	521.7	569.72	615.63	93.93	48.02	45.91	1.67
金山区	59.21	73.2	79.8	82.28	9.08	6.6	2.48	1.18
崇明区	65.68	70.4	69.64	63.79	−6.61	−0.76	−5.85	−0.98
远郊区	124.89	143.6	149.44	146.07	2.47	5.84	−3.37	0.17
总计	1778.42	2302.66	2415.27	2487.1	184.44	112.61	71.83	0.77

数据来源：根据历年上海市人口普查及统计年鉴计算而得。

3.1.2 南京、天津、武汉常住人口空间演变特征

1）天津市常住人口空间演变特征

根据《天津市城市总体规划2020》[203]，天津市城市空间根据其功能、区位和相关学者研究，划分为中心城区、环城区和远郊区[204]，其中中心城区包括中心六城，环城区包括北辰、东丽、西青、津南，远郊新城则包括静海、宁河、武清、宝坻、蓟州，滨海新区在2010年由塘沽区等三区合并，在2020年的规划中作为单独的一个功能区。

自2007年以来，天津市常住人口总量稳步增长（见表3-3），2010—2015年间，人口增长近250万人，2015年至2020年间，人口导出160万人。从空间布局来看，中心城区除和平区人口略有增加，其余区县人口导出，由2010—2015年

人口导入转为 2015—2020 年间人口大幅导出,南开区、河北区人口导出规模最多,均超过 20 万人;环城区各区均属人口导入区,其中 2010—2020 年间,西青区人口年增长率最高超 5.73%,也是唯一 2015—2020 时间段人口规模增长超过 2010—2015 时间段的区域;远郊区各区县在 2010—2015 年间人口导入,2015—2020 年间除静海区外,其他区县人口均转为导出;滨海新区在 2010—2015 年间人口导入,2015—2020 年间人口快速导出。总的来看,近五年天津市人口导出趋势明显,从区域来看环城区尚属人口导入区,其他区域均出现了不同程度的人口导出现象。

表 3-3　天津市常住人口空间演变　　　　　　　单位:万人、%

| | 人口数量 | | | | 人口增量 | | 人口增速 |
	2007	2010	2015	2020	2010—2015	2015—2020	2010—2020
和平区	31.09	27.39	34.9	35.5	7.51	0.6	2.63
河东区	78.17	86.12	96.69	85.88	10.57	−10.81	−0.03
河西区	81.53	87.1	98.3	82.22	11.2	−16.08	−0.57
南开区	93.61	101.88	113.57	89.04	11.69	−24.53	−1.34
河北区	67.41	78.86	88.51	64.77	9.65	−23.74	−1.95
红桥区	56.78	53.23	56.15	48.31	2.92	−7.84	−0.97
中心城区	408.59	434.58	488.12	405.72	53.54	−82.4	−0.68
东丽区	59.87	57.08	75.37	85.7	18.29	10.33	4.15
西青区	51.25	68.47	84.24	119.51	15.77	35.27	5.73
津南区	50.36	59.4	88.74	92.81	29.34	4.07	4.56
北辰区	50.04	66.91	85.21	90.96	18.3	5.75	3.12
环城区	211.52	251.86	333.56	388.98	81.7	55.42	4.44
武清区	87.34	94.99	118.11	115.13	23.12	−2.98	1.94
宝坻区	73.2	79.93	91.39	72.24	11.46	−19.15	−1.01
宁河区	38.14	41.66	49.16	39.53	7.5	−9.63	−0.52
静海区	58.91	64.75	78.21	78.71	13.46	0.5	1.97
蓟州区	82.92	83.27	91.39	79.55	8.12	−11.84	−0.46
远郊区	340.51	364.6	428.26	385.16	63.66	−43.1	0.55
滨海新区	172.24	248.25	297.01	206.73	48.76	−90.28	−1.81
全市	1115	1299.29	1546.95	1386.6	247.66	−160.35	0.65

数据来源:根据历年天津市人口普查及统计年鉴计算而得。

2) 武汉市常住人口空间演变特征

武汉市的行政区划主要根据地理位置和历史沿革来划分,中心城区包括江岸、江汉、硚口、汉阳、武昌、青山、洪山7个城区,蔡甸、江夏、黄陂、新洲、东西湖、汉南6个远郊区,有3个国家级开发区,划分了部分区县的街道进行功能管理。其中,2010、2020两次普查数据对功能区的人口进行了统计,而武汉市历年统计年鉴中,则是根据行政区划进行人口统计的,为了一致性,将2015年统计年鉴的人口数据划到各功能区内进行统计分析。

自2010年开始,武汉市常住人口总量规模不断扩大(见表3-4),2015—2020年人口规模增量超过170万人。分区域来看,中心城区人口导入,两个阶段导入总量均超过30万人,变化不大,十年间人口年增速1.06%。其中,2010—2015年中心城区各区县人口均导入,2015—2020年间,江汉区、硚口区、武昌区、青山区人口转为导出,汉阳区、洪山区人口导入规模增加;郊区人口大量导入,从2010—2015年间的导入近40万,增长至2015—2020年间的近160万人,年增长率接近4%,其中2015—2020年间东湖高新区人口增长规模较大,超过40万,十年间年增速全市最快,接近9%。总的来看,武汉市人口快速导入,近五年来中心城区超过半数区县人口转为导出,郊区人口大量导入。

表3-4 武汉市常住人口空间演变 单位:万人、%

	人口数量			人口增量		人口增速
	2010	2015	2020	2010—2015	2015—2020	2010—2020
江岸区	89.54	95.43	96.53	5.89	1.1	0.75
江汉区	68.4	72.22	64.79	3.82	−7.43	−0.54
硚口区	82.88	86.49	66.67	3.61	−19.82	−2.15
汉阳区	58.42	63.92	83.73	5.5	19.81	3.66
武昌区	119.97	125.06	109.28	5.09	−15.78	−0.93
青山区	52.16	52.35	46.33	0.19	−6.02	−1.18
洪山区	104.9	114.18	172.88	9.28	58.7	5.12
中心城区	576.27	609.65	640.21	33.38	30.56	1.06
东西湖区	45.21	52.7	84.58	7.49	31.88	6.46
汉南区	11.45	13.1	14.51	1.65	1.41	2.4
蔡甸区	41.1	45.1	55.44	4	10.34	3.04
江夏区	64.49	69.49	97.47	5	27.98	4.22

（续表）

	人口数量			人口增量		人口增速
	2010	2015	2020	2010—2015	2015—2020	2010—2020
黄陂区	87.48	94.51	115.16	7.03	20.65	2.79
新洲区	84.84	88.27	86.04	3.43	−2.23	0.14
武汉经开	32.29	30.12	48.13	−2.17	18.01	4.07
东湖高新	39.63	49.7	93.51	10.07	43.81	8.96
东湖风景	6.75	8.13	12.12	1.38	3.99	6.03
郊区	413.24	451.12	606.96	37.88	155.84	3.92
全市	989.51	1060.77	1232.65	71.26	171.88	2.22

数据来源：根据历年武汉市人口普查及统计年鉴计算而得。

3）南京市常住人口空间演变特征

结合南京市 60—70 年代历史沿革的五县四郊六城区和《南京市总体规划（2018—2035）》[205]进行划分，将玄武、秦淮、建邺、鼓楼作为中心城区，2013 年白下并入秦淮、下关并入鼓楼区，浦口、栖霞、雨花台、江宁、六合作为近郊新城，溧水、高淳为县域范围。

自 2005 年以来，南京市常住人口总量不断增加（见表 3－5），2005—2010 年间人口增量超过 100 万人，2010—2015 年间人口增量减少，超过 20 万人，2015—2020 年间人口增长规模又超过 100 万人。分区域来看，中心城区三个阶段人口增量逐年减少，2015—2020 年间除建邺区以外，各区县均转为人口导出；近郊新城持续人口导入，相较于 2005—2010 年，2010—2015 年人口导入规模减小，2015—2020 年人口导入规模扩大，超过 160 万人，近十年间人口年增速 4.01%；县域常住人口也略微导入，导入规模略小。总的来看，近五年，南京常住人口总量增加超过 100 万人，其中，中心城区人口导出，近郊新城人口大量导入，县域人口导入略弱。

表 3－5　南京市常住人口空间演变　　　　　　　单位：万人、%

	人口数量				人口增量			人口增速
	2005	2010	2015	2020	2005—2010	2010—2015	2015—2020	2010—2020
玄武	57.62	65.23	65.24	53.78	7.61	0.01	−11.46	−1.91

（续表）

	人口数量				人口增量			人口增速
	2005	2010	2015	2020	2005—2010	2010—2015	2015—2020	2010—2020
秦淮	89.84	100.81	102.24	74.08	10.97	1.43	−28.16	6.2
建邺	38.65	42.74	45.45	53.43	4.09	2.71	7.98	2.26
鼓楼	117.39	100.81	127.56	94.04	−16.58	26.75	−33.52	1.3
中心城区	303.5	335.93	340.49	275.33	32.43	4.56	−65.16	−1.97
浦口	55.89	71.05	74.94	117.16	15.16	3.89	42.22	5.13
栖霞	45.9	64.47	67.98	98.78	18.57	3.51	30.8	4.36
雨花台	29.37	39.15	42.69	60.88	9.78	3.54	18.19	4.51
江宁	86.94	114.62	119.14	192.61	27.68	4.52	73.47	5.33
六合	88.07	91.6	93.44	94.66	3.53	1.84	1.22	0.33
近郊新城	306.17	380.89	398.19	564.09	74.72	17.3	165.9	4.01
溧水	39.78	42.14	42.44	49.13	2.36	0.3	6.69	1.55
高淳	40.35	41.8	42.47	42.92	1.45	0.67	0.45	0.26
县域	80.13	83.94	86.77	91.77	3.81	2.83	5	0.9
全市	689.8	800.76	823.59	931.47	110.96	22.83	107.88	1.52

数据来源:根据历年南京市人口普查及统计年鉴计算而得。

3.1.3　重庆、广州市常住人口空间演变特征

1) 重庆市常住人口空间演变特征

2013 年在重庆市委四届三次全会上,重庆功能区划为都市功能核心区、都市功能拓展区、城市发展新区、渝东北生态涵养发展区、渝东南生态保护发展区五个功能区。

自 2005 年开始,重庆市常住人口规模稳步增长(见表 3 - 6),三个阶段人口规模增长量越来越多,近五年常住人口总量导入近 200 万。分区域来看,都市功能核心区和拓展区是人口增长的集聚区,且逐年增加。2015—2020 年间,常住人口总量导入 200 万,2010—2020 年间人口年增长率为 3.33%,其中渝中区人

口导出,渝北区人口导入最多;城市发展新区在 2015—2020 年间人口转为导出;渝东北翼人口持续导出,2015—2020 年间人口导出的规模略有下降;渝东南翼在 2005—2010 年、2010—2015 年间人口导出,2015—2020 年转为人口导入。总的来看,近五年来,重庆市人口快速导入,主要的导入区域在都市功能核心区和拓展区,其中城市发展的中心区域,渝中区出现人口导出,渝中区是重庆的母城,第一商圈所在地,在改革开放以后快速发展起来的江北、渝北、北培,成为第二商圈,近年来人口导入,除渝北区外,其他两区的导入总量大大下降。靠近边缘的沙坪坝区、九龙坡区人口总量导入也较大。

表 3-6 重庆市常住人口空间演变 单位:万人、%

	人口数量				人口增量			人口增速
	2005	2010	2015	2020	2005—2010	2010—2015	2015—2020	2010—2020
渝中区	69.78	63.01	64.95	58.87	−6.77	1.94	−6.08	−0.68
大渡口区	26.23	30.1	33.27	42.19	3.87	3.17	8.92	3.43
江北区	65.07	73.8	84.98	92.58	8.73	11.18	7.6	2.29
沙坪坝区	86.24	100	112.83	147.73	13.76	12.83	34.9	3.98
九龙坡区	94.65	108.44	118.69	152.68	13.79	10.25	33.99	3.48
南岸区	66.76	75.96	85.81	119.76	9.2	9.85	33.95	4.66
北碚区	67.35	68.04	78.62	83.49	0.69	10.58	4.87	2.07
渝北区	86.16	134.54	155.09	219.15	48.38	20.55	64.06	5
巴南区	83.27	91.87	100.58	117.89	8.6	8.71	17.31	2.53
都市功能核心区和拓展区	645.51	745.76	834.82	1034.35	100.25	89.06	199.53	3.33
万盛区	25.01	25.58	26.79	23.58	0.57	1.21	−3.21	−0.81
江津区	126.54	123.31	133.19	135.96	−3.23	9.88	2.77	0.98
合川区	127.29	129.3	136.06	124.53	2.01	6.76	−11.53	−0.38
永川区	92.27	102.47	109.61	114.89	10.2	7.14	5.28	1.15
南川区	54.35	53.43	56.43	57.24	−0.92	3	0.81	0.69
綦江区	83.53	80.1	81.05	77.55	−3.43	0.95	−3.5	−0.32
潼南区	71.07	64	68.23	68.81	−7.07	4.23	0.58	0.73
铜梁区	62	60.01	68.72	68.57	−1.99	8.71	−0.15	1.34

（续表）

| | 人口数量 | | | | 人口增量 | | | 人口增速 |
	2005	2010	2015	2020	2005—2010	2010—2015	2015—2020	2010—2020
大足区	80.86	72.13	76.39	83.46	−8.73	4.26	7.07	2.2
荣昌区	65.09	66.13	70.1	66.9	1.04	3.97	−3.2	0.12
璧山区	51.36	58.6	72.52	75.6	7.24	13.92	3.08	2.58
涪陵区	101.32	106.67	114.08	111.5	5.35	7.41	−2.58	0.44
长寿区	75.18	77	82.43	69.3	1.82	5.43	−13.13	−1.05
城市发展新区	1015.87	1018.73	1095.6	1077.89	2.86	76.87	−17.71	0.57
万州区	151.64	156.31	160.74	156.44	4.67	4.43	−4.3	0.01
梁平区	71.35	68.75	66.4	64.53	−2.6	−2.35	−1.87	−0.63
城口县	19.21	19.3	18.63	19.75	0.09	−0.67	1.12	0.23
丰都县	64.5	64.92	59.56	55.74	0.42	−5.36	−3.82	−1.51
垫江县	72.72	70.45	67.67	65.07	−2.27	−2.78	−2.6	−0.79
忠县	74.67	75.14	70.8	72.1	0.47	−4.34	1.3	−0.41
开县	115.99	116.03	117.07	120.33	0.04	1.04	3.26	0.36
云阳县	101.71	91.29	89.66	92.9	−10.42	−1.63	3.24	0.17
奉节县	86.03	83.43	75.33	74.48	−2.6	−8.1	−0.85	−1.13
巫山县	50.1	49.51	46.23	46.25	−0.59	−3.28	0.02	−0.68
巫溪县	44.46	41.41	39.1	38.87	−3.05	−2.31	−0.23	−0.63
渝东北翼	852.38	836.54	811.19	806.46	−15.84	−25.35	−4.73	−0.37
黔江区	44.03	44.5	46.2	48.73	0.47	1.7	2.53	0.91
石柱县	43.47	41.51	38.65	38.9	−1.96	−2.86	0.25	−0.65
秀山县	50.05	50.16	49.13	49.62	0.11	−1.03	0.49	−0.11
酉阳县	57.65	57.81	55.65	60.73	0.16	−2.16	5.08	0.49
彭水县	54.25	54.51	50.64	53.06	0.26	−3.87	2.42	−0.27
武隆区	34.79	35.1	34.67	35.67	0.31	−0.43	1	0.16
渝东南翼	284.24	283.59	274.94	286.72	−0.65	−8.65	11.78	0.11
全市	2798	2884.62	3016.55	3205.42	86.62	131.93	188.87	1.06

数据来源：根据历年重庆市人口普查及统计年鉴计算而得。

2) 广州市常住人口空间演变特征

根据《广州市城市总体规划(2017—2035)》[206]，广州城市空间划分为主城区:荔湾、越秀、天河、海珠四区,白云区北二环高速公路以南地区、黄埔区九龙镇以南地区及番禺区广明高速以北地区。副中心:南沙区全域。外围城区:花都城区、空港经济区、知识城、番禺南部城区、从化城区和增城城区。新型城镇:相对独立的建制镇。乡村:农村居民集中居住区域,功能区的划分打破了行政区划的限制。为了数据的完整性,结合原有的行政区划,将广州市划分为主城区,包括荔湾、越秀、天河、海珠、白云、黄埔、番禺;外围城区,包括花都区、增城区、从化区,副中心南沙区。

2005 年以来,广州市常住人口规模快速增加(见表 3 - 7),2015—2020 年间增加超过 500 万人。从空间布局上来,主城区是常住人口导入的集中区域,2015—2020 年间导入近 400 万人口,其中越秀区人口导出,其他区县均人口导入,外围城区人口导入规模略小于主城区,但在 2010—2020 年间,人口增速略高于主城区,南沙区人口导入规模最少,但增速最快,2010—2020 年间年增速接近 13%。

表 3 - 7　广州市常住人口空间演变　　　　　　　　　单位:万人、%

| | 人口数量 | | | | 人口增量 | | | 人口增速 |
	2005	2010	2015	2020	2005—2010	2010—2015	2015—2020	2010—2020
荔湾区	71.08	89.82	92.17	123.83	18.74	2.35	31.66	3.26
越秀区	98.34	115.73	115.68	103.86	17.39	−0.05	−11.82	−1.08
海珠区	122.07	155.92	161.37	181.9	33.85	5.45	20.53	1.55
天河区	104.56	143.37	154.57	224.18	38.81	11.2	69.61	4.57
白云区	155.45	222.48	240.34	374.3	67.03	17.86	133.96	5.34
黄埔区	47.12	83.24	89.85	126.44	36.12	6.61	36.59	4.27
番禺区	142.36	176.65	154.41	265.84	34.29	−22.24	111.43	4.17
主城区	740.98	987.21	1008.39	1400.36	246.23	21.18	391.97	3.56
花都区	67.93	94.59	101.58	164.24	26.66	6.99	62.66	5.67
增城区	75.7	103.76	112.03	146.63	28.06	8.27	34.6	3.52
从化区	47.27	59.39	62.53	71.77	12.12	3.14	9.24	1.91
外围城区	190.9	257.74	276.14	382.64	66.84	18.4	106.5	4.03

（续表）

	人口数量				人口增量			人口增速
	2005	2010	2015	2020	2005—2010	2010—2015	2015—2020	2010—2020
南沙区	17.8	26.01	65.58	84.66	8.21	39.57	19.08	12.53
全　市	949.68	1270.96	1350.11	1867.66	321.28	79.15	517.55	3.92

数据来源：根据历年广州市人口普查及统计年鉴计算而得。

3.1.4　特大城市常住人口空间演变特征的比较

1) 特大城市常住人口空间演变的一致性特征

从人口空间演变的规律来看，特大城市是人口快速集聚的区域，虽然本研究是按照行政区划来进行划分的，但也参考了功能区的划分，人口空间演变表现出由中心城区、中心边缘区、近郊新城、远郊区的圈层式发展布局。同时受到政策的作用，在圈层式空间演变进程中，又表现出不同方向、速度差异的向外圈演变特征（见表 3-8），如重庆市，渝中区是城市最中心，人口导出，向中心边缘区演变，但 20 世纪 60 年代，渝北等边缘区受到政策影响，最先发展起来；上海市，在近郊各区域均规划了新城，松江新城、奉贤新城、嘉定新城等，但不同区域受制于发展方式、产业结构等的影响，也表现出差异化的演进模式，松江新城、嘉定新城的人口导入量更多。这种特大城市发展的特点，与以往学者对特大城市人口空间演变的规律模式较为一致，依然表现出"同心圆"为主，伴有"多核心""扇形"的空间演化模式[207]。

2) 特大城市常住人口空间演变的差异性特征

各特大城市人口空间演变的差异性体现在：①北京、上海两个超大城市郊区新城人口导入，中心城区人口导出，常住人口总量增长缓慢。受到政策影响，北上广等特大城市提出了要控制人口规模的要求，其中，北京、上海均提出了人口"天花板"的具体指标，近五年来，常住人口导入幅度大幅下降，中心城区人口快速导出，新城成为承接人口的重点区域。②2010—2020 年间，南京、天津，这两个城市也表现出中心城区导出，近郊新城人口导入。不同的是，近五年来天津市常住人口总体规模导出较快，远郊区、滨海新区人口均出现了大量导出，而南京市近五年来常住人口规模快速集聚，近郊区新城人口导入快速，这是由两个城市近期经济和社会发展差异导致的。近些年天津市采取了"三去一降"的经济转型发展,处于经济转型升级的阵痛期,人口流入受到影响。2019 年江苏省出台了《关于推动非户籍人口在城市落户的实施意见》[208],南京在人口落户指标上进一步放宽,人口集聚效果明显。武汉常住人口快速导入,中心城区尚处在中心城区导入的阶段,但郊区人口导入的增速反超市区。③广州、重庆,重庆属于中部城市的集聚中心,常住人口快速导入,其明显的特征是中心城区尚处于人口快速导入的阶段,重庆市由于范围太广,目前人口主要城市化区域依然集中在都市功能核心区,近五年来城市发展新区人口导出。广州作为与上海、北京同等级别的超大城市,尚处于人口快速导入的时期,主城区、外围区、副中心人口均呈现大量导入的状态,但近十年来,外围区、副中心人口导入速度加快,人口总量接近 2 000 万。不同城市化研究阶段所呈现出的人口空间分异的特点或许有所不同,但总的发展趋势具有一致性。

表 3-8　特大城市常住人口空间演变比较　　　　单位:万人、%

		人口数量				人口增量			人口增速
		2005	2010	2015	2020	2005—2010	2010—2015	2015—2020	2010—2020
北京	首都功能核心区	205.2	216.2	220.3	181.5	11	4.1	−38.8	−1.73
	城市功能拓展区	748	955.4	1062.5	917.3	207.4	107.1	−145.2	−0.41
	城市发展新区	411.6	603.2	696.6	874	191.6	93.4	177.4	3.78
	生态涵养发展区	173.2	186.4	190.8	216.5	13.2	4.4	25.7	1.51
	全市	1538	1961.9	2170.5	2189.3	423.9	208.6	18.8	1.1
上海	中心城区	654.42	698.6	692.54	668.37	−30.23	−6.06	−24.17	−0.44
	都市边缘区	669.06	937.8	1003.57	1057.01	119.21	65.77	53.44	1.2
	新城	330.05	521.7	569.72	615.63	93.93	48.02	45.91	1.67
	远郊区	124.89	143.6	149.44	146.07	2.47	5.84	−3.37	0.17
	总计	1778.42	2302.66	2415.27	2487.1	184.44	112.61	71.83	0.77

（续表）

		人口数量				人口增量			人口增速
		2005	2010	2015	2020	2005—2010	2010—2015	2015—2020	2010—2020
南京	中心城区	303.5	335.93	340.49	275.33	32.43	4.56	−65.16	−1.97
	近郊新城	306.17	380.89	398.19	564.09	74.72	17.3	165.9	4.01
	县域	80.13	83.94	86.77	91.77	3.81	2.83	5	0.9
	全　市	689.8	800.76	823.59	931.47	110.96	22.83	107.88	1.52
天津	中心城区	408.59	434.58	488.12	405.72		53.54	−82.4	−0.68
	环城区	211.52	251.86	333.56	388.98		81.7	55.42	4.44
	远郊区	340.51	364.6	428.26	385.16		63.66	−43.1	0.55
	滨海新区	172.24	248.25	297.01	206.73		48.76	−90.28	−1.81
	全市	1115	1299.29	1546.95	1386.6		247.66	−160.35	0.65
武汉	中心城区		576.27	609.65	640.21		33.38	30.56	1.06
	郊区		413.24	451.12	606.96		37.88	155.84	3.92
	全市		989.51	1060.77	1232.65		71.26	171.88	2.22
重庆	都市功能核心区和拓展区	645.51	745.76	834.82	1034.35	100.25	89.06	199.53	3.33
	城市发展新区	1015.87	1018.73	1095.6	1077.89	2.86	76.87	−17.71	0.57
	重庆	852.38	836.54	811.19	806.46	−15.84	−25.35	−4.73	−0.37
	渝东南翼	284.24	283.59	274.94	286.72	−0.65	−8.65	11.78	0.11
	全市	2798	2884.62	3016.55	3205.42	86.62	131.93	188.87	1.06
广州	主城区	740.98	987.21	1008.39	1400.36	246.23	21.18	391.97	3.56
	外围城区	190.9	257.74	276.14	382.64	66.84	18.4	106.5	4.03
	南沙区	17.8	26.01	65.58	84.66	8.21	39.57	19.08	12.53
	全　市	949.68	1270.96	1350.11	1867.66	321.28	79.15	517.55	3.92

数据来源:根据历年各城市人口普查及统计年鉴计算而得。

3.2　特大城市不同户籍人口空间演变特征

由于各特大城市的统计年鉴中,除各区县常住人口外,还有户籍人口指标,但并未给出户籍常住人口指标,仅上海市具有外来常住人口指标,可推算出户籍常住人口数据,因此根据公布的数据,只能采用常住人口—户籍人口来大致反映特大城市各区域户籍人口迁移演变过程,对于常住人口多于户籍人口的区域,再将其差值与户籍人口之比来大致反映户籍人口与外来常住人口之间的关系。

3.2.1　北京、上海不同户籍人口空间演变特征

1) 北京市不同户籍人口空间演变特征

本节计算了 2005—2010、2010—2015、2015—2019 三个时间段户籍人口增量(见表 3 - 9),可以看出,户籍人口由首都功能核心区、城市功能拓展区向城市发展新区、生态涵养发展区导入的趋势。

从北京市户籍人口与常住人口和户籍人口差的比值均大于 1,说明各区县户籍人口数量均多于外来常住人口,其中从区域分布来看,首都功能核心区两者比值最高,其次是城市功能拓展区、城市发展新区,生态涵养区比值又大大提高,说明在常住人口中心城区导出、城市发展新区集中的时候,户籍人口圈层式郊区化演变进程是要晚于常住人口的,生态涵养发展区常住人口导入量较少,外来人口比重远小于户籍人口。

表 3 - 9　北京市各区县不同户籍人口演变　　　　　　单位:万人

	户籍人口增量			户籍人口与常住人口和户籍人口之差的比值			
	2005—2010	2010—2015	2015—2019	2005	2010	2015	2019
东城区	−0.8	−0.1	−5.8	4.62	3.18	3.37	4.16
西城区	−6.5	7.2	−6.1	4.65	2.8	3.19	4.41
首都功能核心区	−7.3	7.1	−11.9	4.64	2.95	3.26	4.3
朝阳区	6.8	8.5	−13.3	2.34	1.34	1.15	1.33
丰台区	9.7	18.7	−10.2	3.28	1.6	1.77	2.16
石景山区	3.4	3.3	−0.9	2.52	1.98	2.1	3.16

（续表）

	户籍人口增量			户籍人口与常住人口和户籍人口之差的比值			
	2005—2010	2010—2015	2015—2019	2005	2010	2015	2019
海淀区	17.6	18.3	−20.8	2.51	1.61	1.49	1.62
城市功能拓展区	37.5	48.8	−45.2	2.58	1.52	1.43	1.65
房山区	−0.1	2.2	17.5	6.31	3.85	2.82	3.07
通州区	7.9	7	21	3.4	1.72	1.47	1.59
顺义区	4.3	2	13	3.56	2.14	1.54	1.56
昌平区	25.1	12.3	17.8	2.57	0.96	0.91	1.06
大兴区	8.8	8	31.6	2.5	1.12	1.05	1.45
城市发展新区	46	31.2	101.2	3.36	1.51	1.31	1.52
门头沟区	0.7	1.7	2.7	5.76	5.17	5.42	5.04
怀柔区	0.1	0.9	4.1	5.08	2.62	2.66	3.14
平谷区	−2.3	0.3	4.5	16.25	7.49	6.98	8.83
密云区	−0.5	0.9	1.6	11.54	5.78	5.75	5.37
延庆区	1.8	0	3.4	13	7.13	7.72	6.93
生态涵养发展区	−0.2	3.8	16.3	9.01	5.07	5.1	5.33
全市	76.5	90.7	60.1	3.3	1.78	1.64	1.89

数据来源：根据历年北京市人口普查及统计年鉴计算而得。

2）上海不同户籍常住人口空间演变特征

从三个阶段上海市户籍常住人口的变动来看（见表 3-10），在 2000—2010 年间，中心城区人口导出，都市边缘区、新城人口导入、远郊区户籍常住人口导出，至 2010—2019 年间，户籍常住人口中心城区导入，都市边缘区导出，新城人口略微导入，远郊区户籍人口导入。

2010 年以来，上海市户籍常住人口与外来常住人口之比保持在 1.5 左右，从空间分布来看，历年中心城区两者之比最高，超过 3，城市边缘区两者之比下降，2020 年略高于 1。2010 年以来，新城则呈现出户籍人口与外来人口倒挂的态势，远郊区两者之比有所回升，说明户籍人口的圈层式郊区化进程要低于常住人口，新城的外来常住人口规模超过户籍常住人口总量。

表 3-10　上海市各区县不同户籍人口空间演变　　　　单位:万人

	户籍常住人口增量		户籍常住人口与外来常住人口的比值			
	2000—2010	2010—2015	2000	2010	2015	2019
黄浦区	−26.87	31.91	5.33	2.64	2.99	4.55
徐汇区	−2.65	12.00	3.57	2.88	3.06	3.37
长宁区	−2.37	6.02	3.31	2.94	3.14	3.21
静安区	−9.35	9.58	4.8	3.19	3.11	3.41
普陀区	10.50	−3.19	3.55	2.55	2.75	2.63
虹口区	−6.14	5.70	4.99	3.34	4.17	4.61
杨浦区	−0.96	2.86	5.32	3.77	4.04	3.86
中心城区	−37.84	64.88	4.33	3.03	3.27	3.53
闵行区	48.90	−6.42	1.53	1.02	0.99	0.93
宝山区	28.51	−13.20	2.28	1.49	1.39	1.2
浦东新区	68.92	5.39	2.72	1.49	1.34	1.31
都市边缘区	146.33	−14.23	2.29	1.35	1.25	1.18
嘉定区	14.36	1.28	1.96	0.78	0.73	0.72
松江区	19.38	1.18	2.36	0.69	0.62	0.62
青浦区	4.80	1.93	2.54	0.79	0.68	0.69
奉贤区	6.23	−1.44	3.78	1.05	0.94	0.94
新城	44.77	2.95	2.52	0.8	0.72	0.72
金山区	1.16	−0.61	8.54	2.64	1.92	1.92
崇明区	−4.30	12.54	11.04	3.66	3.78	4.8
远郊区	−3.14	11.93	9.71	3.08	2.57	2.9
全市	151.04	64.58	3.24	1.56	1.46	1.5

数据来源:根据历年上海市人口普查及统计年鉴计算而得。

3.2.2　南京、天津、武汉市不同户籍人口空间演变特征

1) 天津市不同户籍人口空间演变特征

天津市户籍人口稳步增长(见表 3-11),各区县除红桥区户籍人口导出外,其他区域均增长,在三个时间段中,2007—2010 年,中心城区户籍人口导入规模高于其他区域,此后趋势逆转,中心城区户籍人口导入规模总量最小。

2007 年以来,全市户籍人口与常住人口和户籍人口之差的比值先下降后上升,区下带"—"表示户籍人口数量是高于常住人口数量,说明该区域出现了户籍人口大于常住人口总量的特点,户籍人口导出,其中和平区户籍人口导出。2007年以来,中心城区两者之比先下降再有所上升,环城区两者之比最低,其中在2015 年环城区各区县出现户籍人口与外来常住人口的倒挂,2019 年两者之比又回升超过 1,环城区成为外来人口主要的集中地,远郊区两者之比较高。2010 年以来滨海新区出现人口倒挂,外来人口超过户籍人口。由此可见,天津市中心城区人口导出,环城区人口导入,且户籍人口由中心城区向环城区演变的过程是滞后于常住人口的。

表 3 - 11　天津市各区县不同户籍人口空间演变　　　　　　单位:万人

	户籍人口			户籍人口与常住人口和户籍人口之差的比值			
	2007—2010	2010—2015	2015—2019	2007	2010	2015	2019
和平区	1.22	1.64	2.74	—	—	—	—
河东区	0.53	1.31	1.32	14.86	5.97	3.47	3.48
河西区	2.74	3.09	6.6	14.62	9.82	5.08	8.04
南开区	3.48	0.89	2.6	6.97	5.16	3.15	3.35
河北区	−0.4	−0.2	0.82	16.37	4.01	2.46	2.47
红桥区	−1.6	−2.58	−0.69	59.4	—	11.51	8.4
中心城区	8.46	4.15	13.39	17.92	10.11	4.51	5
东丽区	2.01	1.62	5.1	1.24	1.6	0.95	1.2
西青区	2	2.85	6.25	1.97	1.11	0.86	1.09
津南区	1.5	2.33	6.83	3.76	2.28	0.97	1.27
北辰区	1.82	2.87	4.85	2.26	1.2	0.86	1.04
环城区	7.33	9.67	23.03	2.02	1.45	0.91	1.14
武清区	1.59	5.38	14.93	19.65	8.23	3.21	7.93
宝坻区	1.06	2.93	4.18	9.34	5.27	3.29	4.39
宁河区	1	1.41	1.11	45.51	11.47	4.21	5.21
静海区	2.57	3.07	2.27	10.07	6.54	3.12	3.62
蓟州区	1.51	2.31	2.06	75.78	—	14.95	50.71
远郊区	7.73	15.1	24.55	17.38	9.45	4.13	6.51

（续表）

	户籍人口			户籍人口与常住人口和户籍人口之差的比值			
	2007—2010	2010—2015	2015—2019	2007	2010	2015	2019
滨海新区	4.72	13.13	20.31	1.6	0.81	0.72	0.93
全市	25.75	42.05	81.28	6.15	3.13	1.97	2.44

数据来源：根据历年天津市人口普查及统计年鉴计算而得。

2）南京市不同户籍人口空间演变特征

从三个阶段户籍人口变动的特征来看（见表 3 - 12），中心城区各区县出现了不同程度户籍人口导出的特征，2010—2020 年间，除建邺区户籍人口导入，其余区县均导出，近郊新城是户籍人口导入的主要区域，县域人口略微导入。

南京市两者指标之比均超过 1，说明南京市各区县户籍人口均高于外来人口，与 2015 年相较，2019 年中心城区两者之比快速上升，近郊新城两者指标自 2010 年开始略有上升。结合常住人口在中心城区人口导出，近郊新城人口大量导入的变动特征，可以得出，中心城区主要是外来常住人口有所导出，导致中心城区常住人口总量减少，近郊新城两者均有所导入，但户籍人口导入增幅略高于外来常住人口。

表 3 - 12　南京市各区县不同户籍人口空间演变　　　　　单位：万人

	户籍人口			户籍人口与常住人口和户籍人口之差的比值			
	2005—2010	2010—2015	2015—2019	2005	2010	2015	2019
玄武	3.9	−2.84	−1.63	4.74	3.75	2.93	4.48
秦淮	0.6	−1.75	−1.09	3.78	2.46	2.16	2.6
建邺	4.46	6.04	11.1	1.03	1.28	1.96	4.38
鼓楼	−1.37	−3.74	−0.84	5.1	24.08	2.7	6.39
中心城区	7.59	−2.29	7.54	3.52	2.65	2.45	4.1
浦口	6.8	7.83	12.21	7.96	3.87	6.03	5.76
栖霞	3.15	2.17	7.91	6.48	1.99	1.97	2.57
雨花台	2.72	3.17	4.86	2.11	1.37	1.53	1.88
江宁	12.52	5.76	17.12	13.84	4.45	5.02	6.38

（续表）

| | 户籍人口 | | | 户籍人口与常住人口和户籍人口之差的比值 | | | |
	2005—2010	2010—2015	2015—2019	2005	2010	2015	2019
六合	2.23	1.54	3.91	57.71	31.71	29.14	14.05
近郊新城	27.42	20.47	46.01	9.49	3.98	4.43	4.93
溧水	0.96	1.63	1.72	—	—	—	13.75
高淳	0.67	1.16	1.15	—	—	—	45.95
县城	1.63	2.79	2.87	—	—	—	84.63
全市	36.62	20.98	56.42	6.34	3.76	3.84	5.06

数据来源：根据历年南京市人口普查及统计年鉴计算而得。

3）武汉市不同户籍人口空间演变特征

2015—2019 年间武汉市户籍人口总量由减少转为增加（见表 3－13），其中中心城区户籍人口导入规模最大，超过 20 万，郊区中东西湖区是户籍人口导入的主要区域，其他区县略微导入，与常住人口中心城区和郊区导入量相差不大的态势比较，户籍人口向郊区的转移程度低于常住人口。

武汉市户籍人口与常住人口和户籍人口之差的比值均高于 1，中心城区两者之比由 2010 年的 3.84 开始下降，2019 年有所上升，郊区两者之比则一直下降，结合武汉市中心城区、郊区虽然人口均呈现导入，但中心城区武昌区、青山区、郊区汉南区是人口大规模集聚区，这再次印证了常住人口向中心城区大量导入的过程。

表 3－13　武汉市各区县户籍人口与常住人口和户籍人口之差的比值　单位：万人

| | 户籍人口 | | | 户籍人口与常住人口和户籍人口之差的比值 | | |
	2005—2010	2010—2015	2015—2019	2010	2015	2019
江岸区	35.37	−7.46	77.13	3.15	3.06	4.44
江汉区	3.70	3.99	6.64	2.36	2.14	2.38
硚口区	1.87	1.40	1.89	1.81	1.56	1.64
汉阳区	−0.16	−0.78	1.34	17.66	10.88	—
武昌区	6.33	3.25	13.25	28.84	4.98	6.06

（续表）

	户籍人口			户籍人口与常住人口和户籍人口之差的比值		
	2005—2010	2010—2015	2015—2019	2010	2015	2019
青山区	17.02	−11.75	4.73	14.66	4.83	6.62
洪山区	0.00	−2.09	2.59	2.17	1.54	2.47
中心城区	8.51	−0.22	27.08	3.84	2.68	3.76
东西湖区	37.27	−6.20	57.52	1.48	1.21	1.44
汉南区	1.54	1.90	6.65	26.26	6.36	6.05
蔡甸区	0.42	0.29	0.35	2.7	1.85	1.49
江夏区	−0.93	0.47	1.29	3.16	2.06	1.9
黄陂区	−6.70	−0.97	5.64	—	—	—
新洲区	2.42	−0.47	3.85	—	—	—
郊区	1.33	−1.66	1.03	22.3	6.67	5.11
全市	−1.92	−0.44	18.81	5.91	3.58	4.22

数据来源：根据历年武汉市人口普查及统计年鉴计算而得。

3.2.3　重庆、广州市不同户籍人口空间演变特征

1) 重庆市不同人口空间演变特征

2015—2019 年间重庆市户籍人口在都市功能核心区和拓展区导入（见表 3-14），其他区域导出。重庆市全市呈现出户籍人口总量高于常住人口的特点，说明重庆市户籍人口具有外流的特点，尤其是城市发展新区、渝东北翼、渝东南翼均呈现出户籍人口高于常住人口总量，说明这些区域户籍人口出现了流出。都市功能核心区和拓展区各区县户籍人口与常住人口和户籍人口之差的比值在 2 以上，说明户籍人口均高于外来人口比重。

表 3-14　重庆市各区县户籍人口与常住人口和户籍人口之差的比值　单位：万人

	户籍人口			户籍人口与常住人口和户籍人口之差的比值			
	2005—2010	2010—2015	2015—2019	2005	2010	2015	2019
渝中区	134.3	68.39	44.45	6.09	9.96	4.47	3.18
大渡口区	−2.68	−4.19	−2.66	4.68	3.7	3.36	3.17

（续表）

	户籍人口			户籍人口与常住人口和户籍人口之差的比值			
	2005—2010	2010—2015	2015—2019	2005	2010	2015	2019
江北区	2.08	1.95	1.88	3.2	2.85	2.43	2.35
沙坪坝区	5.04	5.57	3.19	5.99	3.78	2.48	3.18
九龙坡区	5.17	1.29	8.28	4.82	3.14	3.14	3.64
南岸区	3.85	7.76	6.73	4.45	4.01	3.86	4.53
北碚区	6.28	7.35	7.89	30.62	13.99	4.09	3.63
渝北区	−1.72	−0.34	0.82	—	3.2	3.55	5.4
巴南区	14.75	18.54	21.04	—	24.73	9.1	6.29
都市功能核心区和拓展区	2.11	2.32	3.53	8.43	4.57	3.57	3.87
江津区	34.88	40.25	50.7	—	—	—	—
合川区	3.38	0.3	−0.65	—	—	—	—
永川区	4.71	−0.83	−2.65	—	—	—	1142.1
南川区	4.74	0.84	1.06	—	—	—	—
綦江区	2.64	1.42	−0.04	—	—	—	—
潼南区	−0.05	−0.73	−1.32	—	—	—	—
铜梁区	1.22	12.01	0.06	—	—	—	—
大足区	4.13	−17.2	0.62	—	—	—	—
荣昌区	2.92	11.87	2.06	15.78	23.86	—	—
璧山区	2.26	21.01	0.55	—	—	7.46	9.41
涪陵区	3.19	−19.63	1.16	1	—	—	52.2
长寿区	64.94	0.53	−1.36	—	—	—	—
城市发展新区	2.17	−0.04	−1.03	—	—	—	—
万州区	96.25	9.55	−1.54	—	—	—	—
梁平区	2.62	2.15	−1.91	—	—	—	—
城口县	2.66	1.44	0.11	—	—	—	—
丰都县	−54.9	0.41	0.09	—	—	—	—
垫江县	−6.68	−1.39	−1.25	1.23	—	—	—
忠 县	56.27	0.68	−0.13	—	—	—	—
开州区	3.78	0.05	−2.07	—	—	—	—

（续表）

	户籍人口			户籍人口与常住人口和户籍人口之差的比值			
	2005—2010	2010—2015	2015—2019	2005	2010	2015	2019
云阳县	8.99	4.95	0.25	—	—	—	—
奉节县	3.94	1.08	−0.91	—	—	—	—
巫山县	3.99	1.1	−0.69	—	—	—	—
巫溪县	3.38	0.66	−0.5	—	—	—	—
渝东北翼	**1.19**	**0.98**	**−0.24**	—	—	—	—
黔江区	25.24	12.11	−7.25	—	—	—	—
石柱县	−58.18	1.45	0.68	—	—	—	—
秀山县	2.05	0.7	0.22	—	—	—	—
酉阳县	3.03	1.23	0.86	—	—	—	—
彭水县	7.75	1.41	0.64	—	—	—	—
武隆区	5.29	1.53	0.52	2.02	—	—	—
渝东南翼	**17.99**	**0.16**	**−0.38**	—	—	—	—
全　市	**−22.07**	**6.48**	**2.54**	—	—	—	—

数据来源：根据历年重庆市人口普查及统计年鉴计算而得。

2）广州市不同户籍人口空间演变特征

广州市户籍人口呈现逐年增加的趋势（见表 3-15），规模不断增大，中心主城户籍人口规模增加量最大，其次是外围城区、城市副中心。2005 年以来，广州市全市两者之比呈下降趋势，其中中心城区两者之比均低于外围城区，说明虽然常住人口中心城区、郊区均导入，但中心城区外来人口集中增幅较大，其中白云区、黄埔区出现了人口倒挂，外来人口多于户籍人口。

表 3-15　广州市各区县户籍人口与常住人口和户籍人口之差的比值　单位：万人

	户籍人口			户籍人口与常住人口和户籍人口之差的比值			
	2005—2010	2010—2015	2015—2020	2005	2010	2015	2019
荔湾区	0.46	1.17	3.49	115.52	3.75	3.59	2.95
越秀区	1.91	0.51	−0.19	—	—	—	31.87
海珠区	7.58	5.77	5.68	2.55	1.57	1.68	1.62

（续表）

	户籍人口			户籍人口与常住人口和户籍人口之差的比值			
	2005—2010	2010—2015	2015—2020	2005	2010	2015	2019
天河区	15.09	7.4	12.11	1.46	1.16	1.2	1.17
白云区	7.12	8.59	16.24	0.96	0.6	0.62	0.64
黄埔区	3.23	5.08	12.27	3.1	0.88	0.96	0.95
番禺区	7.31	−14.82	17.78	1.89	1.32	1.24	1.3
主城区	42.7	13.7	67.38	2.69	1.44	1.45	1.37
花都区	3.16	4.49	10.45	12.86	2.33	2.29	2.74
增城区	4.55	3.27	11.07	—	4.25	3.52	3.55
从化区	4.05	3.65	2.65	—	38.07	60.91	82.27
外围城区	11.76	11.41	24.17	—	4.19	3.87	4.2
南沙区	1.15	22.94	7.98	4.03	1.45	1.41	1.39
全　市	55.61	48.05	99.53	3.77	1.73	1.72	1.65

数据来源：根据历年广州市人口普查及统计年鉴计算而得。

3.2.4　特大城市不同户籍人口空间演变特征比较

在常住人口郊区化的同时，特大城市户籍人口也表现出郊区化的特征，但其演变特征并非是完全与常住人口空间演变的特征相一致，户籍人口郊区化略滞后。具体而言，户籍与外来人口在空间上分布的出现异质性，郊区新城或近郊区属于外来人口快速导入区，中心城区、远郊区外来人口导入较弱的区域户籍人口占比较高，这与相关学者对特大城市不同户籍人口空间演变特征较为一致。

不同的是，不同特大城市处于不同的城市发展阶段，外来人口空间导入速度和总量略有不同：北京、上海的郊区化较早，表现出明显的中心城区常住人口导出，郊区新城户籍人口与外来人口比重相当，上海还出现了人口倒挂。而其他几个特大城市中，天津市环城区属于外来人口快速导入地，户籍人口与外来人口之比接近1。南京、武汉、重庆、广州中心城区户籍人口与外来人口之比低于郊区两者之比，中心城区、郊区均是外来人口的导入地。

3.3　基于教育和职业的特大城市人口空间演变特征

由于未获得各特大城市不同受教育程度分区县的公开数据,因此仅对部分具有公开数据的城市进行分析。

3.3.1　天津、广州不同受教育程度人口空间演变特征

根据最新的各城市第七次人口普查公报,天津、广州最近两次人口普查具有 15 岁以上常住人口平均受教育年限,可以用于比较特大城市受教育年限的空间差异。十年间,天津全市平均受教育年限由 10.38 升至 11.29(见表 3-16),具体来看,中心城各区县平均受教育年限均超过 12 年,环城区平均受教育年在 11 年,远郊区仅武清区受教育年限超过 10,其他低于 10 年,滨海新区平均受教育年限接近 12 年。从增幅来看,环城区受教育程度增幅最高,除北辰区外,其他区县平均受教育年限增幅在两位数以上,中心城区平均受教育程度略低,远郊区各区县、滨海新区平均受教育年限均超过中心城区,可见近年来,人口快速导入的环城区是受教育程度最高的区域,中心城区人口导出,受教育程度增幅较低。

2020 年广州市平均受教育年限为 11.61,比 2010 年提升了近一年,各区域均呈现出不同程度的受教育程度提高,其中 2020 年主城区中天河区平均受教育年限最高,超过 13 年,越秀区超过 12 年,其他在 11 年以上,黄埔区、番禺区受教育程度增幅超过两位数,外围区平均受教育年限低于主城区,在 11 年左右,但受教育程度增幅较高,超过两位数,副城市中心平均受教育程度最低,但增幅也超过两位数。

3.3.2　上海市不同受教育程度人口空间演变特征

由于 2020 年上海市第七次人口普查数据并未公布分区县受教育程度的数据,因此采用 2015 年上海市 1%抽样调查数据和 2010 年第六次人口普查数据进行比较分析。与 2010 年相较,2015 年上海市中心城区 6 岁及以上常住人口平均受教育年限为 11.76 年(见表 3-17),与郊区相差 1.51 年,2010 年两者差距为 1.46 年,城乡间受教育程度差异略有增加。对 2010 年数据进一步分析,中心城区和郊区户籍人口平均受教育年限均超过外来人口,其中中心城区户籍人口平均受教育年限为 11.97 年,高于中心城区外来人口(10.66 年)1.31 年,郊区户籍人口平均受教育程度 10.38 年,高于外来人口(9.63 年),可见,无论是户籍人

口还是外来人口,中心城区平均受教育年限均高于郊区。

表3-16　天津、广州15岁及以上常住人口平均受教育年限　　单位:年

天津		2010(年)	2020(年)	增幅(%)	广州		2010(年)	2020(年)	增幅(%)
中心城区	和平区	11.93	12	0.59	主城区	荔湾区	10.74	11.49	6.98
	河东区	11.72	12.18	3.92		越秀区	11.96	12.63	5.6
	河西区	12.12	12.62	4.13		海珠区	11.39	11.79	3.51
	南开区	12.12	12.69	4.7		天河区	12.74	13.06	2.51
	河北区	11.16	12.04	7.89		白云区	10.48	11.31	7.92
	红桥区	11.35	12.01	5.81		黄埔区	10.75	11.92	10.88
环城区	东丽区	9.67	11.27	16.55		番禺区	10.47	11.64	11.17
	西青区	10.37	11.65	12.34	外围城区	花都区	9.72	10.72	10.29
	津南区	9.29	11.23	20.88		增城区	9.52	10.77	13.13
	北辰区	10.44	11.23	7.57		从化区	9.87	11.02	11.65
远郊区	武清区	9	10.24	13.78	副城市中心	南沙区	9.49	10.55	11.17
	宝坻区	8.99	9.75	8.45	全　市		10.84	11.61	7.1
	宁河区	8.64	9.43	9.14					
	静海区	8.63	9.8	13.56					
	蓟州区	8.77	9.64	9.92					
滨海新区		10.38	11.67	12.43					
全市		10.38	11.29	8.77					

数据来源:根据历年天津、广州市人口普查及统计年鉴计算而得。

表3-17　上海市各区县6岁及以上常住人口受教育程度比重　　单位:%

	2015	2010				2015	2010		
	常住	常住	外来	户籍		常住	常住	外来	户籍
黄浦	11.23	11	9.82	11.74	闵行	10.94	10.58	10.04	11.55
徐汇	12.04	11.68	11.21	12.37	宝山	10.78	10.3	9.52	11.04
长宁	12.06	11.72	11.56	12.26	嘉定	10.01	9.61	9.36	10.12
静安	12.12	11.64	10.49	12.4	浦东	10.66	10.29	9.97	10.83
普陀	11.66	11.24	10.61	11.81	金山	9.21	9.05	9.08	9.13

（续表）

| | 2015 | 2010 | | | | 2015 | 2010 | | |
	常住	常住	外来	户籍		常住	常住	外来	户籍
闸北	11.66	11.07	10.33	11.56	松江	10.15	9.82	9.91	9.99
虹口	11.8	11.33	10.44	11.93	青浦	9.16	8.91	8.91	9.01
杨浦	11.72	11.37	10.61	11.95	奉贤	9.12	8.97	8.79	9.24
中心城区	11.76	11.36	10.66	11.97	崇明	8.66	8.37	8.61	8.34
总计	10.54	10.35	9.83	10.98	郊区	10.25	9.9	9.63	10.38

数据来源：根据历年上海市人口普查及统计年鉴计算而得。

中心城区低学历人口流出，郊区高学历人口大幅增加。进一步从各受教育程度人口数量变动来看（见表 3－18），2010—2015 年间中心城区未上学、小学、初中学历人口降速依次增快，高中学历人口略有减少，大专及以上学历人口年增长 15.89％；郊区未上学、小学人口每年呈增长态势，尤其是未上学人口年增长在10.64％，高中学历人口略有增加，大专及以上学历人口增幅达 40.51％。受到旧城改造的影响，中心城区低学历人口快速导出，常住人口受教育程度差异性减小，整体水平较高，受到郊区发展、房价优势等吸引，大专及以上高学历人口年增长率超过中心城区，但由于历来郊区人口受教育程度低于市区，且当前受教育程度两端增速均较快，整体与中心城区差距反而加大。

表 3－18　2010—2015 年间上海市各区县 6 岁及以上常住人口受教育程度人口的年增长率

单位：%

	未上学	小学	初中	高中	大专及以上		未上学	小学	初中	高中	大专及以上
黄浦	−21.5	−15.32	−6.81	−7.15	7.25	闵行	21.43	6.07	−14.16	6.04	32.26
徐汇	4.89	−13.5	−18.38	−0.97	13.44	宝山	−8.33	−0.71	−10.34	11.74	41.42
长宁	−17.07	−5.41	−18.85	−2.73	12.7	嘉定	−4.76	2.13	−2.55	0.17	58.15
静安	−32.79	−17.68	−20.23	−14.06	15.47	浦东	1.61	3.79	−4.15	9.97	35.42
普陀	7.91	−9.66	−22.96	3.11	19.06	金山	37.84	−3.51	2.07	4.63	43.06
闸北	−10.2	−8.63	−26.04	−0.48	33.93	松江	37.89	11.9	−4.84	−2.85	65.78
虹口	−17.11	−20.57	−22.73	−7.83	14.71	青浦	11.76	6.63	5.88	12.23	55.41
杨浦	1.03	−10.18	−20.18	5.96	12.38	奉贤	20.73	4.05	0.72	13.68	31.95

（续表）

	未上学	小学	初中	高中	大专及以上		未上学	小学	初中	高中	大专及以上
城区	−6.21	−12.02	−19.98	−1	15.89	崇明	−9.62	−7.95	−4.13	1.16	35.71
总计	22.73	6.1	−7.54	2.1	24.4	郊区	10.64	3.37	−4.79	6.98	40.51

数据来源：根据历年上海市人口普查及统计年鉴计算而得。

3.3.3　上海市不同职业人口空间演变特征

各特大城市统计年鉴中并未有职业分布的相关数据，因此仅分析上海市2010、2015年两年不同职业人口空间分布的特征（见表3-19）。

中心城区高级管理者、专业人才集聚，郊区从事生产运输等蓝领就业者集中。与2010年相较，2015年上海市从事国家机关、党群组织、企业、事业单位负责人的比重略有下降，专业技术人员比重有所上升，办事人员和有关人员的比重略下降了3个百分点，商业、服务业从业人员上升了近10多个百分点，农林牧渔业生产人员比重略有下降，生产、运输设备操作人员及有关人员比重下降了10个百分点。由于产业调整力度加大，商业服务业等第三产业从业者比重持续上升，生产制造等第二产业人员持续下降的趋势加快。

表3-19　2010、2015年分职业常住人口比重　　　　单位：%

2010	国家机关、党群组织、企业、事业单位负责人	专业技术人员	办事人员和有关人员	商业、服务业人员	农林牧渔生产人员	生产、运输设备操作人员及有关人员	不便分类的其他从业人员
总计	5.27	15.03	13.47	28.57	3.02	34.59	0.06
黄浦	5.77	15.03	16.74	49.81	0.07	12.48	0.09
卢湾	8.48	19.74	19.22	42.02	0.07	10.43	0.05
徐汇	9.21	26.15	18.88	32.65	0.1	12.88	0.13
长宁	12.66	25.21	17.1	34.85	0.18	9.97	0.03
静安	3.88	22.48	27.46	37.51	0.03	8.63	0.01
普陀	10.93	20.64	16.17	35.54	0.29	16.36	0.05
闸北	5.27	19.16	20.18	38.51	0.11	16.69	0.08
虹口	6.99	23.99	18.15	37.49	0.11	13.24	0.03

（续表）

杨浦	8.04	24.01	18.7	30.74	0.17	18.28	0.06
中心城区	**8.53**	**22.46**	**18.38**	**35.95**	**0.16**	**14.46**	**0.07**
闵行	2.51	15.15	16.41	30.98	0.93	34.01	0
宝山	3.52	14.86	13.32	31.19	0.91	36.2	0
嘉定	4.74	8.59	9.49	23.29	2.4	51.07	0.42
浦东	6.6	16.61	11.81	27.65	2.93	34.39	0
金山	3.42	9.74	8.18	22.73	4.97	50.9	0.05
松江	1.62	8.57	11.74	23.56	1.37	53.13	0.01
青浦	3.11	6.62	11.16	21.33	5.24	52.49	0.06
奉贤	3.45	6.53	8.59	21	6.42	53.93	0.08
崇明	2.42	7.97	5.8	14.62	35.59	33.58	0.03
郊区	**4.13**	**12.42**	**11.75**	**25.98**	**4.03**	**41.64**	**0.06**

2015	国家机关、党群组织、企业、事业单位负责人	专业技术人员	办事人员和有关人员	商业、服务业人员	农林牧渔生产人员	生产、运输设备操作人员及有关人员	不便分类的其他从业人员
总计	4.98	16.6	11.02	41.25	2.15	23.85	0.15
黄浦	8.57	14.94	11.85	61.36	0.02	3.25	0.02
卢湾							
徐汇	3.88	29.55	14.95	47.24	0.01	4.17	0.21
长宁	8.71	26.55	16.57	45.35	0.11	2.57	0.14
静安	2.38	24.21	18.22	42.5	0.01	2.23	0.45
普陀	4.12	23.11	19.42	47.35	0.04	5.65	0.31
闸北	8.04	23.89	11.02	50.41	0.11	6.41	0.12
虹口	11.77	22.87	22.83	39.32	0.03	3.09	0.09
杨浦	7.9	26.57	16.55	42.5	0.07	5.76	0.65
中心城区	**7.87**	**24.46**	**16.6**	**46.43**	**0.05**	**4.32**	**0.27**
闵行	5.21	18.09	12.96	43.82	0.19	19.61	0.11
宝山	3.78	16.17	14.46	49.53	0.81	14.97	0.28
嘉定	4.02	13.78	5.22	38.7	0.75	37.34	0.2
浦东	4.79	18.06	8.56	45.74	1.85	20.9	0.1

（续表）

金山	2.4	12.2	8.08	34.55	2.52	40.16	0.1
松江	4.66	16.65	8.23	36.12	0.64	33.58	0.12
青浦	2.39	7.63	11.04	36.09	2.86	39.91	0.07
奉贤	5.04	8.84	5.38	32.16	3.13	45.42	0.04
崇明	1.48	8.32	6.6	34.11	24.21	25.21	0.06
郊区	3.94	13.78	9.02	39.39	2.9	30.85	0.11

数据来源：根据历年上海市人口普查及统计年鉴计算而得。

从空间分布来看，无论中心城区还是郊区，各类职业人员的变动与全市变动趋势同步。具体来看，2010 年中心城区前四类第三产业从业者比重高于郊区，2015 年这种状况得以延续。其中 2015 年中心城区国家机关、党群组织、企业、事业单位负责人比重是郊区的两倍，专业技术人员比重接近郊区的两倍，办事人员和有关人员比郊区高 7 个多百分点，中心城区商业、服务业人员比重比郊区高 7 个百分点，与 2010 年相较，两者的差距减少，中心城区农林牧渔业从业人员仅为 0.05%，依然小于郊区 2.9%。与 2010 年相较，中心城区生产、运输设备操作人员及有关人员下降了 10 个百分点，降至 4.32%，仅为郊区的 1/7，而 2010 年该比重中心城区是郊区的 1/3。可见，中心城区从事第三产业人口的比重远高于郊区，而从事第一产业和第二产业就业者比重则远小于郊区，中心城区各种单位负责人、专业技术人员等白领人士是郊区的两倍，而郊区从事生产运输行业的蓝领人士聚居的趋势突出，职业的空间分布差异较为明显。这种状况在 2015 年得到了延续，且中心城区与郊区从事第二产业人口的比重差异加大，从事第三产业人口的比重差异减少。一般而言，由于户籍人口与外来人口在人力资本、社会网络中的差异，导致户籍人口与外来人口进入不同的劳动力市场部门，外来人口在文化、经济状况、受教育程度方面常常存在弱势，往往进入较低工资、不稳定就业和工作条件较差的二级劳动力市场，从事生产运输、低端商业服务业等行业[209][210]，而户籍人口更多从事收入高、稳定的一级劳动力市场，从事高端服务业等。随着上海市产业力度的调整和城市定位，中心城区依托原有的优势在从事现代服务业中更具有优势，因此会进一步吸引高级管理者、专业技术人员的集聚。

3.3.4　基于教育和职业的特大城市人口空间演变特征比较

与城市化初期农民工进城不同的是,当前特大城市以吸引人才为主,使得各区域平均受教育程度快速提升,尤其是外来人口导入区,受教育程度提升速度加快,但受限于原有的人口受教育程度差异,中心城区受教育程度较高的优势还依然存在。

从职业来看,特大城市的第二产业由中心城区逐步向郊区转移,由此导致中心城区从事国家机关、党群组织、企业、事业单位负责人,专业技术人员等白领人士比重高于郊区,郊区则集聚了较多生产、运输设备操作人员等蓝领人士。

由此可见,受到制度因素、人才需求、产业结构等的作用,特大城市户籍、受教育程度、职业等不同社会结构人口在空间演变上具有较相似的特征。

3.4　本章小结

1) 特大城市常住人口空间演变特征

总的来看,郊区化发展是特大城市常住人口空间演变的一致性特征:人口由中心城区、边缘区、近郊区、远郊区圈层式演进。但不同城市化阶段具有差异,因此不同特大城市人口在空间演变上的空间特征又略有不同:北京、上海两个超大城市,实行人口总量控制,中心城区人口导出,郊区新城人口导入。南京、天津,两个城市也表现出中心城区人口导出,近郊新城或环城区域人口导入,但两者又有区别,近年来受到经济转型影响,天津市远郊区人口、滨海新城出现人口大量导出,而南京市远郊区人口略微导入。广州、重庆、武汉三个城市近年来常住人口快速导入,中心城区尚处在人口导入的阶段,广州、武汉郊区人口导入速度远高于市区,重庆人口导入的区域主要集中在中心城区,郊区人口导出。

2) 特大城市不同户籍人口空间演变特征

规律性特征是:常住人口导入区,户籍人口与外来人口之比属于最低的区域,中心城区、远郊区户籍人口多于外来人口;差异性特征是:北京、上海、天津为常住人口郊区新城导入、中心城区导出,郊区新城户籍人口与外来人口比重相当,上海还出现了人口倒挂,户籍人口郊区化的进程要晚于常住人口。南京,常住人口中心城区导出,郊区大量导入,但与此同时,中心城区、郊区户籍人口和外来人口之比差异不大,无论是中心城区还是郊区户籍人口均多于外来人口。天津市环城区属于外来人口快速导入地,户籍人口与外来人口之比接近 1。武汉、重庆、广州,中心城区是人口的集聚区,郊区户籍人口与外来人口之比远高于中心城区。

3) 特大城市不同受教育程度、职业人口空间演变特征

近些年特大城市均开始吸引外来人才流入,人才的流入对于区域人口受教育程度的提升效果明显,但总的来看中心城区受教育程度较高的优势还依然存在。其中上海市中心城区低学历人口流出,受教育程度差异化缩小,郊区高学历人口流入提升了郊区人口的受教育程度;中心城区高级管理者、专业人才集聚,郊区从事生产运输等蓝领就业者集中。

第4章 特大城市人口空间分异特征

在人口空间郊区演变的进程中,受到不同作用因素的影响,不同类型人口郊区化的进程有所差异,表现在中心城区户籍人口、受教育较高人口、白领人口比重仍然略高于郊区,存在一定郊区化滞后现象,出现了人口空间结构的差异性分布,在超过一定程度后演变为人口空间结构的异质性,即人口空间分异。

上海经济发展水平较高,在工业、外贸、国际化等领域发展水平领先于其他几个特大城市,城市化阶段较早,人口空间异质性较为突出,随着其他特大城市城市化的推进,它们在发展中会遇到相同的城市发展或人口问题;同时特大城市受到政策作用、产业升级、人才引入等的发展总趋势较为一致,人口空间分异形成的背后逻辑具有相似的逻辑和教训,对上海人口空间分异特征的研究具有借鉴意义;此外,由于课题负责人长期从事上海城市及人口的有关研究,无论是人口数据还是地图数据,具有一定的可得性,因此本章以上海为重点城市,从人口空间异质性、集聚性和相关性三个方面测算不同指标下特大城市人口空间分异的特征。

4.1 基于分异指数的特大城市人口空间的异质性

社会结构分层的指标涉及收入、受教育程度、职业、资本等几个维度,为了定量化的便利,学者通常将职业作为决定和反映个人社会地位的一个综合指标[211][212],该指标不仅决定个人的经济收入,也能反映受教育水平,乃至享有的社会声望和地位,得到了广泛的实践运用和验证[213][214][215][216]。一般来说,国际上较通用的评价标准主要有三个:教育、家庭成员人均收入、职业[217]。

由于收入的测算不易准确测量,因此往往不作为测量阶层结构的指标。而就我国社会结构发展现状来看,在经历了 30 多年的改革开放以后,以权利和制度分化为基础的阶层已经构成中国社会的结构性基础[218]。而权利、制度带来的是资源配置中的差异,因此基于城乡差异视角,得出城乡二元结构分类方式[219][220][221],在城市中,这种城乡结构差异进一步表现为户籍居民与外来常住人口这种"双重二元结构"[222][223],表现在收入、职业、受教育程度上的较大差异[224]。对于上海而言,由于其在区位、经济发展中的优势,以来源地为特征形成的阶层分异亦是城市社会结构的基础[225]。基于此,本书采用户籍、职业、受教育程度来分析特大城市人口社会结构,并探究其在空间上的异质性特征。

4.1.1　空间分异指数的计算

需要指出的是,在涉及户籍人口和外来人口的计算时,分别采用的是户籍常住人口和外来常住人口的口径。分异指数是用来反映某个群体和其余所有群体之间在居住空间上的分异程度,计算公式如下:

$$ID = 0.5 \times \sum \left[\left| x_i/X - y_i/Y \right| \right]$$

其中 x_i 为空间单元 i 中类别为 X 的人数;X 为类别 X 的总人数;y_i 为空间单元 i 中除某群体外其余所有全体的人数,Y 指一个城市、区域中除某群体外其余所有群体的总人数。ID 的结果范围在 0 与 1 之间变化,表示两个群体之间的分布差异程度。$ID<0.30$ 表示差异度低,$ID>0.60$ 表示差异度高。

对于居住分异的研究大多数采取区县或者是街道层面的数据,分析的空间单位越小,对人口空间分异的特征分析得越细致,街道是人口空间分异研究的最基本单元,也是能得到人口数据及空间地图数据的最小单位,因此本章采用街道尺度的数据进行分析。

4.1.2　基于户籍的人口空间异质性

1) 户籍常住人口沿中环—外环环状集中分布,由东部向西南部区域集中

从两年上海市分街道户籍人口规模分布对比来看,2010 年超过万人的街道大都分布在沿外环分布的区域(见图 4-1),另外在部分郊区街道有零星分布;2015 年超过万人以上的街道分布明显呈现出进一步向郊环扩散的趋势(见图 4-2),外环周边的街道颜色变浅,在上海西南角则出现了较深的户籍人口聚集区,与 2010 年相较,内环以内街道的颜色略微加深。

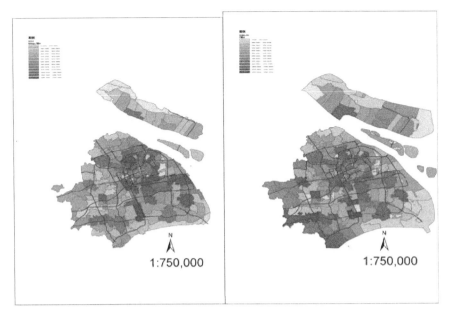

图 4‑1　2010 年上海市分街道户籍
人口规模(单位:人)

图 4‑2　2015 年上海市分街道户籍
人口规模(单位:人)

2) 外来人口退出外环以内区域,向西北、南部区域扩散

与 2010 年相较(见图 4‑3),2015 年上海市外来常住人口规模呈现出向郊区进一步扩散的趋势(见图 4‑4)。2010 年外来人口超过万人的街道主要分布在外环以外,尚未到郊环的环状带,2015 年则明显向西部、南部两端的郊环扩散。受到产业园区郊区化的影响,中心区域颜色较浅的外来人口聚集较低的区域范围进一步扩大,表现出外来常住人口进一步从市区撤离。

3) 不同户籍人口空间分异属中度分异,且分异程度加剧

通过差异系数的测算,2010 年上海市分街道户籍常住人口与外来常住人口的分异指数为 0.3373,2015 年略有增长至 0.3712,属于中等分异程度。

4.1.3　基于学历的人口空间异质性

1) 大专及以上人口集中分布在中环分布,且内环集中程度加深

通过大专及以上人口占街道总人口的比重来分析,2010 年大专及以上人才比例超过 50% 的主要集中在申港街道、漕河泾开发区、奉贤海湾旅游区、方松街道等部分郊区街道(见图 4‑5),其次外环以内区域大专及以上受教育程度人口比重高于外环以外区域,占 30%~50%;2015 年,外环以内颜色变深(见图 4‑

6),说明外环以内各街道大专及以上人才比重提高,且颜色较深的区域逐渐向郊环扩散,大专及以上人才比重超过 50% 的街道分布在方松街道、新江湾城街道等郊区部分街道,以及康健、田林、凌云街道等中心城区部分街道。

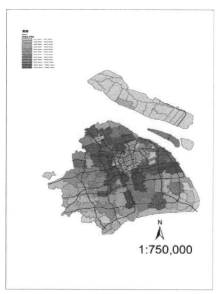 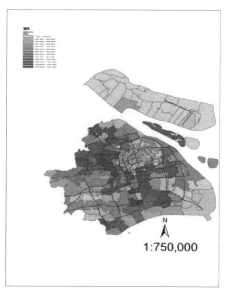

图 4-3　2010 年外来人口规模分布(单位:人)　图 4-4　2015 年外来人口规模分布(单位:人)

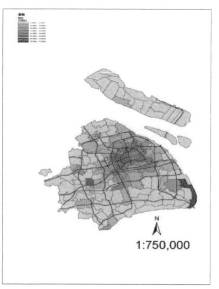 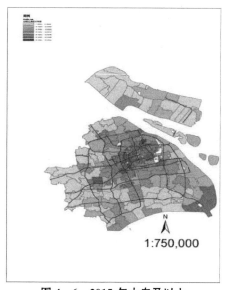

图 4-5　2010 年大专及以上人口
比重图(单位:%)

图 4-6　2015 年大专及以上
人口比重图(单位:%)

2）由中心城区向外受教育程度呈圈层分布，受教育 12 年以上学历人口分布面积明显扩大

在图 4-7、图 4-8 中，平均受教育年限分为三个等级，9 年以下，9 年至 12 年，12 年及以上，颜色越深受教育程度越高。2010 年平均受教育年限在 12 年及以上的街道主要分布在外环以内的部分街道，以及方松街道、申港街道、奉贤海湾旅游区、新江湾城等外环以外零星街道分布；2015 年外环以内的平均受教育程度在 12 年以上的街道数量明显增多，外环以外零星街道分布；与 2010 年相较，2015 年平均受教育程度在 9～12 年的街道进一步呈现出向郊区扩散的趋势，说明上海市除远郊区部分街道受教育程度未发生变化以外，大部分街道人口的受教育程度提升。

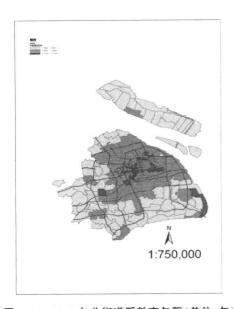

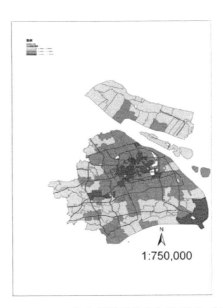

图 4-7 2010 年分街道受教育年限（单位：年）　　图 4-8 2015 年分街道受教育年限（单位：年）

3）各阶段受教育程度分异指数呈√型，且分异程度均加剧

2015 年各阶段教育程度人口的空间差异指数呈现出√型分布（见表 4-1），分街道研究生及以上学历人口的空间分异程度最高，接近 0.7，属于高度分异，未上学和本科人口分异指数超过 0.4，属于中等程度分异。与 2010 相较，2015 年各阶段受教育程度的分异指数加大，其中，未上学和本科人口分异程度由低度分异转变为中度分异，研究生人口空间分异程度则由中度分异转为高度分异。

表 4-1 2010、2015 年分街道各受教育阶段人口空间分异指数

	未上学	小学	初中	高中	大专	大本	研究生
2010	0.2472	0.2044	0.1945	0.1579	0.1833	0.3071	0.4221
2015	0.4396	0.2538	0.2730	0.1895	0.2573	0.4388	0.6973

4.1.4 基于职业的人口空间异质性

1) 国家机关、党群组织、企业事业单位负责人零星向郊区分散

2015 年国家机关、党群组织、企业、事业单位负责人主要集中在内环部分街道和郊区个别街道(见图 4-10)。与 2010 年相较(见图 4-9),2015 年国家机关、党群组织、企业、事业单位负责人的分布向郊区零星街道扩散。

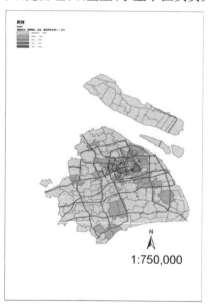

图 4-9 2010 年分街道国家机关、党群组织、
企业、事业单位负责人比重(单位:%)

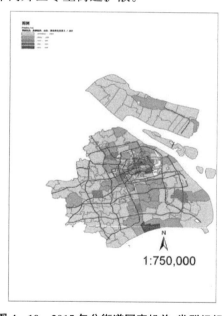

图 4-10 2015 年分街道国家机关、党群组织、
企业、事业单位负责人比重(单位:%)

2) 专业技术人员分布在中环以内,且向中心城区集中

2015 年专业技术人员主要集中在中环以内的个别街道(见图 4-12)。与 2010 年相较(见图 4-11),2015 年专业技术人员占比在 10%~30% 的街道呈现出向郊区大面积蔓延的趋势,占比超过 40% 的街道仍然主要集中在中环与内环之间的个别街道,且与 2010 年相比,中心城区占比超过 40% 的街道数量增加,

有向中心城区集中的趋势。

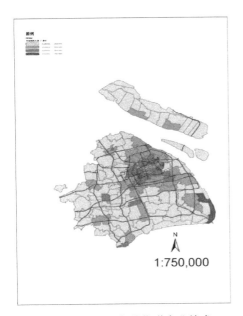 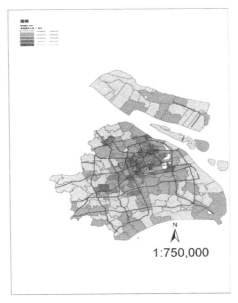

图 4-11　2010 年分街道专业技术　　　图 4-12　2015 年分街道专业技术人员比重
人员比重(单位:%)　　　　　　　　　　　(单位:%)

3) 办事人员和有关人员分布区域零散化

2015 年办事人员和有关人员分布在外环周边区域(见图 4-14),与 2010 年相较(见图 4-13),2015 年办事人员和有关人员占比在 10%~30%的街道呈现出趋于零散化的趋势。

4) 商业服务业人员比重普遍增加

商业服务业人员在各街道分布的比重较高,2010、2015 年两年上海市各街道商业服务业人员比重的差异并不是太大(见图 4-15、图 4-16)。与 2010 年不同,2015 年各街道商业服务业人员比重的颜色普遍加深,说明各街道从事商业服务业人员的比重普遍增加。

5) 农林牧渔水利业生产人员主要分布在崇明,且比重下降

农林牧渔水利业生产人员主要集中分布在崇明,与 2010 年相较(见图 4-17),2015 年崇明中间部分区域颜色变淡(见图 4-18),说明在崇明从事农业生产人员的比重也出现减少的趋势。

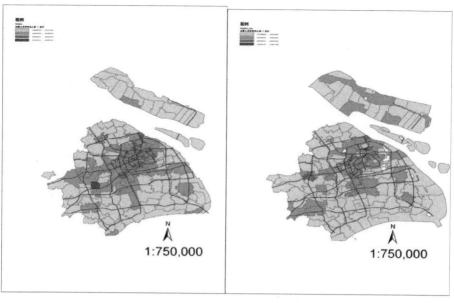

图 4－13　2010 年分街道办事人员和　　　　　图 4－14　2015 年分街道办事人员和
　　　有关人员比重（单位：%）　　　　　　　　　　有关人员比重（单位：%）

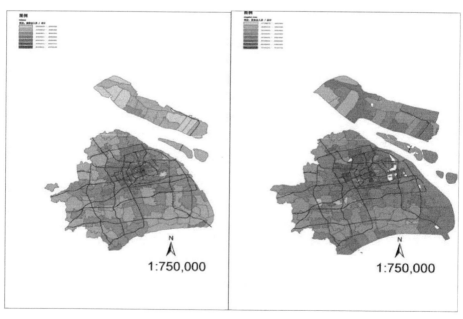

图 4－15　2010 年分街道商业服务业　　　　　图 4－16　2015 年分街道商业服务业
　　　人员比重（单位：%）　　　　　　　　　　　人员比重（单位：%）

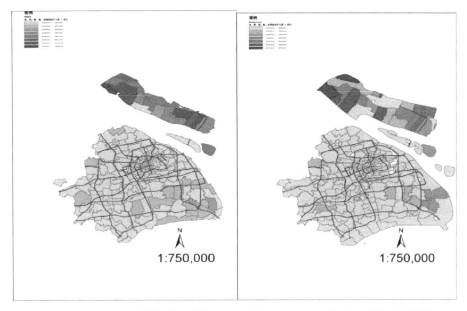

图 4-17　2010 年农林牧渔水利业　　　图 4-18　2015 年农林牧渔水利业生产
生产人员比重（单位：%）　　　　　　　　人员比重（单位：%）

6）生产、运输设备操作人员及有关人员中心城区比重下降的范围进一步扩大

与其他职业相较，生产、运输设备操作人员及有关人员在各街道分布的比例均较高，颜色较深（见图 4-19，图 4-20）。与 2010 年相较，2015 年从事生产、运输设备操作人员及有关人员的比重从中心城区进一步退出，表现在颜色较浅的区域由 2010 年的内环以内进一步向外环扩散。

7）第一产业、第二产业人口分异指数较高，且分异程度增加

分职业类型来看，2015 年，农林牧渔水利业生产人员的差异指数最高（见表 4-2），接近 0.7，属于高度分异，其次是生产运输设备操作人员及有关人员，国家机关、党群组织、企业、事业单位负责人的分异指数均超过 0.3，属于中等分异。与 2010 年差异指数相较，2015 年办事人员和有关人员，农林牧渔水利业生产人员，生产运输设备操作人员及有关人员在街道空间分布上的差异加大，其他职业水平的差异减少。可见，第一、第二产业在街道区域上的空间差异较大。

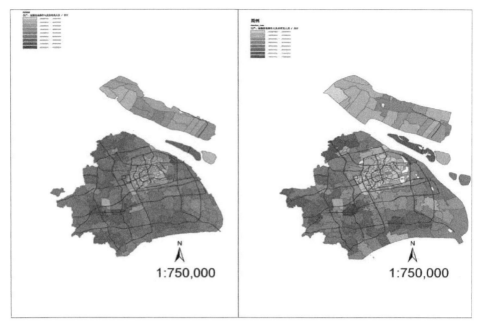

图4-19 2010年分街道生产、运输设备操作 图4-20 2015年分街道生产、运输设备
人员及有关人员比重(单位:%) 操作人员及有关人员比重(单位:%)

表4-2 2010、2015年分街道各职业人口空间分异指数

	国家机关、党群组织、企业、事业单位负责人	专业技术人员	办事人员和有关人员	商业、服务业人员	农、林、牧、渔、水利业生产人员	生产、运输设备操作人员及有关人员	不便分类的其他从业人员
2010	0.3127	0.2782	0.2099	0.1673	0.6463	0.3691	0.7458
2015	0.3049	0.2671	0.2666	0.1621	0.6903	0.4318	0.6380

4.1.5 分区域人口空间异质性

进一步分别计算中心城区与郊区的分异指数,各区县的人口空间分异指数,比较不同空间区域上街道尺度的人口空间分异程度。

1) 全市户籍人口分异程度加强,郊区户籍人口分异高于中心城区

采用集中指数分别计算了分城乡、区县人口空间差异指数以比较不同空间内部人口的空间分异状况(见表4-3)。在全市范围内2015年户籍分异状况增

强,且分异指数在 0.3 以上,属于中等分异;将范围缩小至中心城区和郊区,2010
年中心城区分异指数为 0.1486,比郊区(0.3171)分异程度弱,可见中心城区不同
户籍人口的分异程度远小于郊区,2015 年中心城区与郊区的不同户籍人口分异
均略有增加;分析范围进一步缩小至区县,分别计算各区县内部不同户籍人口的
分异状况,2010 年中心城区各区县的分异指数均在 0.2 以下,郊区中除了金山
区、奉贤区分异指数均在 0.2 以上,崇明、松江、青浦三区分异指数在 0.3 以上,属
于中等分异。2015 年,徐汇区、静安区、普陀区、松江区、宝山区户籍人口分异程
度略有减少,其他区县分异程度上升。

表 4 - 3　2010、2015 年各尺度户籍人口空间分异指数

		中心城区	郊区						
全市	2010	0.3373							
	2015	0.3712							
城乡		中心城区	郊区						
	2010	0.1486	0.3171						
	2015	0.1645	0.3408						
区		黄浦	徐汇	长宁	静安	普陀	闸北	虹口	杨浦
	2010	0.1772	0.1218	0.0719	0.1232	0.1544	0.175	0.1362	0.1516
	2015	0.2512	0.0857	0.1284	0.0637	0.1379	0.2177	0.1819	0.1586
		闵行	宝山	嘉定	浦东	金山	松江	青浦	奉贤	崇明
	2010	0.2249	0.2831	0.2829	0.2943	0.1369	0.3701	0.3617	0.1438	0.4332
	2015	0.2513	0.2807	0.2891	0.2937	0.2308	0.3502	0.365	0.1762	0.476

2) 全市受教育程度分异呈现"√"型,各阶段受教育程度分异均有加强,
郊区分异程度高于中心城区

全市受教育程度分异指数呈现"√"型(见表 4 - 4),随着受教育程度的提
高,分异指数先降低后上升,研究生受教育程度分异指数最高,2010 年达到 0.4
以上,属于中度分异。与 2010 年相比较,2015 年各街道受教育程度的分异指数
均呈增加的趋势,其中未上学人口分异指数、大本学历人口分异指数超过 0.4,属
于中度分异,研究生以上学历分异指数超过 0.6,属于高度分异。可见,不同受教
育程度人口分异程度增加,且研究生受教育人口高度分异;将范围缩小至中心城
区和郊区,2010 年中心城区与郊区受教育程度均呈现"√"型,且郊区各受教育
程度的分异指数均高于中心城区,中心城区研究生以上人口的分异指数高于
0.3,郊区大本人口指数超过 0.3,研究以上人口指数超过 0.4。2015 年,中心城区

小学以下人口分异指数上升,大专及以上人口程度下降,郊区未上学人口分异程度上升,其他学历人口分异指数均有所下降。可见分城乡看,郊区各学历人口分异指数均高于中心城区;将研究范围进一步缩小至各区县,2010 年,各区县受教育程度的分异状况均呈现出高学历分异指数较高的特点,且郊区各区县分异程度高于中心城区,除黄浦、徐汇、长宁、静安、普陀、虹口外,其他区县研究生以上学历的分异程度均超过 0.3,其中松江超过 0.5。金山、松江、青浦、奉贤、崇明大专学历人口空间分异指数超过 0.3,2015 年各区县受教育程度人口的分异程度有增有减。

表 4 - 4 2010、2015 年各尺度受教育程度人口空间分异指数

		未上学	小学	初中	高中	大专	大本	研究生
2010	全市	0.2472	0.2044	0.1945	0.1579	0.1833	0.3071	0.4221
2015	全市	0.4396	0.2538	0.2730	0.1895	0.2573	0.4388	0.6973
2010	中心城区	0.0872	0.0587	0.1219	0.0512	0.0742	0.1603	0.3144
	郊区	0.2438	0.1813	0.1623	0.1404	0.1959	0.3362	0.472
2015	中心城区	0.1516	0.074	0.1193	0.0622	0.0623	0.1365	0.2324
	郊区	0.2879	0.1798	0.1538	0.1274	0.1951	0.3022	0.4649
2010	黄浦区	0.0823	0.0679	0.1443	0.0385	0.1044	0.2072	0.258
	徐汇区	0.1003	0.0653	0.1183	0.0501	0.0581	0.12	0.2518
	长宁区	0.0794	0.0408	0.0626	0.0388	0.0391	0.0802	0.2369
	静安区	0.0325	0.0439	0.0891	0.0264	0.0511	0.0871	0.0892
	普陀区	0.0779	0.0553	0.1054	0.0643	0.061	0.165	0.296
	闸北区	0.0734	0.0461	0.083	0.0469	0.0808	0.1411	0.3052
	虹口区	0.0752	0.0687	0.1062	0.0258	0.0959	0.1156	0.1716
	杨浦区	0.0851	0.0521	0.1173	0.066	0.0577	0.187	0.3595
	闵行区	0.1135	0.108	0.1926	0.0826	0.1534	0.2402	0.2907
	宝山区	0.1153	0.083	0.1491	0.1324	0.1078	0.185	0.3015
	嘉定区	0.1132	0.0925	0.1351	0.1117	0.1992	0.2625	0.4248
	浦东新区	0.1834	0.1653	0.1799	0.1251	0.1442	0.2761	0.4111
	金山区	0.1135	0.1063	0.0803	0.11	0.2126	0.3107	0.4071
	松江区	0.2735	0.1547	0.1671	0.2016	0.1991	0.414	0.5014
	青浦区	0.2283	0.1139	0.127	0.1287	0.2646	0.4031	0.4524
	奉贤区	0.1802	0.1295	0.094	0.1894	0.2223	0.4324	0.3822
	崇明区	0.1728	0.142	0.0853	0.1339	0.1923	0.3151	0.425

（续表）

		未上学	小学	初中	高中	大专	大本	研究生
	黄浦区	0.1796	0.1177	0.2275	0.0357	0.1509	0.274	**0.3707**
	徐汇区	0.1741	0.0857	<u>0.0991</u>	0.071	0.0585	0.1126	0.2291
	长宁区	0.1473	0.0794	0.0777	0.0556	0.0425	0.0821	<u>0.1004</u>
	静安区	0.0695	0.0441	<u>0.0816</u>	0.0599	<u>0.0456</u>	<u>0.0795</u>	0.1754
	普陀区	0.1407	0.0754	<u>0.1003</u>	<u>0.0468</u>	<u>0.0593</u>	0.1221	<u>0.261</u>
	闸北区	0.1195	0.0573	0.08	0.0536	0.0555	0.1123	<u>0.2371</u>
	虹口区	0.1062	<u>0.0612</u>	<u>0.087</u>	0.0473	<u>0.0642</u>	<u>0.0922</u>	0.182
	杨浦区	0.1159	<u>0.0501</u>	<u>0.1073</u>	<u>0.0661</u>	0.039	<u>0.1442</u>	0.2283
2015	闵行区	0.2014	0.1097	0.1962	<u>0.074</u>	<u>0.1311</u>	<u>0.2075</u>	<u>0.2124</u>
	宝山区	0.1554	0.1124	<u>0.128</u>	<u>0.0911</u>	<u>0.0909</u>	0.1858	<u>0.2711</u>
	嘉定区	0.2273	0.1012	0.1639	0.1153	<u>0.1727</u>	<u>0.223</u>	**0.3086**
	浦东新区	0.2204	0.1705	<u>0.1612</u>	<u>0.1205</u>	<u>0.1145</u>	<u>0.2488</u>	**0.4025**
	金山区	0.195	0.131	0.0928	0.1155	<u>0.1628</u>	0.2401	**0.3856**
	松江区	0.2876	0.1763	<u>0.1529</u>	<u>0.1254</u>	0.2039	<u>**0.333**</u>	**0.4398**
	青浦区	0.2231	0.0907	0.1505	<u>0.1258</u>	0.2322	<u>**0.372**</u>	**0.4743**
	奉贤区	<u>0.1772</u>	0.1397	0.0967	<u>0.1478</u>	0.2588	**0.3533**	**0.3435**
	崇明区	0.2044	<u>0.098</u>	<u>0.0821</u>	0.1226	0.1859	**0.3117**	**0.4712**

　　数据说明：字体加粗说明分异指数超过 0.3，加<u>　　</u>表示与 2010 年相较，分异指数下降。

　　3）第一产业、第二产业从业人员分异程度较高，郊区职业空间分异高于中心城区

　　从全市来看，2010 年农林牧渔水利业生产人员的空间分异程度最高（见表 4 - 5），超过 0.6，其次是生产、运输设备操作人员及有关人员，超过 0.3 属于中等分异，国家机关党群组织、企事业单位负责人分异指数也超过 0.3，属于中等分异；2015 年办事人员及有关人员，农林牧渔水利业生产人员，生产、运输设备操作人员及有关人员的空间分异程度增加，其他分异程度减少；分区域看，郊区各职业分异程度均高于中心城区，2010 年中心城区国家机关党群组织、企事业单位负责人，农林牧渔水利业生产人员，生产运输设备操作人员的空间分异指数超过 0.3，郊区各职业的空间分异程度均超过 0.3，其中，国家机关党群组织、企事业单位负责人，专业技术人员，农林牧渔水利业生产人员，生产、运输设备操作人员

及有关人员空间分异程度超过 0.4。与 2010 年相较,2015 年中心城区除农林牧渔水利业生产人员外,其他职业空间分异程度均有所减少;从各区县的状况来看,各区县农林牧渔水利业生产人员空间分异均较高,各区县各职业的空间分异程度有升、有降。

表 4-5　2010、2015 年各尺度职业人口空间分异指数

		国家机关、党群组织、企业、事业单位负责人	专业技术人员	办事人员和有关人员	商业、服务业人员	农、林、牧、渔、水利业生产人员	生产、运输设备操作人员及有关人员
2010	全市	0.3127	0.2782	0.2099	0.1673	0.6463	0.3691
2015	全市	0.3049	0.2671	0.2666	0.1621	0.6903	0.4318
2010	中心城区	0.3007	0.2505	0.2397	0.2519	0.4683	0.3072
	郊区	0.4146	0.4069	0.353	0.3462	0.6364	0.4122
2015	中心城区	0.2707	0.1485	0.1717	0.1351	0.5587	0.2491
	郊区	0.283	0.2509	0.2558	0.1593	0.6301	0.3245
2010	黄浦区	0.6655	0.55	0.5235	0.5179	0.5917	0.5251
	徐汇区	0.1322	0.0816	0.1006	0.2416	0.4266	0.1939
	长宁区	0.1032	0.0569	0.0517	0.0795	0.3448	0.087
	静安区	0.2236	0.1635	0.2078	0.2311	0.5405	0.1573
	普陀区	0.1784	0.0956	0.1022	0.0925	0.2901	0.2073
	闸北区	0.3169	0.1022	0.0719	0.1388	0.2371	0.1159
	虹口区	0.2139	0.1604	0.1055	0.1347	0.2975	0.0985
	杨浦区	0.1582	0.1308	0.0514	0.048	0.3146	0.1502
	闵行区	0.2373	0.2215	0.1465	0.1571	0.4683	0.3113
	宝山区	0.1812	0.1318	0.1958	0.0805	0.4387	0.2245
	嘉定区	0.2641	0.2147	0.1658	0.1634	0.4269	0.2369
	浦东新区	0.2441	0.2551	0.1616	0.1311	0.599	0.2907
	金山区	0.2121	0.2682	0.1995	0.1164	0.2242	0.1779
	松江区	0.3192	0.2754	0.2402	0.1708	0.3523	0.2834
	青浦区	0.2644	0.2658	0.153	0.1286	0.4201	0.196
	奉贤区	0.2265	0.2712	0.1527	0.1155	0.3118	0.1415
	崇明区	0.2496	0.2573	0.2367	0.1968	0.4237	0.261

（续表）

		国家机关、党群组织、企业、事业单位负责人	专业技术人员	办事人员和有关人员	商业、服务业人员	农、林、牧、渔、水利业生产人员	生产、运输设备操作人员及有关人员
2015	黄浦区	0.2714	0.2813	0.1449	0.2367	0.7988	0.1908
	徐汇区	0.349	0.1054	0.1322	0.0841	0.9096	0.1795
	长宁区	0.0983	0.0904	0.2128	0.1467	0.3842	0.2157
	静安区	0.1341	0.084	0.0907	0.0923	0.8311	0.2334
	普陀区	0.2806	0.1489	0.1008	0.1115	0.3814	0.3528
	闸北区	0.3318	0.0902	0.1664	0.0541	0.6562	0.2144
	虹口区	0.233	0.1589	0.1083	0.1012	0.5692	0.207
	杨浦区	0.1674	0.1135	0.1046	0.0759	0.3134	0.0937
	闵行区	0.1978	0.2105	0.1677	0.134	0.4266	0.3072
	宝山区	0.2256	0.1586	0.2187	0.1567	0.71	0.3356
	嘉定区	0.2439	0.2581	0.2544	0.1966	0.3678	0.3015
	浦东新区	0.337	0.214	0.2312	0.1555	0.7018	0.2946
	金山区	0.2234	0.171	0.1789	0.1085	0.2791	0.1826
	松江区	0.3055	0.2591	0.2572	0.1702	0.5205	0.3509
	青浦区	0.1484	0.2579	0.2396	0.1328	0.5045	0.2202
	奉贤区	0.1811	0.2434	0.151	0.1173	0.3503	0.1923
	崇明区	0.3047	0.3445	0.3408	0.2099	0.4792	0.3858

数据说明：字体加粗说明分异指数超过 0.3，加＿＿表示与 2010 年相较，分异指数下降。

4.2　基于因子分析的特大城市人口空间集聚性

　　社区是生活在一定地域内的个人或家庭，处于因政治、社会、文化、教育等目的而形成的特定范围，不同社区间的文化、生活方式也因此区别开来。在我国街道属于管理和服务的最小单元，同时在房产类型、生活方式等方面又具有一定的一致性。本书基于普查数据，采用因子分析方法，以街道为尺度，采用 2010 年上海市人口普查的数据、2015 年 1%抽样调查数据，分离出上海市人口空间分异的主成分因素,同时分析特大城市不同群体空间集聚性特征。

4.2.1 主成分分析的计算

采用社会生态因子分析法,用 SPSS 软件对 2010 年 216 个街道数据,2015 年 217 个街道数据进行社会生态因子分析。主要选取了职业、受教育程度、户籍三个因素共 16 个因子进行主成分分析,并采用四次最大正交旋转,2010 年提取了三个主成分,经过旋转后的累计贡献率达到将近 85%,2015 年依然提取了三个主成分,经过旋转后的累计贡献率达到 80.673%。结果如表 4-6 所示。

表 4-6 2010、2015 年上海市人口社会结构主成分分析方差贡献表

	成分	初始特征值			提取平方和载入			旋转平方和载入		
		合计	方差的 %	累计 %	合计	方差的 %	累计 %	合计	方差的 %	累计 %
2010	1	9.202	57.510	57.510	9.202	57.510	57.510	7.985	49.906	49.906
	2	3.346	20.911	78.422	3.346	20.911	78.422	4.539	28.367	78.273
	3	1.051	6.567	84.988	1.051	6.567	84.988	1.075	6.716	84.988
2015	1	8.171	51.066	51.066	8.171	51.066	51.066	6.968	43.549	43.549
	2	3.714	23.213	74.279	3.714	23.213	74.279	4.720	29.498	73.047
	3	1.023	6.394	80.673	1.023	6.394	80.673	1.220	7.626	80.673

根据旋转后的载荷矩阵的得分情况(见表 4-7),将 2010 年三个主成分分别命名为:第一主成分为高学历白领因子,该主成分专业技术人员比重、办事人员和有关人员比重、大学专科、大学本科以上比重、高中以上比重、户籍人口比重很高,均超过 0.85 以上,属于典型的高学历白领;第二主成分为蓝领工人因子,该主成分中未上过学、小学、生产、运输设备操作人员及有关人员、外来人口的比重较高;第三主成分为不便分类的其他从业人员,该主成分其他各因子的载荷均不明显,仅职业中不便分类人员的比重较高(0.782)。

表 4-7 旋转后三个主成分载荷矩阵

	2010			2015		
	1	2	3	1	2	3
国家机关、党群组织、企业、事业单位负责人	0.782	0.108	−0.024	0.754	0.208	−0.098
专业技术人员	0.971	0.088	−0.032	0.941	0.111	−0.077

（续表）

	2010			2015		
	1	2	3	1	2	3
办事人员和有关人员	0.902	0.271	0.066	0.792	0.230	−0.001
商业、服务业人员	0.795	0.491	0.123	0.673	0.630	−0.178
农、林、牧、渔、水利业生产人员	−0.417	0.520	−0.480	−0.278	0.303	0.750
不便分类的其他从业人员	−0.068	0.169	0.782	0.064	0.950	−0.009
生产、运输设备操作人员及有关人员	0.205	0.898	0.221	0.207	0.087	−0.289
未上过学	0.160	0.905	−0.192	0.089	0.749	0.516
小学	0.394	0.901	−0.044	0.294	0.902	0.256
初中	0.535	0.806	0.144	0.385	0.907	−0.019
高中	0.891	0.285	0.097	0.878	0.287	−0.056
大学专科	0.974	0.129	0.008	0.963	0.129	−0.076
大学本科	0.955	−0.127	−0.052	0.962	−0.138	−0.067
研究生	0.783	−0.248	−0.095	0.759	−0.349	−0.083
外来	0.488	0.758	0.252	0.354	0.844	−0.278
户籍	0.891	0.263	−0.135	0.861	0.248	0.310

2015 年的三个主成分分别命名为高学历白领因子,该主成分专业技术人员比重,大专人员比重、本科人员比重、高中人口比重、户籍人口比重较高,超过 0.85 以上;第二主成分为蓝领工人因子,该主成分中生产、运输设备操作人员及有关人员、小学、初中、外来人口比重较高;第三主成分为农业生产人员因子,仅农林牧渔水利业生产人员的比重较高,为 0.75,其他因子的载荷并不明显。与 2010 年相较,2015 年主成分因子及比重变化并不大,高学历白领、蓝领工人两个主成分的相关因素几乎一致,仅第三主成分发生了一定的变化。

4.2.2　高学历白领空间集聚性

根据各主因子的得分权重,分别计算了高学历白领和蓝领工人的分布得分,2015 年高学历白领主要集聚区在外环线西南边(见图 4-22),另外在中环与外环之间分布多,在西南部郊区个别街道出现零星集聚区;与 2010 年相较(见图 4-21),2015 年高学历白领分布得分较高的区域呈现沿环线向外部扩散的趋势,在方向上,着重向西南部扩散。东部、西南部、北部部分区域颜色变浅,说明这些街道高学历白领分布减少。

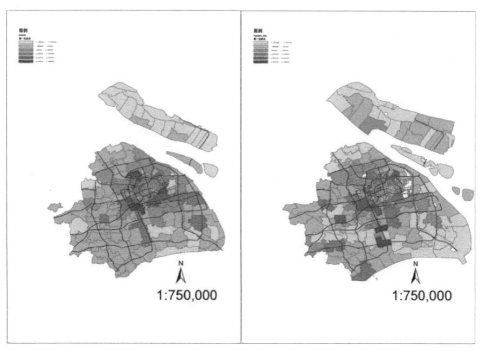

图 4 - 21   2010 年高学历白领分布(单位:%)   图 4 - 22   2015 年高学历白领分布(单位:%)

4.2.3   蓝领工人的空间集聚性

在蓝领工人分布中,2010 年蓝领工人中心城区分布的颜色较低(见图 4 -
23),在外环线外部,东北区域个别街道和南部、西南部个别街道颜色较深,出现
集聚分布。与 2010 年相较,2015 年在中心城区颜色较浅的区域进一步向外扩
散(见图 4 - 24),说明蓝领工人空间分布由中心城区进一步向郊区分散;在方向
上,2010 年蓝领工人得分较高的街道主要零散分布在东部、南部和北部个别区
域,2015 年东部蓝领工人得分较高的区域颜色变浅,南部、西南部、西北部个别
街道颜色加深,说明蓝领工人在向郊区扩散的时候,主要由向东部区域转为向西
部区域扩散。

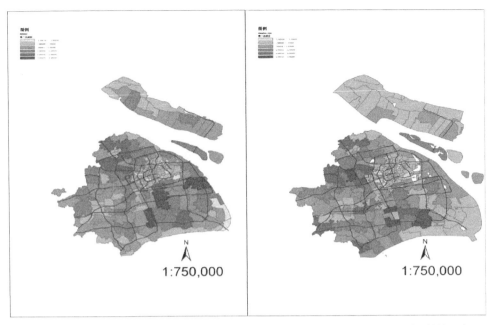

图 4 - 23　2010 年蓝领工人分布（单位:%）　图 4 - 24　2015 年蓝领工人分布（单位:%）

4.2.4　农业人口的空间集聚性

由于 2010 年的第三主成分为不便分类的人员,因此仅分析 2015 年农业人口分布状况(见图 4 - 25),2015 年农业人口得分较高的区域主要分布在崇明岛,以及青浦北部、金山区西部个别街道。

可见,以职业、受教育程度、户籍为主的社会结构分类是当前上海市人口空间分异的主要影响因子,且无论是高学历白领还是蓝领工人,其分布均呈现出由中心城区向西南部地区分散的趋势,虽然高学历白领开始向郊区分散,但同时表现出两极分化的态势。

4.3　基于空间自相关的特大城市人口空间相关性

为了揭示特大城市上海人口结构空间分布的空间相关性,本书运用全局空间相关对各阶层人口空间相关性进行分析。

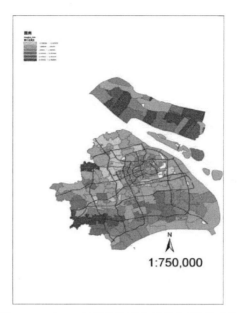

图 4 - 25　2015 年农业生产人员分布(单位:%)

4.3.1　全局空间相关的计算

全局空间自相关是从全局层面衡量空间要素之间的关联程度,通常用 Moran's I 统计量来度量,公式如下:

$$I = \frac{\sum_{i=1}^{n} \sum_{j=1}^{n} W_{ij}(X_i - \overline{X_i})(X_j - \overline{X_j})}{S^2 \sum_{i=1}^{n} \sum_{j=1}^{n} W_{ij}}$$

其中:n 为研究的空间单元数;X_i、X_j 为不同空间单元 i、j 的属性值;$\overline{X_i}$、$\overline{X_j}$ 为所有空间单元属性值的均值,S^2 为 X 值与均值 $\overline{X}$ 的方差,W_{ij} 为空间权重矩阵。当 I 值介于($-1,1$),当 I 大于 0,表示空间正相关,当 I 小于 0 时,表示空间负相关。I 的值越大表示空间自相关的程度越高,对于 Moran I 指数采用 Z 检验和 P 检验,Z 的公式如下:

$$Z = \frac{I - E(I)}{\sqrt{VAR(I)}}$$

当 Z 值>1.65,P 值<0.05 时,可以认为是显著的。

4.3.2　基于主成分的人口全局空间相关性

蓝领工人空间集聚性最强,高学历白领次之。根据上一节的分析,分别对

2010、2015 年上海受教育程度、职业、户籍进行主成分分析,得出三个主成分因子,其中,两年的数据中第一、二主成分较为固定,第一主成分是以户籍、受教育程度较高,从事专业技术等第三产业的高学历白领;第二主成分以外地户籍、受教育程度较低,从事第二产业的蓝领工人;第三主成分两年略有差异,2010 年第三主成分主要是不便分类的工作人员,2015 年主要是从事农业的人口。从表 4-8 可见,全局自相关 P 值均小于 0.05,Z 值大于 1.65,2010、2015 年三个主成分人口的 Moran's I 值均为正值,说明区域单元之间呈正的空间自相关分布,2010 年蓝领工人的 Moran's I 值最高,接近 0.4,说明蓝领工人空间相关性特征明显,其次是高学历白领 Moran's I 值为 0.18,第三主成分 Moran's I 值极低。2015 年蓝领工人、高学历白领的 Moran's I 值略减少,说明此两类人口的空间相关性略微降低了,2015 年农业人口的 Moran's I 仅为 0.07,空间相关性不明显。虽然全局空间自相关方法能够反映整体人口空间上的集聚程度,但它并不能量化各个集聚区的集聚程度和集聚种类,而局部空间自相关分析能够弥补这一点[226]。

表 4-8　2010、2015 年上海市各主成分人口全局空间自相关指数

| | 2015 | | | 2010 | | |
| | 第一主成分 | 第二主成分 | 第三主成分 | 第一主成分 | 第二主成分 | 第三主成分 |
	高学历白领	蓝领工人	农业人口	高学历白领	蓝领工人	不便分类群体
Moran I 指数	0.132963	0.371488	0.073106	0.182812	0.395575	0.057612
Z 值	10.714763	29.386814	6.08283	15.129887	32.332867	5.470505
P 值	0.000000	0.000000	0.000000	0.000000	0.000000	0.000000

4.3.3　基于户籍的人口全局空间相关性

户籍人口空间相关性略有下降,外来人口空间相关性加强。如表 4-9 所示,p 值均小于 0.05,Z 值大于 1.65,均有效,2010、2015 年户籍人口的 Moran's I 值均为正值,说明区域单元之间呈正的空间自相关分布,户籍人口的空间集聚特征显著,其空间关联特征是户籍人口分布较多的区域相邻,分布较少的区域相邻,户籍人口的空间分布同质性较强。与 2010 年相较(Moran's I 值 0.083125),2015 年 Moran's I 值为 0.044321,空间相关性有所下降,说明上海市不同区域户籍人口的空间相关程度有所下降。

表 4-9 2010、2015 年上海市户籍人口全局空间自相关指数

	2010 户籍人口	2015 户籍人口
Moran I 指数	0.083125	0.044321
Z 值	6.607272	3.18722
P 值	0.000000	0.001436

如表 4-10 所示，外来人口的 P 值均小于 0.05，Z 值大于 1.65，均有所减小，2010、2015 年外来人口的 Moran's I 值均为正值，说明区域单元之间呈正的空间自相关分布，外来人口的空间集聚特征显著，其空间关联特征是外来人口分布较多的区域相邻，分布较少的区域相邻，空间同质性较强。

表 4-10 2010、2015 年上海市外来人口全局空间自相关指数

	2010 外来人口	2015 外来人口
Moran I 指数	0.148944	0.181934
Z 值	11.586782	12.189351
P 值	0.000000	0.000000

4.3.4 基于学历的人口全局空间相关性

受教育程度的 Moran's I 值呈 V 型，研究生学历空间自相关程度加剧（见表 4-11）。各受教育程度人口的全局自相关 P 值均小于 0.05，Z 值大于 1.65，均有减小，2010、2015 年各阶段受教育程度人口的 Moran's I 值均为正值，说明区域单元之间呈正的空间自相关分布，其中未上小学人口的 Moran's I 值最高，说明未上小学的人口空间相关性特征明显，小学 Moran's I 值也超过 0.2，随着教育程度的升高，初中、高中学历的 Moran's I 值依次降低，大专 Moran's I 值开始回升，本科 Moran's I 值为 0.196512，研究生 Moran's I 值大大提升，为0.277502，可见，随着教育程度的提升，Moran's I 值呈 V 型。受教育程度较低的和较高的人口空间相关性更强。从两年的对比来看，大专以下受教育程度的空间相关程度变化并不太大，研究生学历人口的 Moran's I 的值变化最大，从2010 年的 0.144847 增长至 0.277502，翻了近一倍，说明研究生以上学历人口的空间相关性大大加强。

表 4 – 11　2010、2015 年上海市分教育程度全局空间自相关指数

2015	未上学	小学	初中	高中	大专	本科	研究生
Moran *I* 指数	0.293592	0.267451	0.164021	0.098639	0.104975	0.196512	0.277502
Z 值	19.527743	17.765615	11.028669	6.720020	7.124852	13.076012	18.414090
P 值	0.000000	0.000000	0.000000	0.000000	0.000000	0.000000	0.000000
2010	未上学	小学	初中	高中	大专	本科	研究生
Moran *I* 指数	0.351950	0.234664	0.112324	0.121121	0.139353	0.174532	0.144847
Z 值	28.848899	19.41155	9.478148	10.149839	11.630466	14.5018	12.167032
P 值	0.000000	0.000000	0.000000	0.000000	0.000000	0.000000	0.000000

4.3.5　基于职业的人口全局空间相关性

第一、二产业人口的空间相关性加强,从事第三产业人口的空间相关性减弱(见表 4 – 12)。各职业人口的全局自相关 P 值均小于 0.05,Z 值大于 1.65,2010、2015 年各职业人口的 Moran's *I* 值均为正值,说明区域单元之间呈正的空间自相关分布,2010 年,其次是专业技术人员,Moran's *I* 值也超过 0.2,其他类职业人口的 Moran's *I* 值刚超过 0.1,说明从事第二产业人口和专业技术人员的空间相关性特征明显。2015 年,生产运输设备操作人员和有关人员、农林牧渔生产人员的 Moran's *I* 值提高,说明从事第一、二产业人口的空间相关性加强,从事第三产业人口的 Moran's *I* 值均减少,尤其是专业技术人员减少程度较大,Moran's *I* 值不足 0.1,说明从事第三产业人口的空间相关性大大减弱。

表 4 – 12　2010、2015 年上海市各职业人口的全局空间自相关指数

2015	国家机关、党群组织、企业、事业单位负责人	专业技术人员	办事人员和有关人员	商业服务业人员	农林牧渔生产人员	生产、运输设备操作人员和有关人员
Moran *I* 指数	0.051768	0.069746	0.053604	0.052571	0.194867	0.325236
Z 值	4.421756	5.799674	4.545592	4.481892	15.903062	25.85257
P 值	0.000010	0.000000	0.000005	0.000007	0.000000	0.000000

（续表）

2010	国家机关、党群组织、企业、事业单位负责人	专业技术人员	办事人员和有关人员	商业服务业人员	农林牧渔生产人员	生产、运输设备操作人员和有关人员
Moran I 指数	0.110035	0.234664	0.112324	0.121121	0.118163	0.283386
Z 值	10.00941	19.41155	9.478148	10.149839	9.929938	23.315901
P 值	0.000000	0.000000	0.000000	0.000000	0.000000	0.000000

4.4　本章小结

本章从异质性、集聚性和相关性三个维度，以上海市为重点城市，分析了特大城市人口空间分异的特征，具体结论包括以下几个方面：

1）采用了 GIS 空间分布展示了各指标下人口空间分布特征，并采用分异指数测算特大城市人口空间异质性特点

户籍与外来常住人口分异程度属于中等分异，与 2010 年比较，不同户籍人口的分异程度加深。具体来看，户籍人口沿中环外环集中分布，方向上由东部区域向西南部区域集中。外来人口退出外环以内区域，向西北、南部区域扩散。不同户籍人口空间分异属中度分异，且分异程度加剧。

随着学历提高，不同阶段学历分异指数呈√型，其中研究生人口空间分异达到高度分异，随着时间增加，各阶段受教育程度的分异指数均增加。具体表现在：大专及以上人口集中分布在中环分布，且内环集中程度加深。由中心城区向外受教育程度呈圈层分布，12 年以上学历人口分布面积明显扩大。各阶段受教育程度分异指数呈√型，且分异程度均加剧。

从事第一产业人口、第二产业人口的空间分异指数最高，其中第一产业高度分异，第二产业中度分异，随着时间的增长，从事第一产业、第二产业人口空间分异程度增加了，第三产业中只有办事人员和有关人员的分异程度略微增加，其他均降低了。具体表现在：国家机关、党群组织、企业事业单位负责人零星向郊区分散。专业技术人员分布在中环以内，且向中心城区集中。办事人员和有关人员分布区域零散化。农林牧渔生产人员主要分布在崇明，且比重下降。生产、运输设备操作人员及有关人员中心城区比重下降的范围进一步扩展。第一产业、

第二产业人口分异指数较高,且分异程度增加。

郊区人口空间分异程度要高于中心城区,具体表现在:全市户籍人口分异程度加强,郊区户籍人口分异高于中心城区。全市受教育程度分异呈现"√"型,各阶段受教育程度分异均有加强,郊区分异程度高于中心城区。第一产业、第二产业从业人员分异程度较高,郊区职业空间分异高于中心城区。

2) 结合因子分析,进一步分析街道尺度人口空间集聚性的特点,结果表明:以职业、受教育程度、户籍为主的社会结构分类是当前上海市人口空间分异的主要影响因素

采用因子分析 2015 年分离出三个主成分,高学历白领、蓝领工人和农业从业者,2010 年分离出三个主成分,高学历白领、蓝领工人和不便分类的从业人员,高学历白领和蓝领工人两个主成分较为稳定。

高学历白领主要分布在外环线周边,且沿环线着重向西南郊区扩散;蓝领工人主要集聚在西北、西南的远郊区,且从中心区域迁出的范围扩大;从事农业人口主要分布在金山、青浦和崇明个别街道。

3) 为了进一步揭示特大城市人口空间相关性特征,本书采用了全局空间自相关来对各阶层群体空间相关性进行分析

各主成分人口的空间相关性分析。蓝领工人空间相关性略增强,高学历白领次之。

户籍人口空间相关性略有下降,外来人口空间相关性加强。

分受教育程度人口的空间相关性。受教育程度的 Moran's I 值呈 V 型,研究生学历空间自相关程度加剧。

第一、二产业人口的空间相关性加强,从事第三产业人口的空间相关性减弱。

第5章 特大城市公共资源配置对人口空间结构的影响效应

人口郊区化演变受到多种因素的作用,特大城市公共资源配置的增量和存量对人口空间结构分布及变动均产生作用,本章采用定量分析方法,探究特大城市公共资源配置对人口空间结构的影响效应。首先,采用回归分析方法,分析人口空间结构变动的影响因素,回应公共资源变动是否对人口空间结构变动产生影响? 其次,采用结构方程分析公共资源存量对人口空间结构存量的影响路径差异。再者,采用面板数据分析方法,定量探究公共资源配置对人口空间结构影响的时空效应和程度是怎样的? 以此阐明通过公共资源配置优化人口空间结构的现实依据,主要包括以下内容:①采用回归分析方法,分析影响人口空间结构变动的因素;②采用结构方程模型,分析公共资源对人口空间结构存量的影响路径;③采用面板数据模型,定量分析公共资源配置对人口空间结构影响的时空效应。

5.1 特大城市公共资源配置增量对人口空间结构变动的影响

5.1.1 模型建立及变量选取

1) 模型建立

在国外城市演变过程中,就业地、环境、交通、公共服务、行政力量是导致个人居住决策选择的因素。对我国城市演变而言,影响人口社会空间变动的因素略有差异。

产业因素,从微观来看,就业是影响个人居住决策的因素,从宏观来看,则表现为产业对人口社会结构的影响,"十二五"期间,上海进一步推动了产业在空间内合理布局,中心城区着力发展核心区商务楼宇的综合功能,大力推进现代服务业集聚发展。内外环之间地区进行产业结构调整和转型升级,重点发展高技术服务业和生产性服务业,在郊区建设一批现代服务业集聚区,着力打造东西轴线、黄浦江和中环三条具有国际影响力的现代服务业集聚带。上海的产业调整和升级由中心城区继续向内外环之间推进,影响了人口职业结构的布局。

公共资源、外围地区公共服务不足影响了人口郊区迁移。公共服务的空间可达性对人口空间分异产生作用,大量郊区新城因为基础设施配置的薄弱,导致了不同类型的有着等级差异的居住区以"马赛克"式的方式出现[227]。学区房、轨交房等即是公共服务不均衡产生的房价不正常上涨的现象,同样,在教育资源不足和环境质量差的地方,公共品消费和福利受损,形成居住分异和社会分割[228]。

市场因素,随着房地产市场化的推进,房价对于个人居住选择的影响愈加明显。第一,房价叠加公共资源的配置,房价的高低跟公共资源的配置程度有着紧密关系[229][230];第二,房价高意味着较好的地段,附近的商圈、生活圈更加成熟,使得公共投资在房价和人口分布上的效果会存在"社会乘数"效应[231]。在2010—2015 年,上海经历了又一轮的房价上行,房价作为市场因素亦会影响人口空间分异。

在我国城市化进程发展之初,政府进行旧城改造,行政作用在城市化进程中起着重要的组织角色。进入新世纪后,大型保障房在偏远郊区集中建设,造成了该区域居民居住空间和社会地位的边缘化,此外住房供应及其相关制度分配、城市土地有偿使用制度、城市土地功能置换等因素都会对人口空间演化产生影响[232]。就上海而言,"十二五"期间,在宝山顾村、闵行浦江、浦东周康航、嘉定江桥、浦东三林、松江泗泾开工建设了一批以保障性住房为主的大型居住社区。这些保障性住房区域大都针对较低社会阶层人群进行申请,因此有可能会引发低收入群体、外来人口的过度集聚[233]。

综上所述,本书从以上四个因素来探究特大城市人口空间结构变动的影响,具体如图 5 - 1 所示。

2) 变量及数据来源

产业因素的变动采用 2010—2015 年第三产业所占比重的年平均增速来分析,此数据根据 2010、2015 年各区县经济与社会发展公报数据整理而来。

公共服务主要分析三种公共资源的配置状况,医疗、教育、公园绿地状况,其中教育资源配置采用了 2010—2015 年间,每万名学生拥有学校(幼儿园、小学、初中、高中)数年增量,每百名学生拥有(幼儿园、小学、初中、高中)教师数年增

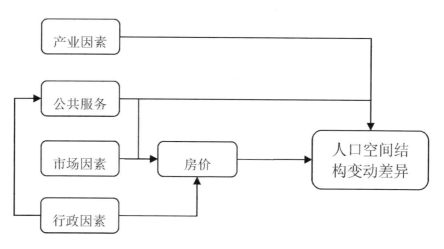

图 5 - 1　上海市人口社会空间分异影响因素

量,医疗采用 2010—2015 年间,千人床位数年增量,千人医生数年增量;公园绿地采用 2010—2015 年间人均绿地面积年增量、每万人拥有公园数年增量。由于涉及的公共资源数量较多,且之间可能存在共线性,因此采用因子分析法进行降维。结果如表 5 - 1,共提取出四个主因子,可以解释 80.4% 以上的变量,根据贡献可以将其命名为:第一主因子,基础教育学校增量,第二主因子基础教育教师增量,第三主因子绿地增量,第四主因子,医疗公园增量。

表 5 - 1　公共资源因子分析结果

	1	2	3	4
万名学生拥有幼儿园增量	0.852	−0.041	−0.364	0.113
万名学生拥有小学增量	0.739	−0.434	−0.2	0.327
万名学生拥有初中增量	0.368	0.611	0.413	0.32
万名学生拥有高中增量	0.728	0.095	0.152	−0.092
万名学生拥有幼儿园教师增量	0.363	0.854	−0.237	0.004
万名学生拥有小学教师增量	0.794	−0.09	−0.072	0.225
万名学生拥有高中教师增量	0.099	0.842	−0.129	−0.259
万名学生拥有初中教师增量	−0.221	0.824	−0.228	0.122
千人床位增量	−0.697	−0.075	−0.24	0.577
千人医生增量	−0.735	0.198	−0.14	0.485

（续表）

	1	2	3	4
万人拥有公园增量	0.363	0.086	0.491	0.621
人均绿地增量	−0.163	0.101	0.898	−0.11

优质公共资源主要包括教育和医疗资源。需要指出的是,优质基础教育资源主要分析重点或者实验学校的数量,义务教育资源中虽然不存在重点学校,但由于改革开放初期留存的重点学校影响至今,还有一些近些年异军突起的优质学校,因此我们通过访谈等方式,梳理大家心目中的重点义务教育资源。采用2010—2015 年间每万名学生拥有重点（幼儿园、小学、初中、高中）年增量,每万名常住人口拥有三级医院年增量测量。对优质教育资源也进行因子降维,结果提取出两个主因子（见表 5 - 2）,可以解释 75% 以上的变量,根据贡献可以将其命名为:第一主因子优质医疗资源,第二主因子优质教育资源。

表 5 - 2　优质资源因子分析结果

	1	2
万名学生拥有重点幼儿园增量	0.513	0.745
万名学生拥有重点小学增量	−0.917	0.97
万名学生拥有重点初中增量	0.51	−0.79
万名学生拥有重点高中增量	0.515	0.608
万人拥有三级医院增量	0.701	−0.289

房地产因素采用 2011—2015 年鉴上海市各区县商品住宅成交价格年平均增长率,其中 2011 年、2015 年上海市各区县商品住宅成交价格来源于房天下房价数据计算而得。

行政因素根据"十二五"期间,具有大型社会保障房建设的区域赋值 1,其余为 0。

因变量分别选取三大类变量,第一,受教育程度,采用 2010—2015 年间各区县平均受教育年限增量测量;第二,2010—2015 年各区县户籍人口增长量与外来人口增长量之比来反映各县户籍人口与外来人口变动的差异性;第三,职业类型中根据职业内容,将国家机关、党群组织、企业、事业单位负责人,专业技术人员,办事人员和有关人员,商业服务业人员划为白领,生产、运输设备操作人员及有关人员为蓝领,分别采用 2010—2015 年间白领增量与蓝领增量之比作为因变量来反映各区县不同职业人口的变动差异。

　　3）回归结果

　　采用多重线性回归模型,首先将公共资源加入模型中,然后再将行政因素、房价、产业作为控制变量加入模型,共建立 6 个多重线性回归模型,结果如表 5 - 3 所示。

表 5 - 3　影响上海人口社会空间结构因素的回归模型

	平均受教育年限年增量		户籍人口增量/外来人口增量之比		白领人口增量/蓝领人口增量	
	模型 1	模型 2	模型 3	模型 4	模型 5	模型 6
（常数）	0.355 **	0.345 **	−0.075	−0.242	1.151	1.681
基础学校	0.185 **	0.15 **	0.139	0.112	0.756	1.07
教师	0.017	0.028	0.301 *	0.107	1.063	0.741
绿地	−0.016	−0.009	0.065	−0.041	−0.326	−0.225
医疗和公园	−0.038	−0.025	−0.235	−0.099	3.027	2.796
优质医院	0.046	0.007	0.739 **	0.664 **	−3.863	−3.517
优质教育	0.144 **	0.133 **	0.203	0.1	0.898	1.198
产业增量		−0.01		0.006		0.041
房价年增长率		0.012 **		−0.011		−0.084
保障房		0.026		0.642		−1.006
F	3.967	6.371	8.855	6.528	1.999	0.966
显著性	0.027	0.012	0.002	0.011	0.159	0.531
R	0.839	0.944	0.917	0.945	0.739	0.744
R 平方	0.704	0.891	0.842	0.894	0.545	0.554
调整后 R 平方	0.527	0.751	0.747	0.757	0.273	−0.02

　　注: ** $P<0.05$, * $P<0.01$。

　　第一个模型的因变量为各区县平均受教育年限增量,首先将各类公共资源加入模型 1,结果基础教育学校呈显著地正相关关系,优质教育资源呈显著地正相关关系,加入控制变量以后,基础教育学校的显著性未发生变化,但系数下降了,优质教育资源的显著性下降,影响系数也略微下降。房价的影响显著,且呈正相关关系,说明房价每增加一个百分点,区域平均受教育年限会增长,基础教育的学校和优质教育资源增加,平均受教育年限也会增加,说明高学历人口更偏向于优质教育、基础教育资源配置所在地,同时也有能力购买更高的房价。

模型 3 的因变量分别为户籍人口增量和外来增量之比,结果显示,基础教育教师与因变量呈现显著地正相关关系,优质医疗资源与因变量呈现显著的正相关关系,在加入控制变量以后,基础教育教师变得不显著了,说明该因素对因变量的影响是受到控制变量的影响,但优质医疗资源的显著性未发生变化,其他控制变量也均未发生显著影响。

模型 5 的因变量为白领人口增量与蓝领人口增量之比,两个模型的拟合度 R^2 不高,其显著性未通过检验,说明该模型对以白领和蓝领为划分的区域人口职业差异的解释性较弱。

综上所述,公共资源中,教育资源配置是影响不同受教育程度人口空间变动的因素,医疗资源是影响不同职业人口空间变动差异的因素,行政因素、产业因素对人口社会结构空间变动均未产生显著性影响,市场房价对区域高学历人口受教育程度的影响显著。

5.1.2　产业因素对人口空间结构变动的影响不显著

1) 产业因素对人口空间结构影响效果的实现需要与公共资源结合

在本模型中,产业对人口空间结构变动的作用并没有通过显著性检验,可能的原因有二:首先,或许是数据的原因,在本模型中,采用的第三产业的比重,缺乏创新和高科技产业的数据,不能很好地细化产业细分对人口社会空间结构的作用;其次,在其他特大城市中,尤其是相较上海较成熟的城市化发展阶段,尚处于快速城市化发展时期,产业对人口空间结构影响的作用不容忽视,尤其是第二产业向郊区的转移,或者新城的产业园区建设,在一定程度上对外来人口的吸引作用仍然比较突出。产业发挥作用并不是单独的,按照产业经济学的观点,产业有序演变与城市化演变之间存在着互动关系,城市化发展格局要与产业结构、基础设施、生态环境等形成互补和整合[234]。这与现实状况也相符,特大城市在中心城区周边,发展了很多郊区新城,这些新城在发展初期引入了部分产业,但在吸引人口方面的效果并不明显,使得新城往往成为"睡城"。由此可见,在特大城市中产业对人口空间结构演变的作用不可忽视,但也需结合公共资源等的配套整合,才能发挥最佳效果。

2) 特大城市产业升级对人口空间结构影响效果弱化

另一种可能的解释是,在上海产业对人口空间演变的作用确实在弱化,以至于不显著。在特大城市中,随着产业的不断升级,服务业等第三产业比重占绝对主导地位,2012 年开始,北京第三产业从业人员占比超过 75%[235],第一、二产业从业人员比重太少,对人口空间结构的作用减弱。此外,表面上产业在不断向新城引入,但在吸引就业中的作用与中心城区而言不在一个量级上。新城的建设除了产业,还会配以基础交通设施,尤其是轨道交通的便捷,但轨道交通的建设依然是以中心城区为原点散发开来的,这增加了通勤的便利性,也使得中心城区的虹吸效应增强,郊区成为"睡城"可能性增加,这也是近些年部分特大城市郊区新城发展效果不甚明显的原因。由此可见,特大城市在引导人口空间布局和结构优化的时候,即便是产业导入、公共交通设施的配套,也并不能完全增强郊区人口的吸引力,要取决于它们设置的等级,尤其是与中心城区的等级比较。

5.1.3 市场房价变动对人口受教育程度变动影响显著

1) 房产的居住属性

一方面,房产是具有天然的居住属性,受到物业品质、建筑品质、商业地段等的影响,不同居住条件房产的房价变动遵循市场发展规律和逻辑;另一方面,从需求者角度来看,人的先天资质和后天努力等决定个人收入的能力具有差异,自然可选择的居住条件和支付能力不同,付出更多的金钱追求好的居住状况,在一定范围内的人口空间分异可以使得个人通过合法的努力,形成有效竞争,促进社会活力。在本模型的结论中,房价与受教育程度增长呈正相关关系,受教育程度越高的群体越有能力购买更高价的房产。

2) 房产的金融属性

现阶段,特大城市房产的居住功能还表现在公共资源的服务中,当受教育程度较高的人口更偏好优质教育配置的时候,会叠加房价与公共资源之间的关联性,使得具有较好公共资源的房产具有更高的保值和升值空间,将公共资源价值体现在其金融属性上,将对公共资源的偏好与房价叠加,从而使得人口空间结构与居住贫富程度叠加。而在现实中,由于近年来特大城市的房价已经上涨到一定程度,新的人才不断流入,但城市公共资源空间的扩展并不能与之相匹配,导致资源竞争的内卷,众多受教育程度较高的、新定居在特大城市的青年选择以居住环境、条件和面积换取市区的"老破小",降低了居住的满意度和生活幸福感,加剧特大城市的无序竞争。

5.1.4　公共资源增量对人口空间结构变动的主导作用

1）公共资源增量对受教育程度、户籍人口空间结构变动均具有显著影响

在国外城市化发展进程中，不同阶段影响人口空间演变的因素是不同的。从本书的分析来看，"十二五"期间，影响上海市不同户籍人口变动，不同受教育程度人口变动的主要因素是公共资源，说明在进入稳步城市化的特大城市，公共资源配置已经成为影响人口空间结构重构的重要因素之一。根据美国学者罗斯托的理论，在经济发展的第四个阶段是高额群众消费阶段，此阶段工业高度发达，经济的主导部门转向耐用消费品的生产，越来越多的资源用来生产耐用消费品，技术工人和城市人口的比重都比前阶段有所提高，用来供社会福利和保障之用的一部分资源逐渐增加，而我国目前已经处于或即将进入此发展阶段[236]。在高额群众消费阶段之后则进入追求生活质量阶段，以服务业为代表的提高居民生活质量的有关部门（包括教育、卫生保健、文化娱乐、市政建设、环境保护等）将成为主导部门，特大城市的发展走在全国前列，会最先进入追求生活质量阶段，居民对公共资源的需求亦将趋向高质量、高水平。

2）优质教育资源增量对受教育程度增量的影响具有单一性

在本模型的研究中，优质教育、学校投入是影响平均受教育年限变动的主要因素，而医疗资源、教师投入增量则是引发户籍人口与外来人口变动差异的重要影响因素，说明不同群体对公共资源的偏好具有一定的差异化，其中受教育程度高的青年人才对教育等发展型公共资源的偏好更突出，尤其特别重视孩子的教育，同时也具有购买学区房的能力，通过优质教育资源的获得来保持教育的代际传递[237][238]。需要说明的是，一方面从长期来看这种群体需求偏好会随着经济水平提高、年龄变化发生变化；另一方面这种需求的单一化在一定时期内并不会缓解，尤其是在相当长时间内人才的涌入，会加剧这种资源需求的总量，这也正是当前学区房等问题在特大城市中更为突出的原因。

3）政府主导公共资源配置成为人口空间结构变动的主导因素

公共资源配置对人口空间结构的影响作用凸显，是符合城市化发展规律的，本身并不成为问题，其问题在于公共资源是由政府来主导投入的，尤其教育资源、城市基础设施、医疗资源等，涉及众多基本公共服务的范畴，而这些公共资源的投入成为城市空间差异化配置的基础，决定了房价，同一群体对资源的需求偏好具有一致性，决定了该群体空间集聚具有显著的公共资源导向性和收入异质性，这种公共资源分配的逻辑违背了新型城镇化的目标，使得政府公共资源投入

的职能与原有公平正义的职能定位相背离。在第 6 章中,将会进一步分析,政府、市场是如何叠加导致公共资源空间配置异质化的形成。

5.2　特大城市公共资源存量对人口空间结构分布的作用路径

在上一节的分析中得出,房价、公共资源配置对人口空间结构变动影响效果显著。本节采用结构模型,细化到街道维度,进一步分析公共资源、房价是如何作用于人口空间结构分布的。因变量采用在第四章中通过因子分析法得出的两大类空间分异的群体:高学历白领和蓝领工人。自变量则选取了不同类型的公共资源,分析它们对因变量的影响是否具有差异。

5.2.1　模型建立与变量选择

随着房地产市场化的推进,房价对于个人居住选择的影响愈加明显。高房价意味着较好的地段,附近的商圈、生活圈更加成熟;高房价叠加公共资源的配置,要选择更好的居住环境,包括公共资源和商业服务业资源,就要付出更高的房价成本,高学历白领有能力支付更高的房价,可以说公共资源通过房价,间接作用于人口空间结构。

自变量选取了公共资源中的交通资源、教育资源、健康资源,以及市场类生活娱乐资源四类,建立了以下结构方程模型(见图 5－2)。

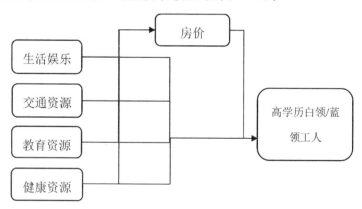

图 5－2　影响人口空间分异的因素分析

本书抓取了 2015 年百度地图上的公共资源分布数据,以街道为单位,将上海市各类资源分布图与 2015 年 1%人口抽样调查数据进行匹配,房价数据采用了 2015 年安居客网站各街道平均房价计算而得。考虑到各变量单位的差异,本书将各变量数据进行了标准化处理。

交通资源选取了每公里公交站点数量、地铁长度、高速公路长度;教育资源选取了每公里幼儿园、小学、中学数量;健康资源选取了每公里社区卫生中心、医院和体育馆数量,因变量选取了高学历白领和蓝领工人两个因变量。高学历白领选取了户籍人口比重、大专及以上人口比重、白领阶层比重(国家机关、企事业单位负责人、专业技术人员之和)作为因变量带入结构方程模型;蓝领工人选取了外来人口比重、高中及以下学历比重、生产、运输设备操作人员及有关人员比重三个变量带入结构方程模型。

5.2.2　公共资源配置对高学历白领分布的作用路径

参数显著性显示参数估计均为显著(见表 5 - 4),因素负荷量大于 0.6 以上,有两个因子每平方公里高速公路因子和每平方公里体育馆数量略小于 0.6,大致符合标准;题目信度中,除每平方公里高速公路因子和每平方公里体育馆数量略低于 0.36 外,其余题目均大于 0.5 以上,代表题目较具有信度;组成信度均大于0.7 以上,说明题目具有足够的内部一致性,收敛效度大于 0.5,说明题目的收敛效果不错。

表 5 - 4　收敛效度表

构面	题目	参数显著性估计				因素负荷量	题目信度	组成信度	收敛效度
		Unstd.	S.E.	C.R.	P	Std.	SMC	CR	AVE
交通资源	公交站点	1				0.866	0.750	0.746	0.510
	地铁长度	0.873	0.134	6.498	***	0.756	0.572		
	高速长度	0.527	0.096	5.511	***	0.456	0.208		
教育资源	幼儿园	1				0.9	0.810	0.935	0.828
	小学	1.03	0.049	21.21	***	0.927	0.859		
	中学	1.002	0.05	20.178	***	0.902	0.814		
健康资源	社区卫生中心	1				1.042	1.086	0.821	0.621
	医院	0.671	0.083	8.119	***	0.699	0.489		
	体育馆	0.517	0.077	6.733	***	0.538	0.289		

（续表）

构面	题目	参数显著性估计				因素负荷量 Std.	题目信度 SMC	组成信度 CR	收敛效度 AVE
		Unstd.	S.E.	C.R.	P				
生活娱乐	餐饮服务	1				0.994	0.988	0.895	0.745
	零售业	0.923	0.044	21.062	***	0.917	0.841		
	影剧院	0.641	0.057	11.197	***	0.637	0.406		
高学历白领	大专及以上	1				0.973	0.947	0.945	0.852
	白领人员	0.996	0.028	35.014	***	0.969	0.939		
	户籍1	0.84	0.043	19.357	***	0.818	0.669		

　　每个构面的 AVE 根号值应该大于与其他构面的相关性,说明构面与其他构面之间具有区别效度,根据表 5-5 中的结果得出,教育资源值大于生活娱乐、大于高学历白领,说明教育资源与这两个构面存在区别效度,略低于交通资源和健康资源,但差异不大;生活资源与健康资源、高收入阶层、教育资源存在区别效度,但 AVE 根号值略小于交通资源,差异并不大;交通资源与高学历白领存在区别效度,但略小于教育资源、生活娱乐资源和健康资源,差异不大;健康资源大于高学历白领,但略小于其他资源;高学历白领大于其他四类资源值,说明与其他构面存在区别效度,由此可见,构面大致存在区别效度。

表 5-5　区别效度表

	AVE	教育资源	生活娱乐	交通资源	健康资源	高学历白领
教育资源	0.828	0.91				
生活娱乐	0.745	0.786	0.863			
交通资源	0.51	0.994	0.952	0.714		
健康资源	0.621	0.936	0.865	0.956	0.788	
高学历白领	0.852	0.32	0.191	0.336	0.251	0.923

　　通过结构模型的路径可以看出,资源是通过房价对高学历白领产生作用的,因此本书采用 Bootstrap 技术建立中介模型[239],估计间接效果的标准误及非标准化系数,再计算间接效果的显著性水平（Z 值）。结果如表 5-6:首先,交通资源、健康资源、生活资源对高学历白领的总效果 Z 值在 1.96 以下,说明交通资源、健康资源、生活资源对高学历白领的影响不存在,教育资源的总效果显著,间

接效果显著,直接效果 Z 值在 1.96 以下,不显著,所以属于完全中介模型,可以说,教育资源通过房价作用于高学历白领。

表 5-6 中介模型结果

	变数	点估计值	系数相乘积		Bias-Corrected 95% CI		Percentile 95% CI	
			SE	Z	Lower	Upper	Lower	Upper
总效果	高学历白领—交通	−0.851	1.337	−0.636	−4.947	1.338	−3.864	1.983
	高学历白领—教育	0.952	0.439	2.169	0.375	2.282	0.202	2.052
	高学历白领—健康	−0.755	1.175	−0.643	−4.663	0.29	−3.692	0.605
	高学历白领—生活	0.267	0.747	0.357	−0.624	1.892	−0.627	1.814
间接效果	高学历白领—交通	−0.692	0.905	−0.765	−4.69	−0.019	−3.215	0.119
	高学历白领—教育	0.548	0.279	1.966	0.021	1.737	−0.332	1.195
	高学历白领—健康	−0.132	0.862	−0.153	−1.785	0.269	−0.737	1.158
	高学历白领—生活	0.324	0.491	0.660	0.001	2.063	−0.353	1.365
直接效果	高学历白领—交通	−0.159	0.922	−0.172	−1.335	1.375	−1.192	1.754
	高学历白领—教育	0.404	0.427	0.946	0.199	1.824	0.12	1.523
	高学历白领—健康	−0.623	1.544	−0.403	−4.859	0.259	−3.963	0.441
	高学历白领—生活	−0.057	0.737	−0.077	−0.731	0.929	−0.63	1.143

数据说明:1000 bootstrap samples。

进一步来分析教育资源内部各测量变量对教育资源的贡献程度,结果显示如表 5-7,幼儿园的系数为 0.9,小学的为 0.927,中学为 0.906,说明三个测量变量对教育的贡献均较高,其中又以小学影响贡献最高;在高学历白领中,大专及以上学历系数为 0.973,影响贡献最高,其次是职业为 0.969,最后是户籍为 0.818。从结构模型系数来看,教育资源对房价的影响系数为 0.87,说明教育资源每变动 1 个单位,房价变动 0.87,房价对高学历白领的影响系数为 0.2,说明房价每变动 1 个单位,高学历白领比重增加 0.2。由此可见,当前在特大城市中,教育资源对高学历白领的影响较大,且通过房价影响了高学历白领的空间分布,而其他因素对高学历白领的影响并不明显,从以下数据结果可以看出,生活娱乐资源、交通资源、教育资源对房价的影响均十分显著,但各类资源对高学历白领的影响只有教育资源通过显著性检验,进一步说明教育存量是高学历白领在选择居住时的首要考量因素,而且为了获取教育资源会选择房价更高的区域,也可以看出基础教育资源的价值,已经完全附加在房价中,且其对高学历白领的影响程度也超过其他众多公共资源。

表 5-7 自变量及因变量关系表

	Unstd.	S.E.	C.R.	P	Std.
房价←——生活娱乐	1.65	0.636	2.597	0.009	1.053
房价←——交通资源	−3.521	1.698	−2.073	0.038	−1.412
房价←——教育资源	1.871	0.636	2.944	0.003	1.693
房价←——健康资源	−0.674	0.764	−0.883	0.377	−0.38
高学历白领←——交通资源	−0.159	0.517	−0.308	0.758	−0.08
高学历白领←——教育资源	0.584	0.246	2.378	0.017	0.658
高学历白领←——健康资源	−0.623	0.503	−1.238	0.216	−0.437
高学历白领←——生活娱乐	−0.057	0.228	−0.251	0.802	−0.045
高学历白领←——房价	0.196	0.11	1.786	0.074	0.244

需要说明的是在本模型建立的过程中,由于采用了百度地图的数据,因此相关资源,尤其是教育资源配置的数据是以每公里学校数量来带入模型的,虽然可以解释哪种类型资源对阶层产生了影响,但是却缺少了教师投入及重点资源投入的信息。此外,房价采用了各街道的单价,忽略了房子套数和总价。

5.2.3 公共资源配置对蓝领工人分布的作用路径

以蓝领工人为因变量,建立结构模型。首先分析各构面的收敛效度(见表 5-8),参数显著性显示参数估计均为显著,因素负荷量大于 0.6 以上,有两个因子:每平方公里高速公路和每平方公里体育馆数量略小于 0.6,大致符合标准;题目信度除每平方公里高速公路因子和每平方公里体育馆数量略低于 0.36 外,其余题目均大于 0.5 以上,代表题目较具有信度;组成信度均大于 0.7 以上,说明题目具有足够的内部一致性,收敛效度大于 0.5,说明题目的收敛效果不错。

表 5-8 收敛效度分析

构面	题目	参数显著性估计				因素负荷量	题目信度	组成信度	收敛效度
		Unstd.	S.E.	C.R.	P	Std.	SMC	CR	AVE
交通资源	公交站点	1				0.866	0.75	0.746	0.51
	地铁长度	0.873	0.134	6.498	***	0.756	0.572		
	高速长度	0.527	0.096	5.511	***	0.456	0.208		

（续表）

构面	题目	参数显著性估计				因素负荷量	题目信度	组成信度	收敛效度
教育资源	幼儿园	1				0.9	0.81	0.935	0.828
	小学	1.03	0.049	21.21	***	0.927	0.859		
	中学	1.002	0.05	20.178	***	0.902	0.814		
健康资源	社区卫生中心	1				1.042	1.086	0.821	0.621
	医院	0.671	0.083	8.119	***	0.699	0.489		
	体育馆	0.517	0.077	6.733	***	0.538	0.289		
生活娱乐	餐饮服务	1				0.994	0.988	0.895	0.745
	零售业	0.923	0.044	21.062	***	0.917	0.841		
	影剧院	0.641	0.057	11.197	***	0.637	0.406		
蓝领工人	高中及以下	1				0.92	0.846	0.941	0.842
	外来人口	1.012	0.044	23.183	***	0.933	0.87		
	生产、运输设备操作人员及有关人员	0.958	0.045	21.451	***	0.9	0.81		

每个构面的 AVE 根号值应该大于与其他构面的相关性,说明构面与其他构面之间具有区别效度,根据表 5-9 的结果得出,教育资源值大于生活娱乐、大于蓝领工人,说明教育资源与这两个构面存在区别效度,但略低于交通资源和健康资源,但差异不大;生活资源与健康资源、蓝领工人、教育资源存在区别效度,但 AVE 根号值略小于交通资源,差异并不大;交通资源与蓝领工人存在区别效度,但略小于教育资源、生活娱乐资源和健康资源,差异不大;健康资源大于蓝领工人,但略小于其他资源;蓝领工人大于其他四类资源值,说明与其他构面存在区别效度,由此可见,各构面大致存在区别效度。

表 5-9 各构面之间的区别效度

	AVE	教育资源	生活娱乐	交通资源	健康资源	蓝领工人
教育资源	0.828	0.91				
生活娱乐	0.745	0.784	0.863			

（续表）

	AVE	教育资源	生活娱乐	交通资源	健康资源	蓝领工人
交通资源	0.51	0.994	0.952	0.714		
健康资源	0.621	0.937	0.865	0.958	0.788	
蓝领工人	0.842	−0.389	−0.319	−0.445	−0.364	0.918

通过结构模型的路径可以看出，资源是通过房价对蓝领工人产生作用的，因此本书采用 Bootstrap 技术建立中介模型，估计间接效果的标准误及非标准化系数，再计算间接效果的显著性水平（Z 值）。结果如表 5-10：首先，交通资源、教育资源、健康资源、生活服务资源的总效果 Z 值在 1.96 以下，说明交通资源、健康资源、生活资源、教育资源对蓝领工人的影响不存在；交通资源、教育资源、健康资源、生活服务资源的直接效果 Z 值在 1.96 以下，说明交通资源、健康资源、生活资源、教育资源对蓝领工人的直接影响不存在；交通资源、教育资源、健康资源、生活服务资源的间接效果 Z 值在 1.96 以下，说明交通资源、健康资源、生活资源、教育资源对蓝领工人的间接影响不存在。通过对蓝领工人中间变量模型的建立结果来看，效果并不理想，交通资源、教育资源、健康资源和生活服务资源对蓝领工人的中介效应并不成立。

表 5-10　中介模型结果

	变数	点估计值	系数相乘积		Bias-Corrected 95% CI		Percentile 95% CI	
			SE	Z	Lower	Upper	Lower	Upper
总效果	蓝领—交通	1.074	1.156	0.929	0.141	5.716	−0.249	4.338
	蓝领—教育	−0.721	0.407	−1.772	−2.347	−0.349	−1.833	−0.297
	蓝领—健康	0.377	0.899	0.419	−0.336	3.943	−0.717	2.631
间接效果	蓝领—生活	−0.444	0.599	−0.741	−3.384	−0.082	−2.149	0.024
	蓝领—交通	0.655	0.851	0.77	0.086	4.417	−0.005	3.431
	蓝领—教育	−0.337	0.316	−1.067	−1.946	−0.081	−1.818	0.003
	蓝领—健康	0.118	0.454	0.26	−0.307	1.851	−0.592	0.908
直接效果	蓝领—生活	−0.298	0.425	−0.701	−2.503	−0.045	−1.382	0.002
	蓝领—交通	0.419	0.515	0.814	−0.13	1.716	−0.341	1.449
	蓝领—教育	−0.383	0.26	−1.473	−1.021	−0.13	−0.98	−0.119
	蓝领—健康	0.259	0.794	0.326	−0.213	3.115	−0.32	2.067

（续表）

变数	点估计值	系数相乘积		Bias-Corrected 95% CI		Percentile 95% CI	
		SE	Z	Lower	Upper	Lower	Upper
蓝领—生活	−0.146	0.371	−0.394	−1.185	0.075	−0.797	0.159

数据说明：1000 bootstrap samples。

由此可见，两类群体在居住选择上产生了不同的路径。公共资源中的教育资源，通过房价对高学历白领的集聚产生显著影响，高学历白领主要是户籍人口、大专及以上学历人口和白领阶层，这些群体属于中产阶层，既有需求又有能力购买学区房；各公共资源对蓝领工人的中介效应并不明显，蓝领工人主要是学历较低的、从事第二产业的外来人口，与其说各类公共资源对蓝领工人的影响不显著，不如说在特大城市中这部分群体并不具备选择公共资源的条件。

5.3　特大城市公共资源配置对人口空间结构影响的时空效应

现阶段，特大城市公共资源配置对人口空间分布具有显著的作用，那么进一步分析，公共资源资源配置对人口空间结构影响的时空效应如何，本节结合历年统计年鉴数据和人口数据，采用面板数据模型，进一步分析公共资源对人口空间结构影响的时空效应。

5.3.1　模型建立与变量选择

1）变量选取

由于数据的可得性，本书采用上海统计年鉴中公共资源的数据进行分析，选取了普通学校资源配置状况、普通医疗资源配置状况、普通绿地环境资源状况和优质公共资源配置状况。

普通教育资源选取了八个二级指标，分别是幼儿园、小学、初中和高中每所学校的学生数和教师负担学生数，以考察不同阶段学校的硬件投入和软件师资投入；普通医疗资源选取了千人拥有床位数和千人拥有医生数两个指标，也分别反映了医疗资源投入的硬件和软件状况；普通绿地环境资源选择了千人公园数、人均园林绿地面积和人均绿地面积三个二级指标；优质资源主要是指居民最关心的教育和医疗资源的状况，分别选择了各阶段重点幼儿园、小学、初中、高中的数量、特级教师的数量和三级医院的数量，由于优质资源的数据仅有 2010 年和

2015 年的数据,中间欠缺的年份,通过年均增长率的计算进行填补。

在一级指标的得分计算中,本书采用了熵值法对各二级指标进行计算总分。熵值法是物理学的一个概念,熵是对不确定性的一种度量,信息量越大,不确定性就越小,熵值也就越小;信息量越小,不确定性越大,根据熵的特性,通过计算熵值来判断一个事件的随机性及无序程度,也可以用熵值来判断某个指标的离散程度,指标的离散度越大,该指标对综合评价的影响越大。该方法具有一定的缺陷,它是针对二维数据来进行分析的,但面板数据属于三维数据,一维是时间数据,来反映不同年份公共资源配置的变化情况,反映时间效应;二维是地区数据,不同地区公共资源配置的状况,反映空间效应;三维是具体指标。在本书中公共资源共选取了四类一级指标,每一维度的指标又有若干二级指标构成,反映了公共资源的状况。在学术界,熵值法应用到面板数据的时候,有几种做法,一是降维,在指标数据上取均值,抽象为某一时期的公共资源状况,从而形成截面数据[240],然而这种方法丢失了面板数据的时间信息[241];另外一种方式是将历年公共资源水平变化的空间数据想象在同一个平面上,转化成二维数据进行计算[242],保留了不同时间公共资源数据的变化,具体步骤如下:

第一,指标标准化处理:

$$正向指标 Z_{aij} = \frac{x_{aij} - x_{\min}}{x_{\max} - x_{\min}}$$

$$负向指标 Z_{aij} = \frac{x_{\max} - x_{aij}}{x_{\max} - x_{\min}}$$

其中 α 为第 α 个年份,i 为第 i 个地区,j 为第 j 项指标,Z_{aij} 为第 α 个年份,第 i 个地区的第 j 项指标标准化后的数值,$x_{\max}$ 为第 α 个年份,第 i 个地区的第 j 项指标标准化前的数值,$x_{\max}$,$x_{\min}$ 分别代表第 j 项指标的最大值和最小值。

第二,指标归一化:

$$P_{aij} = \frac{Z_{aij}}{\sum_{\alpha=1}^{m} \sum_{i=1}^{k} Z_{aij}}$$

其中,m 为共有 m 个年份,k 为共有 k 个地区,P_{aij} 为指标归一化后的值。

第三,计算熵值:

$$E_j = -k_1 \sum_{\alpha=1}^{m} \sum_{i=1}^{k} P_{aij} \ln P_{aij}$$

其中,E_j 为第 j 个指标的熵值,$\ln$ 为取对数函数,$K = 1/\ln(m*k)$,m 为共有 m 年,k 个地区的指标。

第四,计算各项指标的冗余度:

$$D_j = 1 - E_j$$

其中 D_j 为第 j 项指标的冗余度。

第五，计算各项指标权重：

$$W_j = \frac{D_j}{\sum_{j=1}^n D_j}$$

其中，n 为共有 n 项指标，W_j 为各指标权重。

第六，综合指标指数：

$$I_{ai} = P_{aij} \times W_j$$

其中，P_{aij} 为指标归一化后的值，W_j 为第 j 项指标的权重，I_{ai} 为第 a 年，第 i 个地区综合指标指数。

2）熵值法权重结果分析

经过熵值法计算各二级指标的权重得出（见表 5 - 11），普通教育资源中，每所高中拥有高中数权重最高，占 19.99%；每所小学拥有小学生数权重次之，接近 20%；再者是每位教师负担小学生数，权重接近 19%，每位教师负担幼儿数也超过 17%。可见，高中硬件投入、小学硬件和软件投入以及幼儿园软件投入均较为重要，能解释普通教育资源状况的 80%，每所初中拥有初中生数和每所幼儿园拥有幼儿数的权重都接近 10%。

普通医疗资源中千人拥有医生数权重超过 50% 多，千人拥有床位数权重比占 43.41%，说明医疗资源软件和硬件都比较重要，软件权重略重于硬件。

普通绿地环境资源中，人均园林绿地面积的权重最高，超过 50%，其次是人均绿地面积，权重为 24.24%，千人公园数占比接近 20%。

优质资源中，重点幼儿园权重最高，为 23.76%，其次是三级医院数量，权重为 23.08%，重点小学占比 15.64%，特级教师权重为 13.32%，重点高中权重为 12.71%，重点初中权重最少，为 11.50%。可见，优质资源中，重点幼儿园、三级医院的权重均超过 20%，两者加起来能够解释将近一半的优质资源状况，其他重点小学、重点初中、重点高中的解释另外半数优质资源的状况。

结合人口空间分异的因子分析结果，因变量选取了高学历白领和蓝领工人两个群体，高学历白领主要是户籍人口、受教育程度较高的白领阶层，蓝领工人阶层主要是从事第二产业、受教育程度较低的外来人口，因变量选取了各指标所在区县的百分比，并使用面板数据的熵值法进行标准化处理，各阶层指标选取及权重如表 5 - 12 所示。

表 5-11　各公共资源指标及权重　　　　　　　　　　单位:%

一级指标	二级指标	权重
普通教育资源	每所幼儿园拥有幼儿数	8.85
	每位教师负担幼儿数	17.28
	每所小学拥有小学生数	19.41
	每位教师负担小学生数	18.91
	每所初中拥有初中生数	9.17
	每位教师负担初中生数	3.65
	每所高中拥有高中生数	19.99
	每位教师负担高中生数	2.75
普通医疗资源	千人拥有床位数	43.41
	千人拥有医生数	56.59
普通绿地环境资源	千人公园数	19.51
	人均园林绿地面积	56.24
	人均绿地面积	24.24
优质资源	重点幼儿园数	23.76
	"重点"小学数	15.64
	"重点"初中数	11.50
	重点高中数	12.71
	特级教师	13.32
	三级医院	23.08

表 5-12　各阶层人口指标及权重　　　　　　　　　　单位:%

一级指标	二级指标	权重	一级指标	二级指标	权重
高学历白领	户籍人口	16.63	蓝领工人	外来人口	21.6
	大专学历	11.52		未上小学	17.49
	大学本科	10.92		小学	15.38
	研究生	15.4		初中	13.59
	国家机关、党群组织、企业、事业单位负责人	13.57		高中	8.69
	专业技术人员	16.85		生产、运输设备操作人员及有关人员	23.24
	办事人员和有关人员	15.12			
	商业服务业人员	13.42			

高学历白领中,专业技术人员所占比重最高为 16.85%,其次是户籍人口比重占 16.63%,研究生学历人口占比为 15.4%,办事人员及有关人员占比也超过 15%,其他二级指标权重在 10%~15%。蓝领工人中,生产、运输设备操作人员及有关人员的比重最高,为 23.24%,其次是外来人口比重占 21.6%,未上小学人口指标占 17.49%,小学、初中、高中的权重依次减少。可见,户籍人口、专业技术人员和研究生学历人口的比重最能解释高学历白领;生产、运输设备操作人员及有关人员、外来人口、未上小学比重解释了 60% 的蓝领工人阶层。

3) 模型建立

结合本书主要分析了 2010—2015 年的上海人口结构变动和分异情况,因此选取了 2010—2015 年六年的时间跨度,样本容量为 17 个区县,$N > T$,且 $T < 20$,属于小样本量回归,面板数据中伪回归产生的问题并不严重[243]。因此本书的面板数据可以不做单位根检验,但经济学中进行面板数据回归的时候,大多数对变量取对数,这样做的原因是:①缩小数据的绝对数据,方便计算;②消除数据的某个值域中的不同区间的差异带来的影响不同;③取对数后所得的数据易消除异方差的问题;④取对数后不会改变数据的性质和相关关系。

面板数据的回归模型有三种:①是无个体影响的不变系数的单方程回归,在模型中假设个体成员既无个体影响也没有结构的变化;②变截距模型的单方程回归模型,在该模型中假设个体成员存在个体影响而无结构变化,且个体影响可以用截距项的差异来说明;③变系数模型的单方程回归模型,该模型假设个体成员既存在个体影响,又存在结构变化,即允许个体影响由变化的截距项来说明,同时还允许时间为系数向量,依照个体成员的不同而变化说明个体成员之间的结构变化[244]。

首先,采用 F 检验,选择混合模型还是固定效应模型,然后采用 Hausman 检验,选择固定效应模型还是随机效应模型,结果如表 5 - 13 所示。

表 5 - 13　面板数据模型选择检验结果

		模型一	模型二
F 检验	F 值	3802.04	1286.884
Hausman	P 值	0.0056	0.0004

模型一以高学历白领为因变量,首先分别建立混合效应模型和固定效应模型,计算 F 值,F 值为 3802.04,大于查表值 1.77,拒绝原假设,选择固定效应模

型;其次建立随机效应模型,通过 Hausman 检验得出,P 值<0.01,说明在 99%的置信水平下,拒绝原假设,选择固定效应模型。

模型二以蓝领工人为因变量,首先分别建立混合效应模型和固定效应模型,计算 F 值,F 值为 1286.884,大于查表值 1.77,拒绝原假设,选择固定效应模型;其次建立随机效应模型,通过 Hausman 检验得出,P 值<0.01,说明在 99%的置信水平下,拒绝原假设,选择固定效应模型。

4)基本结论

两个模型的结果相同,均选取了固定效应模型,由于两个模型均有时间序列数据,因此选用时间固定效应模型,一方面通过截距项来反映个体的影响,另一方面,通过时间效应的截距项反映不同时间上的个体变化,具体模型一和模型二建立如表 5-14 所示。

模型一:$\mathrm{Ln}M = \mathrm{Ln}C + + \beta_1 \mathrm{Ln}a + \beta_2 \mathrm{Ln}e + \beta_3 \mathrm{Ln}h + \beta_4 \mathrm{Ln}p + at + ai$

其中,M 是高学历白领,C 是常数项,a 是优质资源配置状况,e 是普通教育资源配置状况,h 是普通医疗资源配置状况,p 是绿地环境资源配置状况,at 表示固定效应影响效果,ai 表示时间效应影响效果,β_1,β_2,β_3,β_4 分别是四个自变量的系数。

模型二:$\mathrm{Ln}W = \mathrm{Ln}C + \beta_1 \mathrm{Ln}a + \beta_2 \mathrm{Ln}e + \beta_3 \mathrm{Ln}h + \beta_4 \mathrm{Ln}p + at + ai$

其中,W 是蓝领工人,其他变量与模型一相同。

表 5-14　面板数据回归模型结果

自变量	模型一 因变量:高学历白领 系数	模型二 因变量:蓝领工人 系数
常数项	−0.2066	−0.3109
优质资源	0.2737 **	0.1253
普通教育资源	−0.2998	0.2966
普通医疗资源	0.0814	0.047
绿地环境资源	−0.2314	−0.0339
R−squared	0.876036	0.8671
Adjusted R−squared	0.845428	0.8342

注:** $P<0.05$。

5.3.2　优质资源对高学历白领的空间集聚产生正相关关系

模型一中,自变量优质资源通过了显著性检验,且呈正相关关系,优质资源配置每增加一个单位,高学历白领集聚的可能性增加了 27.37%,普通教育资源、普通医疗资源、绿地环境资源并未通过显著性检验;模型二中,各变量均未通过显著性检验,说明在蓝领工人中,公共资源的配置并不是影响蓝领工人居住选择的显著因素,这与前一节中的结果相符。结合 2016 年上海社会质量调查问卷的数据来进一步分析(见表 5 - 15),以蓝领为主要阶层的外来人口中,接近 7 成群体是由于本人或家人的工作变动而搬家的,因此原因导致户籍人口搬家的比例仅有一成;因本人或家人上学而搬迁的户籍人口比重超过 20%,因此原因搬家的外来人口仅有 7.84%。不同阶层人口在居住选择上的差异出现,高学历白领在居住地选择上,更多考虑优质资源的配置,近些年,上海市公共资源在补短板上下了较大工夫,基本公共资源数量的空间配置向人口迁移区域不断倾斜投入,但优质资源的稀缺性一直存在,高学历白领在居住选择上出现了十分明显的优质资源偏好,资源的品牌效应凸显。

表 5 - 15　2016 年上海社会质量调查分户籍居住迁移原因　　　　单位:%

	户籍人口	外来人口
本人或家人找工作或更换工作	7.69	49.02
本人或家人工作地点变动	3.08	18.63
房租上涨	0	5.88
改善居住条件	30.77	14.71
本人或家人上学	21.54	7.84
拆迁/单位分房/集资建房	9.23	0
本人结婚	21.54	0.98
其他	6.15	2.94

5.3.3　公共资源配置对人口空间结构影响的空间效应

1) 近郊区、中心边缘区、远郊区和中心核心区固定效应出现差异

固定效应如图 5 - 3,中心城区的长宁(−0.0103)、虹口(−0.072)、闸北(−0.6665)、黄浦区(−0.7106)、静安(−0.8329)固定效应为负值且效应依次减

小,说明在这些区域中,自变量增加相同的单位下,这些区域高学历白领集聚的可能性要小,且可能性依次减小;徐汇(0.1977)、普陀(0.2718)、杨浦(0.3453)为正值且效应依次增加,说明在这三个区域中,公共资源状况增加相同的单位下,高学历白领集聚的可能性增加,且这三个区域可能性依次增加,从现实情况来看,徐汇区、普陀区和杨浦区是中心城区优质资源配置较高的区域,也是高学历白领集聚程度较高的区域,这些区域优质资源的变动,更能引起高学历白领的集聚;在郊区中,浦东(1.3345)、嘉定(1.2058)、闵行(0.5377)、松江(0.4165)、宝山(0.2824)的固定效应为正值,且依次减少,说明在自变量变动相同单位的情况下,高学历白领集聚的可能性更高,集聚程度依次降低,这些区域属于上海近郊区,近些年高学历白领集聚程度较其他郊区强,公共资源配置对高学历白领的影响更强;金山(−0.2345)、青浦(−0.4776)、奉贤(−0.4151)、崇明(−1.1722)四个远郊区固定效应为负值,且依次减少,说明在自变量变动相同单位的情况下,这些区域高学历白领集聚的可能性更小,且可能性依次减少。

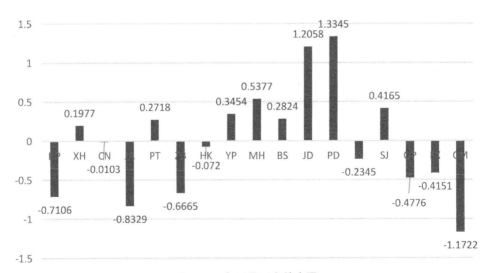

图 5-3　各区县固定效应图

2) 优质公共资源的配置要与人口空间演变特征相结合,方能呈现事半功倍的效果

不同区域公共资源变动对高学历白领集聚影响的程度大致可以分为三类:中心城区核心区、中心城区边缘区、近郊区和远郊区。近郊新城区属于人口导入区,优质资源集聚引起高学历白领集聚的可能性最大、其次是中心城区的边缘

区、中心城区核心区和远郊区固定效应均呈现负数,但又属于两种不同情况。中心城区核心区是优质资源集聚,加之核心区房价本身较高,高学历白领对优质资源配置并不敏感。远郊区优质资源本来较少,区域发展相比近郊区略缓,高学历白领人口分布并不多。由此可见,优质教育资源对高学历白领在居住地区域选择上具有显著作用,但不同区域间的影响程度存在差异。同等资源配置状况下,近郊区高学历白领集聚的可能性最高,其次是中心边缘区、中心核心区、远郊区,这与上海市人口空间演变的规律特征极为重合,这凸显了优质公共资源的配置要与人口空间演变相结合,方能呈现事半功倍的效果。

5.3.4 公共资源配置对人口空间结构影响的时间效应

随着时间的增加公共资源对人口空间结构的影响增强(见图 5 - 4)。面板数据模型给出了模型一的时间效应结果,结果显示,2010 年至 2012 年间,时间效应呈现负值,且绝对值依次减少,2013 年开始,时间效应转为正值,且不断增长,至 2015 年达到 0.1951,说明随着时间的增加,在公共资源配置增加相同单位的情况下,高学历白领集聚的可能性增加了,未来公共资源配置,尤其是优质公共资源配置对高学历白领的指挥棒作用会持续增强。

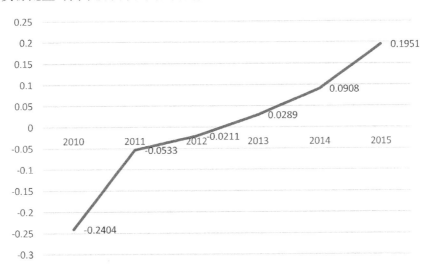

图 5 - 4 时间效应模型

5.4　本章小结

本章主要分析了特大城市公共资源配置对人口空间结构的作用,在特大城市中公共资源,尤其是优质教育资源对高学历白领阶层的居住地影响显著,同时公共资源是影响房价的重要因素,使得人口空间结构与居住贫富差异结合,具体结论如下:

1) 特大城市公共资源配置增量人口空间结构变动的影响分析

采用多元线性回归,结合百度地图和统计年鉴数据,分析公共资源、行政因素、市场房价对上海市人口空间结构变动的作用。结果显示,公共资源中,学校配置、优质教育资源配置、房价是影响是受教育程度变动的因素;教师配置、优质医疗资源配置是影响区域户籍人口和外来人口差异化变动的因素;产业因素对人口空间结构的差异化变动未产生影响。由此可见,公共资源增量是影响人口空间结构变动的重要因素。

2) 特大城市公共资源配置对人口空间结构分布的作用路径

本部分对百度地图公共资源分布数据、2015 年 1%抽样调查数据进行匹配,采用结构方程得出:教育资源通过房价对高学历白领的集聚产生影响,属于完全中介模型;不同类型公共资源对蓝领工人的影响并不显著;高学历白领既对教育资源有需求,也有能力并具备选择教育资源的权利,蓝领工人在居住地选择上,并不能也不具备选择的条件。

3) 特大城市公共资源配置对人口空间结构的时空效应

本部分采用面板数据模型,采用统计年鉴数据,分析各类公共资源对人口空间结构的时空效应。主要的结论有:优质资源配置对高学历白领具有显著的正相关作用,各自变量对蓝领工人群体的影响效果均不明显;从空间效应上看,近郊区、中心边缘区、远郊区和中心核心区的固定效应依次减少,说明公共资源的投入要与人口空间演变的趋势相同,才能发挥更佳作用;从时间效应上来看,随着时间的增长,公共资源配置对高学历白领集聚的影响可能性增加。

第 6 章　公共资源配置视角下特大城市人口空间分异的形成机理

特大城市人口空间流动具有规律性,郊区化是特大城市发展的基本特征,其动力机制中,既具有居民改善居住环境等的主动郊区化,也有生活要素成本驱动的外来人口郊区集中,还有行政权力驱动的被动郊区化。与此同时,在产业、规划的郊区布局同时,公共资源的配套配置滞后于人口郊区化,使得公共资源的空间配置与居民空间需求偏离,导致富有阶层用脚投票,形成人口空间分异。本章首先分析特大城市公共资源配置的路径,揭示特大城市公共资源配置与人口空间演变的路径差异;然后研究政府及市场导向下公共资源配置的依赖路径;分析资本由于逐利性与公共资源的叠加,再加之房地产的建筑质量差异,加剧了人口空间结构在同一区域不同社区间的差异,探究人口空间分异的宏观驱动机制;最后,研究成本及需求导向下人口空间分异的微观形成机制,探究不同阶层人群居住决策差异的主观和客观驱动机制。

6.1　特大城市公共资源配置与人口空间结构演变的路径差异

卫星城镇理论最早来源于霍华德的田园城市,在中心城市周围建立起一圈较小的城镇,形式上如同行星周围的"卫星",在卫星城镇既有就业岗位,又有较完善的住宅和公共设施的城镇,可以控制大城市的过度扩散,疏散过分集中的人口和工业。从国外发达国家城市郊区化的理论与实践来看,卫星城镇公共资源的配置要优先于人口分布,从而引导人口的郊区分散。我国城市规划中亦吸收了卫星城镇的发展理念,早在 20 世纪 80 年代上海市郊区就进行了第二代卫星城建设,此后 90 年代"多心、多敞"的发展布局和近期的新城发展,均受到田园城市理论的影响。在人口郊区的疏导过程中,公共资源郊区配置是引导人口郊区布局的必要条件。

6.1.1　公共资源空间配置特征及路径

随着城市化的进程和发展,城市公共资源配置日益得到社会各界的关注与重视,上海市公共资源的配置由中心城区不断向郊区扩散,根据 2015 年上海市百度 GPS 地图,分别分析三类公共资源的配置状况,第一类,基础交通资源,包括公路、地铁、公共交通,属于基础设施类公共资源;第二类社会公共资源,包括教育、医疗、文化体育;第三类居住环境资源,主要是公园、绿地等。其中,GIS 空间数据是来自 2015 年百度地图的数据,教育资源、医疗资源的数据主要来源于统计年鉴。

1) 基础交通类公共资源空间配置特征

本书采用地铁轨道的分布图和各区县每平方公里地铁轨道长度来分析上海市地铁轨道交通的配置状况,选取公交车站点分布图(见图 6 - 1)和各区县每平方公里公交站点数量来分析上海公交分布状况(见图 6 - 2),选取高速公路分布图和各区县每平方公里高速公路长度来分析上海市各区县高速公路的分布状况。

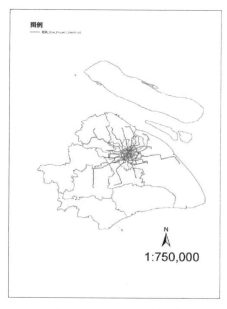

图 6 - 1　上海市地铁线路

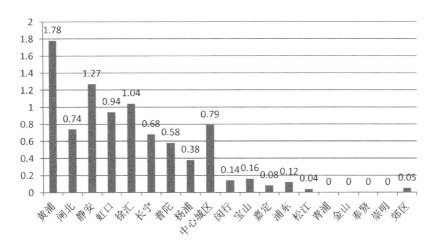

图 6‑2　上海市各区县地铁轨道长度（单位：千米/平方千米）

数据来源：根据百度地区抓取数据计算而得。

中心城区地铁交通状况要好于郊区。从上海市地铁分布的状况来看（见图 6‑3），明显呈现出由中心向郊区扩散的分布模式，中心城区地铁分布密集，郊区则有 1～2 条线路延伸，并且郊区之间的相互通达线路几乎没有。从地铁的可达性计算（见图 6‑4），黄浦区每平方千米地铁长度最长，达 1.78 千米/平方千米，其次是徐汇区（1.04 千米/平方千米），中心城区平均地铁长度为 0.77 千米/平方千米，郊区仅为 0.05 千米/平方千米，金山、奉贤、崇明则没有轨道交通分布，中心城区地铁交通状况要好于郊区。

图例

1:750,000

图 6‑3　上海市公交站点空间分布图

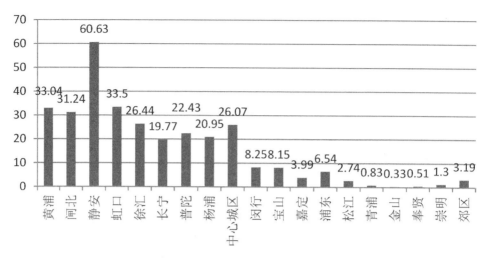

图6-4　上海市各区县公交站点数量（单位：个/平方千米）

数据来源：根据百度地区抓取数据计算而得。

中心城区公交车站密度远高于郊区。从上海市公交站点空间分布图6-5来看，中心城区的公交站点密度远高于郊区，依然呈现出向郊区分散的趋势，进一步计算公交站点的可达性（见图6-6），中心城区平均每公里有26.07个公交站点，是郊区（3.37个）的近9倍，其中静安区公交站点分布最密集，为60.63个/平方千米，其次是虹口（33.5个/平方千米），黄浦（33.04个/平方千米），居前三位，郊区中金山、奉贤、青浦列倒数后三位，每平方千米的站点均不足1个。

图6-5　上海市高速公路空间分布图

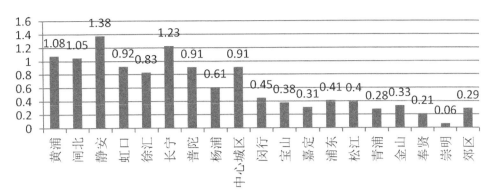

图6-6　上海市高速公路空间分布图(单位:千米/平方千米)

数据来源:根据百度地区抓取数据计算而得。

中心城区高速公路可达性好于郊区。从高速公路分布来看,上海市形成了高速公路密布网,中心城区高速公路密度略高,郊区高速公路分布相对均匀。进一步分析,中心城区平均每公里高速公路为0.91千米,高于郊区(0.29千米/平方千米),中心城区静安区高速公路可达性最高,为1.38千米/千米,其次是长宁区(1.23千米/平方千米),郊区中崇明区高速公路最少,其他区县分布则相对均衡。

2) 社会服务类资源空间演变路径

社会服务类公共资源包括教育、医疗、文化娱乐资源配置的状况。在教育资源配置中,本书主要分析与人口空间分布关系较大的基础教育资源的投入状况,既包括硬件投入,也包括师资投入,还包括优质资源的空间分布状况。

基础教育硬件资源持续向郊区配置。自2003年以来,上海市中心城区与郊区学校数量之比均呈逐年下降趋势(见表6-1),即基础教育资源向郊区配置的态势明显。中心城区与郊区幼儿园投入之比由2003年的0.68下降至2019年的0.42,郊区幼儿园数量是中心城区的两倍还多;小学中心城区与郊区之比由2003年的0.73下降至2015年的0.46,后又略有回升;初中两者之比由2003年的0.94下降至2019年的0.5,郊区初中数量接近中心城区的两倍;中心城区高中数量在2003年要超过郊区,两者之比为1.34,此后自2008年开始,郊区数量超过中心城区,至2019年两者之比达到0.62。幼儿园、小学、初中、高中向郊区配置的态势是依次滞后的,这受到人口自然变动和郊区化的双重影响,近些年第四次出生高峰叠加全面二孩政策,使得出生人数增多,加之人口郊区集聚强度不断增加的作用,表现出基础教育资源依次向郊区配置的特点。

表 6-1　历年上海市基础教育学校配置状况

	幼儿园			小学			初中			高中		
	市区（所）	郊区（所）	市区/郊区	市区（所）	郊区（所）	市区/郊区	市区（所）	郊区（所）	市区/郊区	市区（所）	郊区（所）	市区/郊区
2003	411	601	0.68	287	395	0.73						
2004	420	595	0.71	274	370	0.74	169	180	0.94	87	65	1.34
2005	422	611	0.69	271	366	0.74	158	184	0.86	81	65	1.25
2006	420	634	0.66	266	359	0.74	151	187	0.81	74	69	1.07
2007	419	634	0.66	263	351	0.75	146	190	0.77	73	68	1.07
2008	424	629	0.67	260	410	0.63	146	203	0.72	70	71	0.99
2009	423	688	0.61	253	498	0.51	141	204	0.69	61	72	0.85
2010	462	790	0.58	249	517	0.48	137	210	0.65	59	72	0.82
2011	462	875	0.53	248	516	0.48	136	222	0.61	58	76	0.76
2012	466	935	0.5	247	514	0.48	135	221	0.61	58	78	0.74
2013	463	983	0.47	245	514	0.48	131	224	0.58	54	80	0.68
2014	461	1001	0.46	244	513	0.48	131	227	0.58	53	83	0.64
2015	462	1048	0.44	242	522	0.46	129	233	0.55	56	85	0.66
2016	471	1082	0.44	238	515	0.46	127	235	0.54	53	85	0.62
2017	474	1117	0.42	268	473	0.57	127	242	0.52	53	85	0.62
2018	486	1141	0.43	267	454	0.59	124	245	0.51	55	88	0.63
2019	494	1176	0.42	265	433	0.61	124	246	0.5	55	89	0.62

数据来源：上海市教育事业统计，其中部分年份数据缺失。

基础教育专任教师资源向郊区配置，但态势略滞后于硬件投入。与学校数量配置相同的是，各阶段基础教育资源师资力量的投入也表现出郊区化配置的态势，具体来看（见表 6-2），幼儿园中心城区与郊区教师数量之比由 2003 年的 0.81 减少至 2019 年的 0.36，郊区投入的力度要高于硬件投入；小学两者之比由 2003 年的 0.57 减少至 2015 年的 0.4，此后略有回升，2019 年达到 0.48，投入力度要略弱于小学硬件的投入力度；初中两者之比由 2004 年的 0.67 下降至 2019 年的 0.48，高中则由 2004 年的 0.87 减少至 2019 年的 0.76。可见，除幼儿园以外，师资力量郊区投入的趋势要略滞后于硬件投入。

表 6-2　历年上海市基础教育专任教师配置状况

	幼儿园			小学			初中			高中		
	市区 (人)	郊区 (人)	市区/ 郊区	市区 (人)	郊区 (人)	市区/ 郊区	市区 (人)	郊区 (人)	市区/ 郊区	市区 (人)	郊区 (人)	市区/ 郊区
2003	11000	13600	0.81	13900	24600	0.57						
2004	11013	14485	0.76	13354	23938	0.56	13497	20002	0.67	8201	9450	0.87
2005	11084	16690	0.66	13170	24013	0.55	12890	20119	0.64	8197	9858	0.83
2006	11680	18658	0.63	12950	24407	0.53	12361	20901	0.59	7968	10062	0.79
2007	11569	20320	0.57	13298	25028	0.53	12195	21102	0.58	7842	10109	0.78
2008	11914	21662	0.55	11077	27575	0.4	11801	21261	0.56	7565	9636	0.79
2009	12040	23945	0.5	13447	30831	0.44	11862	21755	0.55	7424	9472	0.78
2010	12957	27898	0.46	13435	31804	0.42	11812	22200	0.53	7230	9499	0.76
2011	13369	32425	0.41	13399	32855	0.41	11868	22638	0.52	7234	9362	0.77
2012	13773	35261	0.39	13780	34286	0.4	12217	22985	0.53	7232	9356	0.77
2013	14042	36980	0.38	14148	35624	0.4	12215	23834	0.51	7130	9470	0.75
2014	14572	38780	0.38	14647	36834	0.4	12598	24535	0.51	7369	9612	0.77
2015	10048	26554	0.38	14966	37355	0.4	12573	24991	0.5	7597	9801	0.78
2016	10505	27772	0.38	17190	36199	0.47	12644	25444	0.5	7787	9882	0.79
2017	10805	29301	0.37	17687	37010	0.48	12922	26354	0.49	7796	10141	0.77
2018	11064	30321	0.36	18328	38475	0.48	13337	27659	0.48	7936	10414	0.76
2019	11393	31778	0.36	19353	40098	0.48	14164	28909	0.49	8019	10590	0.76

数据来源：上海市教育事业统计 http：//edu.sh.gov.cn/xxgk2_zhzw_tjsj_01/index_2.
html。

中心城区各区域基础教育资源可达性好于郊区。从密度上看（见图 6-7、图 6-8、图 6-9），无论是幼儿园、小学还是中学，中心城区学校的密度均要高于郊区，但三者比较而言，幼儿园的密度高于小学、中学。

进一步从可达性来看硬件投入状况（见表 6-3），中心城区幼儿园每平方千米有 1.6 所，是郊区的（0.17）的近 10 倍，中心城区小学每平方千米 0.84 所，是郊区（0.09 所）的 9 倍，中学每平方千米 1 所，是郊区（0.08 所）的 10 倍多，中心城区学校的可达性要远好于郊区。

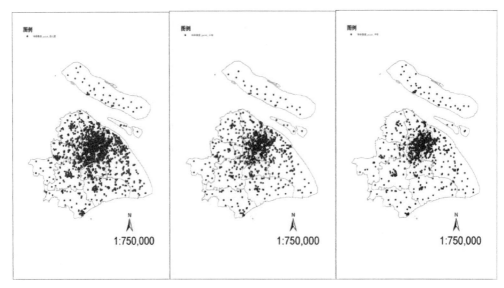

图 6-7　上海市幼儿园空间　　图 6-8　上海市小学空间　　图 6-9　上海市中学空间
　　　　　分布图　　　　　　　　　　　分布图　　　　　　　　　　分布图

表 6-3　2015 年上海市各区县每平方公里基础教育资源数量　　单位:所/平方千米

	幼儿园	小学	中学		幼儿园	小学	中学
全市	0.24	0.12	0.12	闵行	0.47	0.18	0.18
黄浦	2.3	1.42	1.76	宝山	0.59	0.27	0.21
徐汇	1.55	0.8	0.71	嘉定	0.16	0.09	0.08
长宁	1.02	0.6	0.68	浦东	0.24	0.14	0.13
静安	2.62	1.57	1.97	金山	0.06	0.05	0.05
普陀	1.4	0.46	0.84	松江	0.18	0.06	0.06
闸北	2.05	1.13	1.26	青浦	0.13	0.07	0.04
虹口	2.22	1.41	1.66	奉贤	0.12	0.05	0.06
杨浦	1.35	0.71	0.82	崇明	0.03	0.02	0.03
中心城区	1.6	0.84	1	郊区	0.17	0.09	0.08

数据来源:根据上海市教育事业统计计算而得。

　　中心城区优质资源增速和分布均高于郊区。从各阶段重点学校的数量来看(见表 6-4),中心城区幼儿园 25 所,高于郊区 16 所,与 2010 年相比较,2015 年全市示范幼儿园数量快速增加,但中心城区增加的数量远超过郊区。重点小学

59 所,高于郊区 49 所,2015 年重点小学数量变化并不大,2020 年中心城区和郊区重点小学变化较大,在 2020 年的统计中,重点小学不仅包括原有的重点小学,也包括近些年发展较快、口碑较好的小学,近年上海市通过教师轮岗、帮扶、集团化等措施进行了义务教育资源的均等化,取得了不小成效,小学的品牌效应凸显。2010 年重点初中 45 所,高于郊区 10 所,2020 年全市重点初中数量增加,郊区重点初中引入较多,优质教育均等化的后发力量凸显。在调研中发现,家长之所以重视优质义务教育资源,不仅仅是这些义务教育资源本身就存在优势,而且是不同区域之间重点高中的差异,重点高中意味着"985""211"等名校的升学率,重点高中除几所市属重点高中是全市招生外,其余高中或多或少会对区域考生有所偏向,2020 年上海市重点高中学额进一步向郊区倾斜,状况有所缓解。由于义务教育没有官方公布的重点学校之说,所谓"重点"更多是口口相传,更具有主观判断;2020 年中心城区拥有 38 所示范性高中,高于郊区 31 所,两者之间差距不断缩小。

表 6 - 4　上海市各区县优质基础教育资源配置数量　　　　　单位:所

	幼儿园			小学			初中			高中		
	2010	2015	2020	2010	2015	2020	2010	2015	2020	2010	2015	2020
黄浦	1	5	5	13	13	12	11	11	11	7	7	9
静安		6	6	7	7	15	9	11	12	7	7	7
虹口	1	3	4	5	5	14	4	5	12	4	4	5
徐汇	1	2	4	14	14	8	5	9	14	5	5	6
长宁	1	3	5	5	4	10	6	10	7	2	3	3
杨浦		3	5	10	10	11	5	9	10	5	5	5
普陀	1	3	3	6	6	12	5	8	10	3	3	3
中心城区	5	25	32	60	59	82	45	63	76	33	34	38
闵行	1	1	3	9	10	19	2	5	12	2	2	6
嘉定		1	3	9	9	9	2	3	9	1	1	2
松江		1	1	6	6	6	2	4	10	1	2	2
浦东	2	6	7	14	14	17	8	17	15	7	8	9
宝山		3	4	8	8	11	3	4	11	3	3	3
金山		1	1			6	4	3	10	2	2	2
青浦	1	1	3	2	2	7	2	2	2	2	2	3

（续表）

	幼儿园			小学			初中			高中		
奉贤	1	1	2		5	2	2	2	10	1	1	2
崇明		1	1			2			6	1	1	2
郊区	5	16	25	48	49	80	27	38	90	20	22	31

数据来源：实验幼儿园和高中数据来源于上海教育，其余数据调研而得，重点高中包括委属高中、市重点高中、市重点高中分校或校区。

中心城区优质师资力量比重高于郊区。在对义务阶段校长的访谈中发现，优质教育的供给体现在两个方面，首先是优秀教师的带动作用。对全市特级教师的数量进行分析，自 2009 年以来，上海市进行了四次特级教师的评选，特级教师享受特别津贴，他们是中小学、职业教育中最为优秀的教师，本书选取了2009、2011、2014、2017 年四年的特级教师的数量（见表 6-5），中心城区三年累计特级教师 141 人，郊区 166 人，郊区比中心城区略多 25 人。

表 6-5　历年上海市特级教师数量　　　　　单位：人

	2009	2011	2014	2017	累计		2009	2011	2014	2017	累计
黄浦	4	3	3	2	10	闵行	6	6	4	7	16
卢湾	2	3	2		7	嘉定	1	3	3	4	7
静安	3	5	6	6	14	松江	3	5	4	4	12
虹口	6	2	3	4	11	浦东	14	14	14	12	42
徐汇	4	3	11	6	18	宝山	2	5	4	5	11
长宁	4	4	3	4	11	金山	1		3	3	4
杨浦	4	4	6	9	14	青浦	3	3	3	5	9
闸北	4	1	5		10	奉贤	3	4		2	7
普陀	3	3	3	6	9	崇明	2	4	1	2	7
中心城区	34	28	42	37	141	郊区	35	44	36	51	166

数据来源：根据历年上海市公布的特级教师数量汇总而来。

其次是校长有效的管理能力。自 1994 年起，上海市率先实行校长职级制。2001、2005、2009、2012、2015、2018 年历年特级校长总量（见表 6-6），中心城区特级校长总量高于郊区，2015 年之前每年中心城区特级校长增量均高于郊区，

2018年首次出现了郊区高于中心城区。

表 6 - 6　历年上海市特级校长数量　　　　　　单位：人

	2009	2012	2015	2018	历年累计		2009	2012	2015	2018	历年累计
黄浦	3	3	4	4	33	闵行	1	3	3	3	21
						嘉定	1	2	2	3	18
静安	4	7	7	6	41	松江	1	2	0	5	12
虹口	1	3	4	4	15	浦东	5	4	6	12	30
徐汇	2	4	4	7	29	宝山	2	2	2	5	19
长宁					19	金山	1	2	2	4	13
杨浦	2	4	3	9	31	青浦	2	2	1	5	18
						奉贤	0	2	2	1	10
普陀	2	4	3	5	22	崇明	1	2	1	4	12
中心城区	**14**	**25**	**25**	**33**	**190**	**郊区**	**14**	**21**	**19**	**42**	**153**

数据来源：根据历年上海市公布的特级校长数量汇总而来。

由此可见，郊区优质资源配置的力度加强，但与常住人口的导入相较而言，尚不能匹配。

中心城区医疗机构可达性好于郊区。上海市社区卫生服务中心做到了全覆盖，从密度来看，中心城区社会卫生服务中心的密度更加密集（见图6-10、图6-11），这就意味着中心城区可达性好于郊区，中心城区每平方千米拥有2.1所社区卫生服务中心，而郊区仅有0.27所。

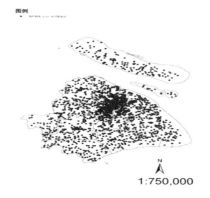

图 6 - 10　上海市社区卫生服务中心空间分布图

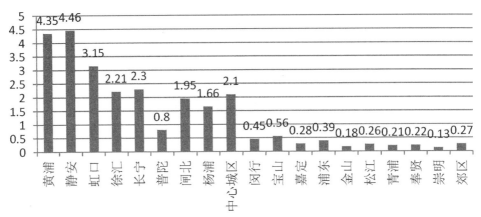

图 6‑11　上海市各区县社区卫生服务中心（单位：所/平方千米）

　　2015 年中心城区医疗机构 1 581 所，比 2010 年（1 414 所）增加了 167 所，郊区 3 435 所医院，比 2010 年（1 856 所）增长了近两倍，郊区的医院数量远高于中心城区。从医院的可达性来看（见图 6‑12、图 6‑13），中心城区医院密度更高，每平方千米医院为 1.38 所，郊区仅为 0.07 所。

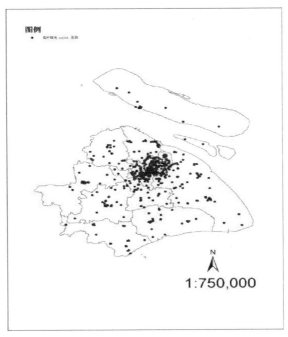

图 6‑12　上海市医院空间分布图

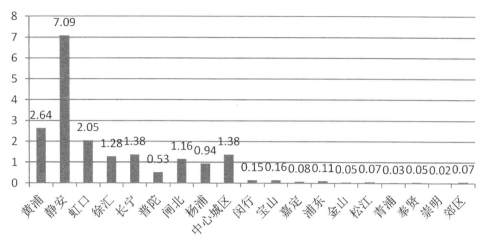

图 6-13　2015 年上海市各区县医院可达性(单位:所/平方千米)

　　中心城区医疗机构医生、床位数配置依然高于郊区。医疗机构除了数量配置以外,还包含医生、床位的配置状况,对比 2010、2015、2019 三年的状况来看(见表 6-7),2010 年中心城区床位数 56 585 张,郊区为 48 498 张,两者之比为 1.17∶1,中心城区医生数 28 105 人,郊区为 23 173 人,两者之比为 1.21∶1。2015、2019 年中心城区、郊区机构床位数、医生数两者之比并未发生太大变化,无论是从医疗机构的床位数,还是从医生数的配置来看,中心城区数量要高于郊区,且 2015—2019 年间郊区的医生增幅依旧不及中心城区。与教育资源不同,医疗资源具有开放性,但从空间可达性来看,郊区医疗资源的便利程度差,拥挤程度较高。

表 6-7　2010—2019 年上海市各区县医疗机构床位数、医生数　　　　单位:个

	2010		2015		2019			2010		2015		2019	
	床位	医生	床位	医生	床位	医生		床位	医生	床位	医生	床位	医生
黄浦	10247	5573	11147	6119	13552	8314	浦东	15164	7646	17818	9800	20427	11063
徐汇	13268	5832	15146	7518	17267	8967	闵行	7514	3195	7616	3979	12573	5300
长宁	4694	2754	4857	3282	7839	4242	宝山	4672	2421	6655	3363	10119	3576
静安	10101	5167	13223	6037	13924	7165	嘉定	3023	1955	4202	2768	5533	3517
普陀	5324	2545	6776	3171	7837	3924	金山	3746	1641	4057	1980	4431	2315
虹口	6556	3117	6844	3629	8061	4102	松江	4087	2095	4436	2298	5382	2735
杨浦	6395	3117	8194	3609	14284	5940	青浦	2265	1361	3410	1765	4490	2314

（续表）

	2010		2015		2019			2010		2015		2019	
	床位	医生	床位	医生	床位	医生		床位	医生	床位	医生	床位	医生
城区	56585	28105	66187	33365	82764	42654	奉贤	4553	1471	5306	2039	5307	2394
总计	105083	51278	122813	63118	154637	77729	崇明	3474	1388	3126	1761	3611	1861
城区/郊区	1.17	1.21	1.17	1.12	1.15	1.21	郊区	48498	23173	56626	29753	71873	35075

数据来源：根据上海市统计年鉴数据计算而得。

　　三级医院郊区倾斜投入，但中心城区优质医疗资源仍然多于郊区。优质医疗资源主要是三级甲医院，在 2010—2015 年，上海市优质医疗资源引入郊区进行了两次调整和规划。2008 年末，上海市进行了新一轮医疗资源大调整，实施了"5＋3＋1"工程，分别在郊区引入医疗资源，其中"5"是指在浦东、闵行、南汇、宝山、嘉定等 5 个区分别引入长征、仁济、六院、华山、瑞金等三级医院；"3"即对崇明、青浦和奉贤等 3 个区的中心医院，按照医院等级评审标准，对人员配置等进行评审，评审后升级为三级医院。这些三级医院多数在 2012 年左右建成开业[245]。结合现有上海市三级医院数量进行倒推，分析 2010、2019 年上海各区县三级医院的数量变动（见表 6-8）。2019 年，上海市三级医院中，中心城区有 33 所，郊区仅为 21 所，其中中心城区三甲等医院有 31 所，郊区仅为 12 所，与 2010 年相比较，三级医院主要增加在郊区，由原来的 14 所增加至 21 所，但上海市常住人口表现出向郊区快速集聚的态势，与优质医疗资源的分布依然极度不符，造成了郊区居民看病的不便。

表 6-8　2010、2019 年上海市三级医院变动状况

单位：所

	2010	2019			2010	2019	
	三级医院	三级医院	其中：三级甲		三级医院	三级医院	其中：三级甲
黄浦	6	6	6	闵行	2	3	1
静安	5	5	5	嘉定	0	1	1
虹口	3	3	3	松江	1	1	1
徐汇	8	8	8	浦东	7	8	5
长宁	3	3	2	宝山	2	3	3

（续表）

	2010	2019			2010	2019	
	三级医院	三级医院 其中:三级甲			三级医院	三级医院 其中:三级甲	
杨浦	5	5	4	金山	2	2	1
普陀	3	3	2	青浦	0	1	0
中心城区	33	33	31	奉贤	0	1	0
全市	47	54	43	崇明	0	1	0
				郊区	14	21	12

数据来源：根据调研数据及相关政策计算而得。

　　中心城区影剧院可达性好于郊区。文化体育场馆中,文化场所主要包括影剧院的分布状况,体育场馆主要分析公共运动场馆的分布状况。

　　从上海市影剧院的可达性来看(见图 6‑14、图 6‑15),中心城区密度高于郊区,每平方千米有 0.238 所影剧院,远高于郊区(0.011 所),中心城区影剧院的可达性更好。

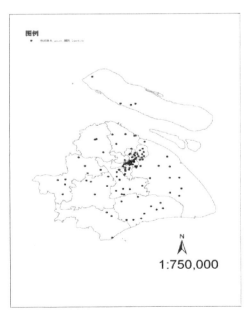

图 6‑14　上海市影剧院分布

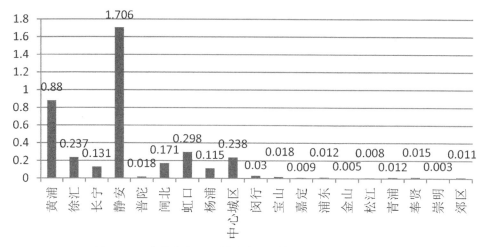

图6-15　上海市各区县影剧院可达性(单位:所/平方千米)

数据来源:根据百度抓取数据计算而得。

中心城区公共体育场馆可达性好于郊区。从公共体育场馆的分布来看(见图6-16、图6-17),中心城区每平方千米拥有公共运动场馆0.95所,是郊区(0.05所)的近20倍,中心城区公共体育场馆的可达性更佳。

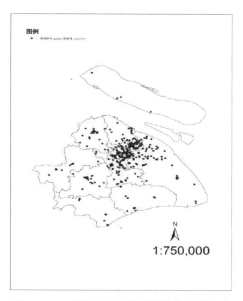

图6-16　上海市各区县公共体育场馆分布

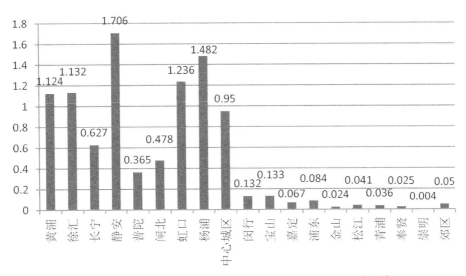

图 6-17　上海市各区县公共体育场可达性（单位：所/平方千米）

数据来源：根据百度抓取数据计算而得。

3）居住环境类资源空间配置路径

中心城区绿地面积与郊区相差悬殊。从上海市公园绿地分布图来看,呈现出星星点的分布状态,根据上海市统计年鉴统计的 2016 年上海市各区县城市绿地和公园分布来看(见图 6-18),中心城区绿地面积 6 475.1 公顷,占上海市绿地总面积的 5%,郊区绿地则占全市的 95%,城乡间绿地面积相差较为悬殊。

图 6-18　上海市公园绿地分布

郊区公园数量大幅上升,但面积仅为郊区的 1/2。从公园数量来看(见表 6-9),2015 年以前,有半数多分布在中心城区,其余分布在郊区,2019 年郊区公园数量大幅上升。无论从公园面积还是绿地面积来看,郊区占有绝对优势。

表 6-9 2015 年上海市各区县城市绿地及公园分布状况 单位:公顷、个

地 区	2010		2015			2019		
	城市绿地面积	公园数	城市绿地面积	公园数	公园面积	城市绿地面积	公园数	公园面积
黄浦区	259.71	12	270.22	12	65.69	286.53	17	69.91
徐汇区	1230.96	11	1317.39	11	136.88	1401.95	15	146.27
长宁区	1014.94	13	1049.96	13	135.38	1120.76	18	153.93
静安区	101.07	3	111.51	3	9.52	806.11	18	126.81
普陀区	1141.43	16	1285.37	18	81.16	1437.28	26	94.31
闸北区	601.94	7	643.6	7	86.88			
虹口区	405.14	9	410.08	9	62.24	428.62	13	65.33
杨浦区	1361.04	14	1386.97	15	218.8	1459.50	20	246.28
中心城区	6116.23	85	6475.1	88	796.55	6134.64	127	902.84
浦东新区	25796.53	20	27200.13	26	560.44	31748.93	48	790.38
闵行区	7950.44	10	8509.81	10	119.02	9896.75	45	292.74
宝山区	6179.16	10	6700.32	15	374.39	7883.85	32	533.14
嘉定区	7339.46	5	8510.47	6	106.06	10001.96	28	181.85
金山区	8471.83	7	8888.56	7	13.89	11608.25	12	29.20
松江区	12519.22	5	12498.07	5	239.09	14607.85	24	337.71
青浦区	10136.55	3	10368.68	3	143.09	14096.93	17	199.08
奉贤区	9679.64	1	10208.58	2	29.09	14556.42	15	107.81
崇明区	25959.14	2	27972.53	3	25.61	36443.38	4	28.23
郊区	114031.97	63	120857.2	77	1610.68	150844.32	225	2500.14
总 计	120148.20	148	127332.2	165	2407.24	157785.08	352	3402.98
中心城区/郊区	0.05	1.35	0.05	1.14	0.49	0.04	0.56	0.36

数据来源:根据上海市统计年鉴数据计算而得。

总的来看,交通类公共资源、社会服务类公共资源的分布都表现出中心城区好于郊区的趋势。近些年,部分社会类公共资源,如教育、医疗资源出现了郊区倾斜投入的状态,但无论是从资源的可达性上,还是从优质资源分布来看,中心城区依然好于郊区;居住环境类资源的配置则表现出郊区优于中心城区的特点。

6.1.2　公共资源配置滞后于人口空间扩张

本小节试图分析常住人口空间变动与不同类型公共资源配置的路径差异。限于历年公共资源数据的可得性,以社会服务类公共资源、居住类公共资源为例进行实证分析,其中社会服务类公共资源主要选取基础教育、医疗服务配置的状况,居住环境类公共资源主要选择公园面积配置的状况来反映。

1) 基础教育资源学校郊区化配置与常住人口郊区化的差距缩小

通过散点图来分析两者之间的关系(见图6-19)。自2004年以来,中心城区与郊区常住人口之比依次小于幼儿园、小学、初中、高中学校之比,这说明,常住人口的郊区分布是先于幼儿园学校的郊区配置,先于小学学校的郊区配置,先于初中学校的郊区配置,先于高中学校的郊区配置。其中幼儿园、小学、初中、高中城乡比曲线与常住人口比曲线差异并不大,但2016年以后,小学城乡比曲线与常住人口比区县差距加大,即基础教育资源学校的郊区配置虽略后于常住人口郊区,但紧跟常住人口郊区配置的步伐。

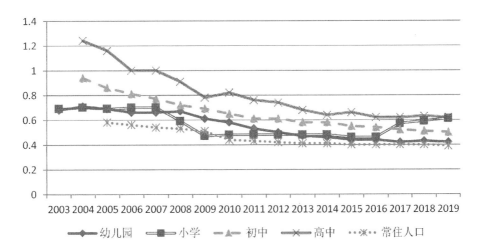

图6-19　历年上海市中心城区与郊区各阶段基础教育学校之比、常住人口之比

数据来源:根据上海市历次人口普查数据、上海市教育事业统计计算而得。

2) 低龄阶段学校师资与常住人口郊区化速度差异几乎消失,高龄阶段师资配置则差距加大

再通过中心城区与郊区常住人口之比(见图 6-20),与学校教师之比来进一步分析,中心城区与郊区幼儿园教师之比在 2011 年之前均是高于常住人口之比,幼儿园教师郊区配置的趋势远滞后于常住人口郊区集中的趋势,而在 2011 年以后幼儿园教师比值与常住人口比值几乎重合,小学教师之比一直与常住人口之比相差不大,几近重合。2016 年以后中心城区小学投入略有增加,又高于常住人口比值,初中、高中教师之比则高于常住人口之比,这说明,随着学前教育的重视和普及,近些年郊区教师投入快速增加,尤其是进入第四次出生高峰以后,对教师的需求量大大增加,其郊区化配置的力度赶上了常住人口郊区集中的速度。由此可见,"十二五"以来,幼儿园、小学师资的配置与常住人口郊区集中的态势持平,初中、高中师资的配置则要滞后于常住人口郊区集中的态势,且随着时间的增加,差距在加大。

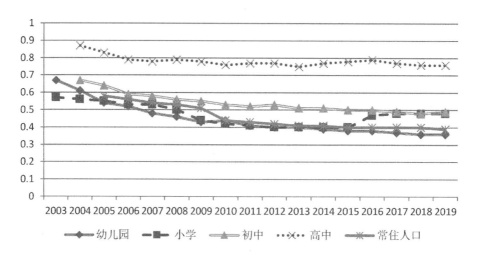

图 6-20 历年上海市中心城区与郊区各阶段基础教育教师之比、常住人口之比
数据来源:根据上海市历次人口普查数据、上海市教育事业统计计算而得。

3) 医疗资源硬件投入与常住人口郊区化速度差异减少,但软件投入差异并没有显著变化

自 2003 年以来,中心城区与郊区常住人口之比依次小于医院数、床位数、医生数量、卫生技术人员数量之比(见图 6-21)。这说明,常住人口的郊区分布是

先于医院数量配置、先于床位数量配置、先于医生数量配置、先于卫生技术人员的郊区配置,与教育资源配置的过程类似,医疗资源的配置,尤其是医生等软件的配置是远滞后于常住人口郊区集中的进程。随着时间的推移,2013 年开始,郊区医院数量快速增加,使得中心城区与郊区之间医院数量之比几乎与常住人口之比重合,但卫生技术人员、医生数的曲线变化与常住人口之比的走势几乎相同,差距并没有变化,说明虽然医疗人员数量出现了郊区化布局,但相较于中心城区的配置,郊区依然有一定差异,且近些年差距并未有太大缩小。

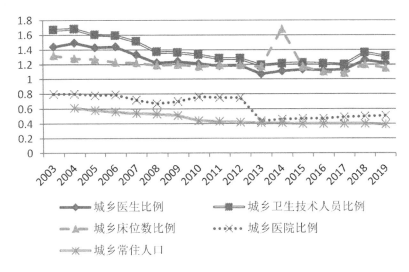

图 6‐21　历年上海市中心城区与郊区医疗资源数量之比、常住人口之比

数据来源:根据上海市历次人口普查数据、上海市统计年鉴数据计算而得。

4) 居住环境类公共资源与常住人口郊区化的速度并未有显著变化

由图 6‐22 看出,城乡公园向郊区的配置要晚于常住人口郊区演变的趋势,中心城区公园数量要高于郊区,随着时间的增长,至 2016 开始,郊区公园数量增加,两者之间的差异加大;但无论是城乡园林绿地面积还是公共绿地面积的比来看,郊区配置的趋势均是要高于常住人口郊区布局的趋势,郊区园林面积和绿地面积均远高于中心城区,但是随着时间的推移,园林绿地面积与常住人口的变化趋势一致,两者的差异并未发生太大变化。城乡公共绿地面积之比一直未有太大变化,呈一根直线,并未受到城乡常住人口之比的影响,由此可见,郊区在绿地资源上更具优势,吸引了人口为改变居住的自然环境向郊区扩散。

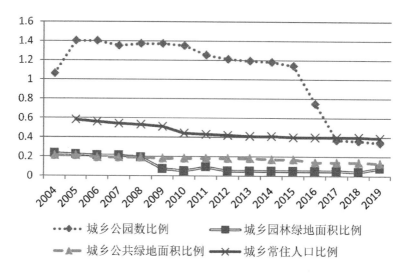

图 6 - 22　历年中心城区与郊区居住环境类资源数量之比、常住人口之比

数据来源：根据上海市历次人口普查数据、上海市统计年鉴数据计算而得。

由此可见，从空间效应上看，在城市化进程中，中心城区人口先向郊区扩散，然后教育、医疗、公园数量配置是滞后于人口扩散的，与其说绿地面积等郊区配置的速度要先于常住人口郊区的演变，不如说郊区在绿地面积上等自然资源中本来就存在优势；从时间效应来看，近些年上海市在郊区公共资源补短板上下了较大功夫，其中发展类公共资源配置补短板的力度较大，主要表现在硬件投入上，但在软件投入上，幼儿园、小学的师资投入补短板的力度较大，中学师资力量和医疗人员配置上差距依然存在，而中学师资力量投入差距有扩大趋势。

6.1.3　优质公共资源配置难以满足特定人群需求

优质资源之所以称之为优质，很大程度上是因为它的稀缺性，既是大家迫切需求的，又面临着供不应求的问题，就我国当前发展阶段而言，医疗和教育这两类关乎个人发展的公共资源是居民迫切需求的，也是供求矛盾最突出的资源，因此，在本章中对优质公共资源的分析，主要集中在这两类资源。

1）外来人口的郊区化超过普通资源配置郊区分布，户籍人口郊区配置的状况略晚于普通资源，但要早于优质资源的郊区布局

本章分别计算了郊区与中心城区各资源之比（见图 6 - 23），首先从空间效应上看，重点学校和普通学校之比与户籍人口和外来人口之比进行分析，户籍人

口、外来人口和普通学校之比均超过 1,说明均出现了郊区化现象,而外来人口远超过各普通学校之比,说明外来人口的郊区化远先于普通学校的郊区化,更超过优质资源的郊区化。户籍人口滞后于幼儿园、小学普通学校郊区化的趋势,但却早于普通初中、高中郊区化的趋势,且早于重点学校的郊区化布局;从两年城乡之比的增速来比较时间效应,分别计算了五年内各类学校和各类人口城乡比的平均年增长率,结果显示,外来人口的郊区化年平均速度为 3.9%(由 4.18 增长至 5.05),仅普通幼儿园的郊区化年增速超过其增速,为 5.8%(由 1.71 增长至 2.27),普通小学、初中、高中及优质教育资源均低于其增速,重点幼儿园甚至出现负增长(由 1 减至 0.64)。

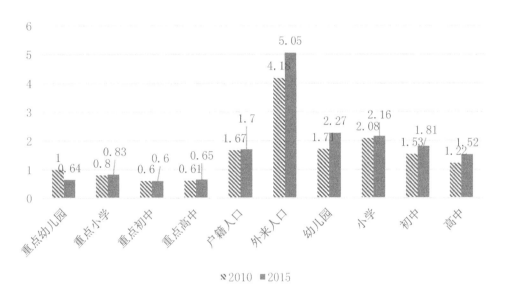

图 6 - 23　2010、2015 年郊区与中心城区重点学校、不同户籍人口和普通学校之比

数据来源:根据上海市历次人口普查数据、上海市教育事业数据计算而得。

通过教师状况来看城乡间师资变化的状况(见图 6 - 24),外来人口郊区化的趋势超过各类基础学校专任教师郊区化的步伐。户籍人口郊区化的程度则滞后于幼儿园、小学、初中专任教师郊区化的程度,但高于高中专任教师、特级教师和特级校长之比;从两年数据比较来看,各类学校专任教师郊区化程度加深,外来人口郊区与中心城区之比的年平均增速为 3.9%(由 4.18 增长至 5.05),快于幼儿园专任教师、小学专任教师、初中专任教师增速,特级教师、特级校长和高中专任教师增速则为负,出现逆郊区化状态。

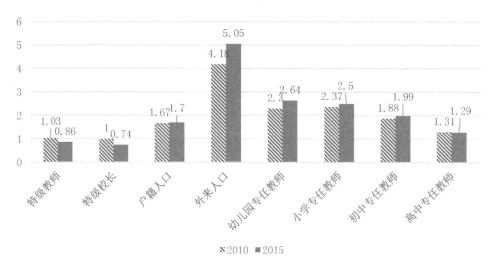

图 6‑24   2010、2015 年郊区与中心城区特级教师、不同户籍人口和专任教师之比

数据来源:根据上海市历次人口普查数据、上海市教育事业数据计算而得。

从空间效应来看(见图 6‑25),医院数量和床位数均超过 1,而三级医院和三级甲等医院则小于 1,说明中心城区优质医疗资源的配置远高于郊区,与 2010年相比较,普通医院数量和三级医院数量略有向郊区倾斜配置,但三甲医院数量没有发生变化,郊区与中心城区床位数之比也未发生变化。外来人口郊区化布局超过普通医疗资源的郊区配置;从时间效应来看,郊区与中心城区之比的增速中,普通医院数量年平均增长率最快,为 10%(由 1.31 增长至 2.11),三级医院数量增速为 8.8%(由 0.42 增长至 0.64),但三甲医院和医院床位数增速为 0。

由此可见,外来人口的郊区化是超过普通资源郊区分布的,户籍人口郊区配置的状况略低于普通资源配置,但要高于优质资源的郊区布局,普通公共资源在空间配置的时候是以户籍人口为主,并只考虑了部分外来人口的需求;从时间上看,近五年来,部分普通资源,如幼儿园学校、医院、三级医院向郊区倾斜投入,但优质资源,如重点小学、重点初中等的郊区倾斜投入并不明显,甚至特级教师、特级校长、三甲医院出现了中心城区增速布局的趋势,优质资源中心城区布局的优势并未减少。

2) 高中及以上学历人口郊区布局滞后于普通资源配置,早于优质资源配置,低学历人口不受公共资源配置影响

从图 6‑26 可见,各受教育程度人口均出现郊区化趋势,但是随着受教育程度的提高,郊区布局减弱,且与 2010 年相比,高中以上学历人口郊区化程度减

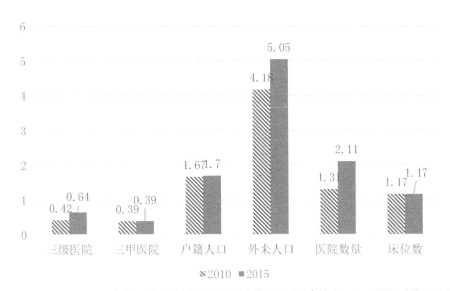

图 6‑25　2010、2015 年郊区与中心城区优质医疗资源、不同户籍人口和普通医疗资源之比

数据来源:根据上海市历次人口普查数据、上海市统计年鉴数据及调研数据计算而得。

弱。与各类学校比较,初中及以下受教育程度人口的郊区化程度均高于各阶段普通基础学校郊区化的布局,并未受到教育资源配置的影响;高中及以上学历人口郊区化布局滞后于各类普通基础教育学校,先于重点学校郊区化布局。

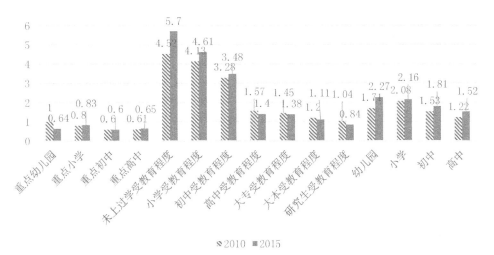

图 6‑26　2010、2015 年郊区与中心城区重点学校、不同受教育程度人口和普通学校之比

数据来源:根据上海市历次人口普查数据、上海市教育事业数据及调研数据计算而得。

师资的配置规律与各类学校数量配置规律大致相同（见图 6 - 27），不同的是，与 2010 年相比，2015 年特级教师、特级校长的郊区化趋势下降，高中专任教师之比略有下降，与高中及以上受教育程度郊区化下降的趋势更为吻合。

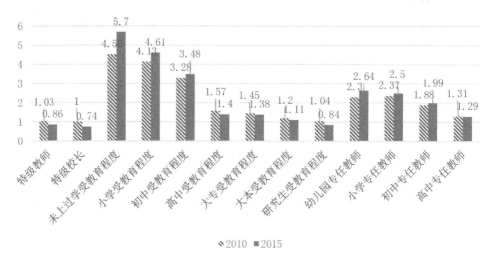

图 6 - 27　2010、2015 年郊区与中心城区特级教师、不同受教育程度人口和专任教师之比
数据来源：根据上海市历次人口普查数据、上海市教育事业数据计算而得。

2015 年三级医院、各类医院的郊区化程度加深（见图 6 - 28）。2010 年大本以上学历人口的郊区化布局略滞后于医院郊区化布局，但 2015 年高中、大专学历人口的郊区化布局也开始低于普通医院郊区化布局。

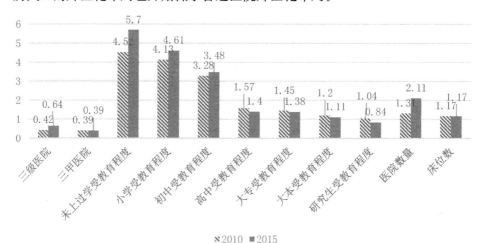

图 6 - 28　2010、2015 年郊区与中心城区优质医疗资源、不同受教育程度人口和普通医疗资源之比
数据来源：根据上海市历次人口普查数据、上海统计年鉴数据计算而得。

由此可见,高中及以上学历人口的空间郊区化布局滞后于普通资源配置,而早于优质资源的配置,初中及以下学历人口则不受资源配置的限制。

3)第一、二产业人口空间分布不受资源影响,白领郊区化滞后于普通公共资源,早于优质公共资源郊区配置

不同职业的郊区化程度差异较大,其中农林牧渔生产人员郊区化布局最高,2010 年郊区与中心城区之比为 73.24,2015 年则增加至 152.04。其次是生产运输设备操作人员,2010 年郊区与中心城区之比为 8.22,2015 年增加至 19.94,远高于其他各类公共资源的配置,为了较明显比较第三产业人口郊区分布的特征,图 6 - 29 剔除了第一、第二产业和不便分类从业人员。

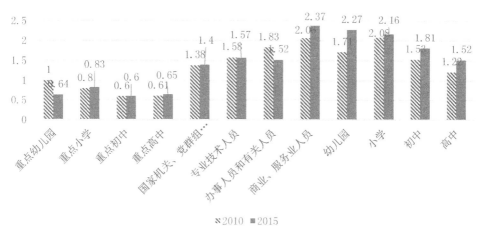

图 6 - 29　2010、2015 年郊区与中心城区重点学校、不同职业人口和普通学校之比

数据来源:根据上海市历次人口普查数据、上海市教育事业数据计算而得。

与 2010 年相较,2015 年国家机关、党群组织、企事业单位负责人、专业技术人员郊区化程度未发生较大变化,滞后于各类普通基础教育学校之比,与各类重点学校之比更为吻合;办事人员和有关人员郊区化程度略有下降,滞后于各类普通基础教育学校之比,高于各类重点学校之比;商业服务业人员郊区化程度则略有上升,略早于各类普通基础教育学校的郊区化趋势,晚于各类重点学校郊区化趋势。

从图 6 - 30 中可以发现,商业服务业从业人员的郊区布局是滞后于幼儿园、小学专任教师的郊区布局,但略早于初中、高中专任教师郊区布局,早于特级教师和特级校长的郊区分布;国家机关、党群组织、企事业单位负责人,专业技术人

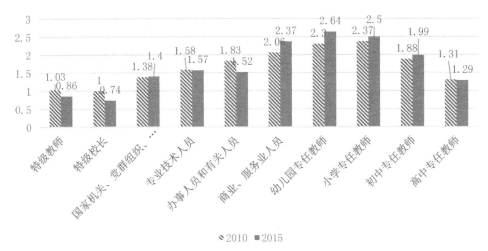

图 6 - 30 2010、2015 年郊区与中心城区特级教师、不同职业人口和专任教师之比
数据来源：根据上海市历次人口普查数据、上海市教育事业数据计算而得。

员，办事人员和有关人员滞后于幼儿园、小学、初中专任教师郊区化，但早于高中专任教师、特级教师和特级校长郊区化。

商业、服务业人员郊区化早于医院数量（见图 6 - 31），不受医疗资源配置的影响。2015 年其他类第三产业从业人员则略滞后于普通医疗资源的郊区布局，早于优质医疗资源的布局，与教育资源相比，医疗资源对不同职业空间分布的影响较小。

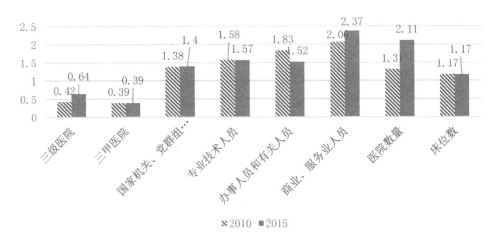

图 6 - 31 2010、2015 年郊区与中心城区优质医疗资源、不同职业人口和普通医疗资源之比
数据来源：根据上海市历次人口普查数据、上海市统计年鉴数据计算而得。

由此可见,公共资源空间配置滞后于常住人口郊区化需求。在特大城市中,由于户籍制度尚未放开,公共资源配置尚不能完全以常住人口的需求进行配置,郊区的短板依然存在;再者,公共资源配置的等级化,优质公共资源的郊区配置远滞后于户籍、高学历、白领等人员的郊区分布,具体表现在:户籍人口、高中及以上学历人口、国家机关企事业单位负责人、专业技术人员和办事人员的郊区化是介于普通资源的郊区化与优质公共资源郊区化的速度之间。在优质资源的配置中,只有三级医院出现了郊区倾斜投入,其他优质资源,如重点小学、三甲医院并未有明显地向郊区补短板。

6.2　政府导向下公共资源空间配置差异的形成机制

城市公共资源的配置路径受到政府、市场的双重作用,两者遵循着特有的配置逻辑,导致了当前特大城市公共资源配置空间不均匀的现状,在城市化发展过程中,行政主导的郊区化在很长时间内占据主导,而个人是理性的,不同群体在选择居住地时的决策具有特定的需求,并表现出一定的规律,在这几种力量的作用下,引发了人口空间分异的形成。本部分主要从城市公共资源配置历史和当前城市化建设收益率的维度,分析政府对公共资源存量和增量投入的城乡差异。

6.2.1　效率驱动下公共资源空间配置存量差异

1) 二元体制导致的城乡公共资源配置的存量差异

政府对公共资源的投入包括存量和增量两个方面,选取了 2000 年作为时间节点,之前为存量时期,之后则为增量时期。之所以以此为时间断点主要是由于在 2000 年以前,一方面我国公共资源投入主要面临计划经济时期的国家供给主导时期和改革开放初期公共资源注重效率的时期,尤其是改革开放初期公共资源的多元化投入,造成了城市公共资源配置投入的差异;另一方面,90 年代末期以后是房地产产业进入快速市场化的时期,房地产叠加公共资源的效应也逐渐凸显。

在新中国成立初期,为了集中力量发展工业水平,中央做出了城乡二元发展的制度设计,将农民束缚在土地上,城乡产品不平等交易,"城市偏向"的财政投入,国家在公共资源的投入方面严重向城市倾斜,如 1951 年颁布了《政务院关于改革学制的决定》[246],该决定规定"实施幼儿教育的组织为幼儿园……幼儿园应在有条件的城市中首先设立,然后推广,在初等教育与中等教育方面均分别设立了针对适龄儿童小学、中学，及针对青年、成人的工农速成学校、业余学校"。此时幼儿园教育归属后勤服务开支的准则，强化了幼儿园和托儿所的单位福利属性，幼儿园教育支出有四种渠道：政府和事业单位按照中央规定的人员编制和供给标准开支，列支在政府和事业单位的经费中，带有非常强烈的老根据地色彩；企业中用"合理留利"的方式，给企业留下等于某一社会平均利润率的计划利润；街道给不能纳入单位制度的城市市民提供服务；农村采取集体兴办的方式，未纳入国家统一分配体系[247]。文化体育方面，建国以来政府通过对公共文化设施的恢复性建设，在城市整顿了一批重点公共文化体育设施，图书馆、博物馆等公共文化设施规模扩大，民间组织的群众活动蓬勃发展，带有较多的政治意味。

2) 效率优先导致的城乡公共资源存量差异

改革开放以后，在市场经济的大背景下，效率逐渐取代了公平，成为经济、社会等领域发展中主导的力量，公共资源的供给开始引入多渠道资金，以解决政府发展公共资源事业的供给不足。在医疗方面，1989 年国务院批转了《关于扩大医疗卫生服务有关问题的意见》[248]，医疗管理权力下放，中央政府的统一协调职能不断弱化，各种责任越来越多地由地方政府承担，形成了商业化、市场化的服务供给模式[249]。在农村，随着经济体制的改革，农村医疗合作社制度土崩瓦解，基层合作医疗组织由个人承包，筹资的困难导致了农村三级医疗卫生体系的破裂。在教育方面，本着"短线教育"，快速出成果的思想，1980 年基础教育阶段的重点学校制度被重新建立起来。90 年代开始试点，全国医院按照承担的职能和任务划分三个等级，不同等级医院在硬件条件、服务项目、收费标准、报销比例中均有所差异。1994 年分税制改革进行，我国县乡政府财政出现"赤字"，在这种状况下，实现教育事业的公平性成为不可能，导致基础教育普及实际上是低质量的普及，并且城乡、地区、学校之间的差距逐渐拉大[250]。文化体育事业的发展相对滞后，不少文化单位被私人承包、经营，但收益甚微，不少公共文化部门(如文化馆、群艺馆)更是完全放弃了公益性，而对于西部和农村地区来说，公共文化更是名存实亡[251]。

从 1982 年至 2000 年数据来进行分析(见表 6-10)，在教育资源中，在 80 年代时期，中心城区幼儿园、小学、高中生均负担学生数均少于郊区，进入 90 年代以后随着城市化的推进，中心城区生均负担学生数开始增加，超过郊区；在医疗资源中，无论是万人床位数还是万人医生数，中心城区均要高于郊区。

表 6-10　1982 年以来上海分区域教育、医疗资源配置状况　　　　单位:个

	中心城区				郊区				
	每位教师负担学生数			万人医疗资源配置		每位教师负担学生数			万人医疗资源配置	
	小学	中学	幼儿园	万人医生数	万人床位数	小学	中学	幼儿园	万人医生数	万人床位数
1982	13.52	10.08	16.61	0.0062	0.0061	18.83	13.81	18.49	0.0008	0.0034
1983	13.84	9.62	16.04	0.0062	0.006	18.89	14.57	18.99	0.0008	0.0034
1984	14.74	9.34	15.72	0.0061	0.0061	19.54	15.02	18.77	0.0008	0.0035
1985	14.6	9.34	15.98	0.006	0.0058	19.38	16.44	18.1	0.0008	0.0033
1986	14.59	9.35	18	0.0059	0.0059	19.94	16.63	18.26	0.0008	0.0034
1987	14.95	9.35	17.36	0.0059	0.006	19.38	15.97	19.11	0.0008	0.0034
1988	16	9.14	16.67	0.006	0.0063	19.16	13.95	15.17	0.0013	0.0035
1989	17.83	9.51	16.27	0.0062	0.0063	19.17	13.41	13.04	0.0014	0.0036
1990	19.13	5.72	15.53	0.0062	0.0063	18.34	19.9	13.92	0.0014	0.0039
1991	20.75	10.34	23.5	0.0064	0.0061	17.33	15.11	6.43	0.0013	0.0037
1992	21.73	10.95	21.06	0.0064	0.0062	17.24	16.53	7.45	0.0012	0.0036
1993	35.91	11.32	16.33	0.0054	0.0052	14.18	16.11	14.44	0.0022	0.0048
1994	23.63	12.4	16.5	0.0051	0.0052	18.17	17.56	15.17	0.0022	0.0046
1995	23.22	14.03	15.36	0.0049	0.0052	17.54	17.28	15.73	0.0021	0.0043
1996	22.12	15.25	17.4	0.005	0.0058	17.11	16.93	10.12	0.0018	0.0033
1997	21.57	15.37	13.88	0.0046	0.0061	17.47	15.13	16.4	0.002	0.0029
1998	20.95	15.3	14.43	0.0046	0.0062	17.45	14.4	17.28	0.0019	0.0028
1999	20.4	15.14	13.83	0.0046	0.0065	17.4	15.37	17.17	0.0018	0.0027
2000	18.89	15.74	17.69	0.0045	0.0068	17.07	16.02	14.85	0.0018	0.0027

数据来源:郊区教育资源、医疗资源数据来源于《上海市国民经济和社会发展历史统计资料(郊区分册)》;中心城区教育资源、医疗资源数据则是根据《光辉的六十载:上海历史统计资料汇编(1949—20019)》中,全市数据计算而来;1982 年、1990 年、2000 年常住人口数据根据第三次、第四次、第五次人口普查数据而来,其他年份数据根据年常住人口平均增长率计算而得。

3) 人口大规模郊区化导致的郊区公共资源存量稀释

自 20 世纪 90 年代初期,计划经济管理体制进一步松动,我国走上了市场经

济之路,中心城区的土地溢价更高,城市中心开始了大规模的建设,房屋拆迁量与日俱增,"九五"期间,全国城镇累计拆除房屋约 3.3 亿平方米,比"八五"期间增加了近一倍,全国城镇累计竣工住宅面积 23.9 亿平方米,比"八五"期间增长了 9.2 亿平方米。与此同时,在特大城市上海围绕着"旧区改造、市政基础建设、浦东开发"加快了城市更新和建设,至 2000 年,上海不仅完成了"百万居民大动迁"[252]。在此时期,无论是选房还是选钱购房,最后呈现的都是市区的人住到了郊区,改善了居住环境。通过动迁,居民从市中心"黄金"地段动迁到周边地区,"让位"于路、桥、轨道交通和城市绿地……改变了原有老城区的基础设施,城市交通更加顺畅、公共绿化迅速扩展。在以行政为主导的郊区动迁中,部分违背了人的主观意愿,在动迁到郊区之后,公共资源配置又没有及时落实,从而导致有能力阶层重新选择居住地。

2009 年开始,为了改善中低收入居民的居住状况,上海规划在郊区安排 15 个大型住宅小区:宝山顾村、嘉定江桥、松江泗泾、闵行浦江、南汇周康、浦东曹路,占地 2 360 万平方米;嘉定新城、嘉定环球乐园、青浦新城、青浦诸光路、南桥新城、临港新城,占地 3 970 万平方米,依托郊区新城,沿轨道交通站点,并辅以学校、医院等公共资源设施配套。这些大型社区虽然采取了混合居住的方式,但其中有超过 5 成动迁安置房,超过 3 成的保障住房,普通商品房仅为 5%,被贴上了"弱势社区""问题社区"的标签[253][254][255][256],大型居住区的主要问题开始突出,其中交通不便,公共设施的配套布局是大型居住区需要重点解决的问题[257][258][259],这给本就资源短缺的郊区雪上加霜。

6.2.2 收益及政绩导向下公共资源空间配置的增量差异

1) 城乡土地潜在收益率差异导致的资源投入增量差异

随着改革开放的深入,我国经济状况发生了巨大变化,积累了雄厚的经济资本。但是经济转型带来的社会问题日益突出,不和谐的声音此起彼伏,在涉及居民发展性公共资源领域,政府着力于加大公共资源的投入力度并加强城乡、地区公共资源配置的均等化[260]。然而,在某些公共资源领域,如基础设施尤其是轨道交通的建设,大致是从新世纪才开始迅速进行的,在投入之初依然存在着城乡之间的差异。

在 2000 年以前,上海市轨道交通主要建设了两条线路 1 号、2 号线,分布在中心城区,主要目的是为了缓解中心城区日益严重的交通供需矛盾,仅延续到闵行、浦东新区两个郊区,方便中心城区市民的出行;2000 年以后进入了快速机动化为主导的交通模式,随着城市化的进程,人口、工商业服务等经济活动分布呈现出向郊区迁移的趋势,上海市城市轨道交通的建设开始向郊区扩展。截至 2015 年上海市中心城区平均地铁长度为 0.77 千米/平方公里,郊区仅为 0.05 千米/平方公里,城乡间的公共轨道交通配置存在差异。

轨道交通属于公益性质,决定了票价不能按照普通商品的定价原则,但其商业化运作方式可以带动沿线及站点物业,增加沿线土地升值,同时通过地铁内及周边商业点,增加税收等收益。商业点、土地的级差地租则又遵循了中心城区向边缘区价值递减的规律[261],表现在不同的使用者对于不同区位商的土地所给出的投标租金是不一样的,导致同一块地块上安置不同的产业会导致不同的产出率,形成不同的经济效益,商业的经济效益高于制造业、高于居住单位的经济效益;此外,城市中经营者的超额利润取决于土地的地理位置及土地上的城市基础设施,如此,城市工商业级差地租就成为城市级差地租的主要来源,而商业级差地租更不可避免地成为城市级差地租的典型形态,由城市中心地带到城市边缘地带,逐带递减[262]。因此轨道交通的建设可以带动周边土地升值,带动周边商业圈的发展,经济的发展意味着政绩的体现,在潜在收益的引导下,更驱动了政府在偏向中心城区投入。此外,当前上海市地铁线路的投入很多采用了多元投资的模式,实现"两级政府、两级管理"市区政府对项目建设共同进行投资[263],因此地铁线路途经的区县是否有足够的财力承担相应的地铁建设以及承担多少也导致了不同区县间地铁投入的差别。

2) 政绩导向的分配方式加剧了区域间公共资源的差异

以医疗和教育为例。在医疗领域不同等级的医院得到政府的财政、政策等不同形式的资助是不同的,如此资源向高等级医院集中,使得高等级医院获得更多的发展和提升机遇,而这种等级化的资源分配方式,更能使得资源在短期内获得更多的经济、社会收益,从而体现效益和政绩。由于历史配置差异高等级的医院往往分布在中心城区,这就决定了城乡间公共资源配置的差异。

在公立义务教育资源中,各区县内生均财政投入是相等的,但在区县间却存在差异,这主要是我国长期实行"地方负责、分级管理"的管理体制,多年来"地方负责、分级管理"更多被误读为发展公共资源是"地方"的事,实质是县级及以下乡镇政府的责任。就上海而言,教育的投入依仗在各区域的经济财政收入基础上,如表 6-11 所示,2019 年各阶段生均经费投入,中心城区投入均高于郊区,低年龄段生均投入差异较小,初中差距拉大,高中两者差距在一万元。从投入年增速来看,郊区教育财政拨款年增速超过 10%,高于中心城区,可见教育资源投入的郊区化速度在不断提升,教育的差异化在缩小,但存量的差距的投入并不是一朝一夕可以改变的,尤其是在财政投入区域差异的背后存在着学校教育资源历史、文化的培育和成长,在现阶段存量差距依然存在。

表 6-11　2012、2019 年上海市各区县教育财政投入状况

	教育财政拨款(万元)			2019 年生均经费(元)			
	2012	2019 年	增减%	高中	初中	小学	幼儿园
黄浦区	278000	378841.34	3.94	69119.71	60606.13	45655.31	44303.18
徐汇区	161588	321014.53	8.96	58548.61	47526.96	30437.58	39090.14
长宁区	145659	207266.19	4.51	69688.11	52759.47	32271.42	39654.12
静安区	301033	439567.91	4.85	74198.49	60535.77	42515.48	42500.36
普陀区	161275	293725.49	7.78	57161.73	47592.57	31746.13	33056.49
虹口区	126300	308567.22	11.81	82602.69	66661.56	40419.56	42924.37
杨浦区	175125	316697.73	7.69	58787.09	49996.41	37046.56	34229.17
中心城区	1348980	2265680.41	6.7	67158.06	55096.98	37156.01	39393.98
闵行区	253484	633793.99	12.14	65862.43	48478.98	31620.43	38632.33
宝山区	229879	495354.82	10.07	48650.62	38482.64	30947.49	31469.98
嘉定区	160648	393885.37	11.86	53349.51	47086.41	31270.02	41916.06
浦东新区	594383	1284696.75	10.11	52007.1	40351.21	28928.73	30853.19
金山区	97415	252678.09	12.65	52687	52448.13	36546.12	36361.26
松江区	146997	397013.54	13.22	55799.48	42764.25	27708.71	31909.49
青浦区	119260	277005.24	11.11	59841.54	47437.07	42369.02	41714.12
奉贤区	148501	280015.54	8.25	52257.31	43381.86	32650.14	34793.8
崇明区	134140	196782.48	4.91	76931.47	68164.38	53931.72	43995.83
郊区	1884707	4211225.82	10.57	57487.38	47621.66	35108.04	36849.56

数据来源:《2012 年上海市区县政府执法履行教育责任执行情况汇总数》;上海教育《2019 各区县基础人均经费》。

从医疗和教育增量投入现象来看,虽然两者存在着一定的分配原则差异,但背后的分配逻辑是相同的,就是为了在短期内凸显经济、社会等成效,体现政绩,政府在增量投入时更乐于向优势资源投入,以延续原有公共资源特色,从而形成优者更优的马太效益。但也需要看到,教育资源的均等化投入力度在不断加强,

效果会逐步凸显,但只要需求单一,必然会比较出优劣,盲目地追求优质资源的心理会依然存在。

6.2.3　政策导向下公共资源空间配置的等级化差异

城市发展的功能定位不同,所具备的发展等级不同,其资源投入和政策利好等措施不同,在城市发展和更新过程中,中心城区和郊区新城等功能定位和等级有所不同,从而导致了资源配置等级化差异,加剧了人口空间分异。

从整体来看,改革开放以后,城市规划在确定区域功能发展中的功能日益增强(见表 6-12),20 世纪 80 年代,上海调整了产业结构发展思路,重点加快创新工业和新型工业发展,优先发展第三产业,在城市空间发展中,继续以中心城市为主体,郊区开发了闵行开发区、虹桥开发区、漕河泾开发区和浦东星火工业开发区,开始了第二代卫星城的建设;进入 90 年代,《上海市城市总体规划(1999—2020)》城市发展定位于"多核、多轴"的空间布局,中心城区空间布局"多心、多敞"的布局。2006 年《上海市国民经济和社会发展第十一个五年规划》,提出了"1966"四级城镇体系,一个中心城区,宝山、嘉定、安亭、青浦、松江、闵行、奉贤、金山、临港、崇明等 9 个新城,60 个新城镇,600 个中心村。每个新城的建设大多以郊区的新城开始建造,如闵行的莘庄、松江新城、奉贤新桥等区域展开;在上海2035 规划中,提出了"一主、两轴、四翼;多廊、多核、多圈"的空间结构。

从局部来看,进入新世纪以后,上海的城市更新加剧,部分区域受到城市更新等政策利好,快速发展起来。徐汇滨江地带建设,将上海原来最为恶心的滨江地带变成了绿化带,同时豪宅如雨后春笋建立了起来;闸北区北广场区域,进行了新一轮改造,完成了大量街坊的动迁,形成了一批高档住宅,带动了中心城区品质的提升,吸引了高端人士入驻。

从城市发展演变可以看出,受到政策的影响,一方面,中心城区一直是城市发展中的主要核心区位,逐渐向近郊区增长点、远郊区新城扩展,在 2035 年的上海城市规划中,近郊区的宝山、莘庄、川沙、虹桥已经规划为中心城区,郊区以新城为依托,带动周边镇、县地区的发展,城市空间功能进一步向郊区拓展,为人口空间的郊区化演变提供了条件。与此同时,市级中心、副市级中心、区域中心、社区中心等级不同,公共资源配套和政策投入不同,从而导致了区域发展不同层级间的等级差异,圈层化发展。即便是近些年郊区部分区域和新城公共资源的快速投入,也是以点为中心的逐步扩展,其效应具有滞后性;另一方面,各区域产业功能定位不同,中心城区较早发展第三产业,郊区则承接了中心城区的产业转移,中心城区和郊区新城在产业上更加聚焦高端现代服务业发展,从而造成了从事高端第三产业的专业人才的集中,如先后建设的副市级中心,徐家汇、五角场、花木、真如和莘庄,成为资源优先布局之地,如老牌副市级中心徐家汇,在公共资源领域,一直走在全市前列,配置了徐汇滨江生态区、邻里汇[264]、高端商业服务业,成为全市品质生活高地。近郊区城市副中心莘庄,在区域发展的时候,吸引了大量优质教育资源,有闵行实验小学、莘庄镇小和田园外语、新松初中等优质教育资源。交通四通八达,有地铁 1 号线和 5 号线,还有多条交通枢纽,沪昆高速和沪渝高速公路等。

表 6‐12　上海市历次城市规划内容

规划名称	主要原则	空间布局	功能定位
上海城市总体规划初步意见(1959 年)	"先生产、再生活"的原则发展工业	压缩旧市区,控制近郊区,发展卫星城镇,闵行、吴泾、嘉定、安亭、松江外、北洋桥、青浦、塘口、南桥、周浦、川沙、朱泾、枫泾、奉城、南汇、崇明、堡镇等	压缩旧城区、控制近郊区、发展卫星城镇,郊区承接市区疏散的工业和人口
上海城市总体规划(1986 年)	"调整经济结构和振兴上海经济"为主题,从以工业为单一功能的内向型生产中心转向多功能的外向型经济	城市结构分为 4 个层次:第一层次是中心城,第二层次是近郊工业小城镇和卫星城,以及滨海、滨江南北两翼;闵行、吴泾、松江、嘉定、安亭、金山卫、吴淞;第三层是郊县小镇;第四层是农村小集镇	工业布局由中心向郊区扩散,既注重生产又重视生活,卫星城各有主导产业,同时兼具综合功能
上海市城市总体规划(1999 年—2020 年)	围绕"三、二、一"的方针调整产业结构,城市经济增长由此前的主要依靠二产拉动,逐渐转变为"二、三并重"	形成"中心城—新城(含县城,下同)—中心镇—集镇"四级城镇体系,"一城九镇"松江新城和安亭、浦江、高桥、朱家角、奉城、罗店、枫泾、周浦、堡镇等	中心城区以外环线以内为中心城,退二近三;松江新城—工业区、大学城和旅游业;安亭—汽车制造业;朱家角—旅游业;高桥镇—港口城镇;浦江镇—休闲旅游;奉城—轻工外贸出口;枫泾镇—商贸流通、旅游休闲;罗店—制造业;周浦—现代物流、港口加工、商贸服务等;崇明堡镇—绿色食品加工和旅游业

（续表）

规划名称	主要原则	空间布局	功能定位
上海市城市总体规划（2017—2035 年）	"全球互联、区域协同"的规划视野,致力于更加开放协调的发展格局	"主城区—新城—新市镇—乡村"市域体系,主城区包括中心城和宝山、闵行、虹桥、川沙;新城包括嘉定、松江、青浦、南桥和南汇;	中央活动区包括小陆家嘴、外滩、人民广场、徐家汇等,发展金融、总部经济、商务办公、文化娱乐、创新创意、旅游观光等全球城市核心功能;城市副中心包括9个主城副中心,5个新城中心和金山滨海地区、崇明城桥地区2个核心镇中心等,发展面向长三角和市域的综合服务中心,兼顾全球城市部分核心功能

6.3 市场资本驱动下区域生活品质的等级差异

政府对公共资源增量和存量投入的差异,被市场所利用,一方面资本借助政策优势,通过资本投入,对政府重点投入的地区通过商业、服务业等的发展,提供了更加优质的生活配套服务;另一方面,由于房地产品质投入差异,从而导致建筑质量差异,并与公共资源投入区域差异的叠加,加剧了不同社区间房屋价值的差异,为人口空间分异提供了可能。

6.3.1 商业资本打造区域发展品质的等级化差别

新中国成立以后至改革开放以前的计划经济时代,城市发展大部分建设项目投资均来自中央,资本的短缺限制了城市发展,改革开放以后,城市在规划过程中,大量资本涌入,尤其是在加入世贸组织以后,资本—货币约束的解除,开启了中国建成区的大规模拓展[265]。在区域规划的时候,不同等级区域定位,吸引了资本投入,建成不同等级的商业服务业中心,一般而言,商业综合体是城市发展的主角,在城市副中心建设的时候发挥了重要作用。其中有市一级的商业中心,配合大型现代化商业中心,有区级的商业中心和社区级别的商业中心,等级越高辐射的范围和服务的群体越大,如城市副中心徐家汇,有港汇恒隆广场国际化购物中心,双子塔写字楼等,引领了徐家汇商圈的发展;五角场副中心,引入万达广场,迅速带动了周边土地和房地产的价值升值,在万达开业后,当地楼面价格由不足 3 000 元/平方米,2008 年出让地块价格达到 8 000 元/平方米,万达广场写字楼租金达到每天每平方米 4.5 元[266];在 90 年代末期,万科等集团在莘庄大规模拿地,进入 2010 年以后,仲盛世界商城、凯德龙之梦等商业广场的落地,使得莘庄商业中心的地位进一步提高,在上海 2035 规划中,莘庄升级为副中心,与浦东真如、花木、五角场同等级别,未来定位为高端商务区的超级综合体新鸿基、上海城开等联合开发的天荟会进一步入驻。在政策利好下,商业地产、商业资源会快速集聚在各大商圈,形成集聚效应,释放出商业活力,各类资本也会强势入驻,带动了本区域商业等级的提升,从而形成强强联合,带动了该区域板块整体品质等级的提升。

6.3.2 房地产品质差异引发不同区域房价的差异

从区域内部来看,同一区位的房地产品质存在差异,造成了同一区位内部的房产价格差异,促成了区域内部人口空间分异,结合 2016 年上海社会质量调查的数据,分析房地产投入差异下房价的差异。

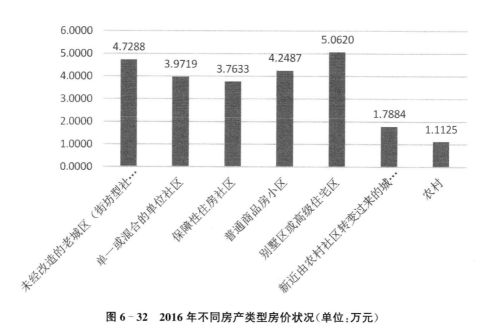

图 6-32　2016 年不同房产类型房价状况(单位:万元)

数据来源:2016 年上海社会质量调查数据整理而来。

　　如图 6－32 所示,房地产品质主要体现在不同类型的小区上,别墅区域高级住宅区每平方米房价最高,为 5.0620 万元,其次是未经改造的老城区,房价达到 4.7288 万元,再者是普通商品房住宅,单位面积房价为 4.2487 万元,房价最便宜的则是农村地区,房价仅为 1.1125 万元,新近由农村社区转变过来的城市社区则居倒数第二位,为 1.7884 万元。

　　从不同地理区位的房价来看(见图 6－33),中心城区、城市边缘区、城乡结合部、市县城区以外的镇、农村的房价依次降低,其中中心城区房价最高,每平方米超过 5 万,城市边缘区的房价居第二位,为 4.8473 万元,城乡结合部的房价与中心城区、边缘城区的房价差距较大,为 2.3776 万元,市县城区以外的镇和农村地区房价则不足 2 万元。

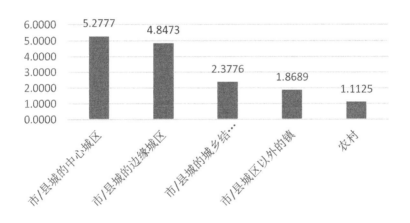

图 6－33　不同地理区位下房价状况(单位:万元)

数据来源:根据 2016 年上海社会质量调查数据整理而来。

　　从不同区域的房价来看(见图 6－34),静安区的房价遥遥领先,每平方米超过 6 万元,其次是黄浦区、徐汇区、杨浦区、普陀区,均超过 5 万元,崇明地区房价最低,未超过万元,居倒数第二位的则是松江区,金山区、青浦区房价也未超过 2 万元。

　　考虑到在不同区位环境下房价具有较大的差异,因此,还需要排除区位的影响。本书分析了不同区域下,不同房产品质房价的差异,ANOVA 显著性小于 0.001,说明不同组间房价存在显著地差异。如图 6－35 所示,在市县区内部,别墅区或高级住宅区的房价最高,每平方米超过 7 万,其次是未经改造的老城区,

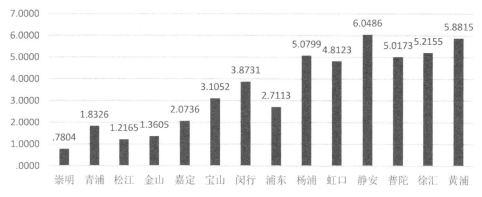

图 6-34　不同区县房价状况(单位:万元)

数据来源:根据 2016 年上海社会质量调查数据整理而来。

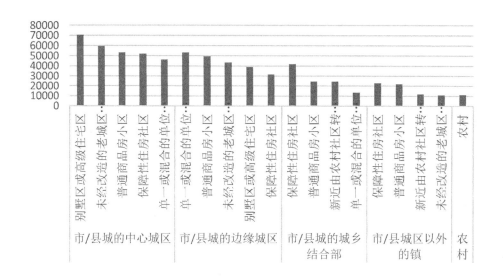

图 6-35　分区域不同房产品质的房价差异(单位:元/平方米)

数据来源:根据 2016 年上海社会质量调查数据整理而来。

房价接近 6 万/平方米,然后是普通商品房小区、保障性住房社区,单一或混合的单位居住区房价最低;在市/县的边缘城区单一或混合的单位住房房价最高,超过 5 万/平方米,然后是普通商品房(49 434 元/平方米)、未经改造的老小区(43 450 元/平方米)、别墅区或高级住宅区(38 764 元/平方米);在市县的城乡结合部,保障性住房社区房价最高(41 909 元/平方米),其次是普通住房(24 489元/平方米)、新近由农村社区转变过来的小区(24 461 元/平方米);在市县城区以外的镇,保障性住房小区(22 909 元/平方米)、普通商品房小区(22 128 元/平方米)、新近由农村社区转变过来的社区(11 905 元/平方米)、未经改造的老小区(10 888 元/平方米)房价依次降低。

由此可见,受到区位的影响,不同区域内不同品质的住房有一定差异:在中心区域,未经改造的老城区房价也排在第 2 位,但在郊区老城区小区房价则变得较低,保障性住房、别墅区和高级住宅区、单一或混合的单位住房则受到区位影响较大;但需要看到的是,在同一区位内,不同房地产品质确实存在房价的差异,其中普通商品房小区的价格大致排在各区域房价的前位,通过相对较新的房产时间、相对较规范的物业管理等,保障其在价格中的优势。

6.3.3　市场资本叠加公共资源加剧区域品质的等级化

受到利润的驱动,在政策的利好下,市场资本不仅自己制造区域配套、房产品质等级差异,还会叠加公共资源的优势,进一步体现在房价中。在许多新盘推出的时候,甚至将学校、交通等作为主要力推的吸引条件,如上海闵行紫竹半岛,地处闵行紫竹区域,是重点规划区域,周边拥有华师大附属紫竹幼儿园、小学、附中等,还有规划中的 15 号、23 号地铁线傍身,加之其花园洋房、高装修标准、低密度社区,使得其房价远超过同区域其他公寓。优质的公共资源和商业配套叠加,往往成为新房的推销卖点。

影响房产价格的因素众多,如短期因素包括利率、财产投资行为,长期因素包括经济增长、人口趋势、财富分配,制度因素包括财政政策、政府税收、土地供给、城市规划[267]。在同一城市内部,住房影响因素则受到商业、服务业繁华程度、市场供求、地理区位、交通条件、基础设施、环境质量等因素的作用[268]。本部分主要验证同一城市内部,市场是如何通过商业等级配置和品质差异,叠加公共资源投入去影响房价的。选取了影响房价的三大因素:①地理位置,在寸土寸金的特大城市,区位是影响房价的重要因素,区位蕴含了政策因素,政府重点规划区未来具有升值空间;②资源配置,包括商业服务业资源配置和公共资源配置;③房地产品质的差异。

1) 变量的选取

社区类型,包括六类:未经改造的老城区、单一或混合的单位社区、保障性住房社区、普通商品房住宅社区、别墅区或高级住宅区、新近由农村社区转变过来的城市社区,不同社区类型在一定程度上反映了不同的房地产建筑质量和投入成本。

上海各环线的新房平均价格具有一定的区位差,内环以内、中内环间、中外环间、外郊环间、郊环以外依次递减,因此地理区位包括了中心城区、边缘城区、城乡接合部、郊区的镇四个典型城市地理区位。

公共资源中选取了公共交通类资源,包括每平方千米地铁长度、每平方千米公交站点数量、每平方千米高速公路长度;社会服务类资源,包括每千人幼儿园数、每千人小学数、每千人中学数、每千人卫生服务中心数、每千人医院数、每千人影剧院数、每千人体育场馆数;居住环境类资源包括每平方千米公园数。

本书公共资源数据来源于 2015 年百度地图抓取的资源数据,并与 2015 年 1% 抽样调查数据进行结合,计算千人拥有资源量,然后通过街道与 2016 年上海社会质量调查数据进行配对,考虑到各资源之间存在共线性,因此采用因子分析进行降维(见表 6‑13),共提取了四个变量,经过最大四次方值法旋转以后,这四个变量能够解释 72.6% 以上的变量。旋转后的成分矩阵共得出四个主成分,根据旋转后的各主成分的得分状况,将四个主成分分别命名为,第一主成分幼儿园医疗因子,第二主成分为公共交通因子,第三主成分为义务教育因子,第四主成分为居住环境及文体设施因子。

表 6‑13 公共资源因子分析的成分矩阵

	成分			
	1	2	3	4
每平方千米高速公路	0.143	0.445	−0.669	−0.175
每平方千米公园数	−0.070	0.168	0.038	0.915
每平方千米地铁长度	−0.260	0.738	0.024	−0.031
每平方千米公交站点数量	−0.074	0.802	0.075	0.090
每千人幼儿园数	0.707	−0.216	0.533	−0.191
每千人小学数	0.412	0.023	0.718	0.018
每千人中学数	0.092	0.288	0.794	−0.156
每千人卫生服务中心数	0.753	−0.420	0.308	−0.056
每千人医院数	0.846	−0.017	−0.042	−0.099
每千人影剧院数	−0.179	−0.172	−0.026	0.747
每千人体育场馆数	0.060	0.524	−0.142	0.596

商业服务业状况,选取了每平方千米零售业数量、每平方米餐饮服务业数量,进行因子分析(见表 6‑14),划归为一个商业资源因子,虽然没有体现商业

服务业等级的变量,但一般而言,等级越高的商业服务业,相应的商业服务业密度也越高,因此采用商业服务业分布密度的指标在一定程度上也能够反映市场资本在商业资源领域投入的等级。

表 6-14 商业服务业因子分析成分矩阵

	成分
	1
每平方千米零售业数量	0.992
每平方千米餐饮服务数量	0.992

因变量选取了现居住地房屋的单位面积房产价格。

2) 居住状况分析

如表 6-15 所示,2016 年上海市社会质量调查共收集有效问卷 1 200 份,其中浦东收集问卷比重最高,占 15%,其次是宝山、徐汇、杨浦、静安各占 10%,其余地区各占 5%。从地理区位上看,40.1%居住在中心城区,14.7%居住在城区以外的镇,15.0%居住在农村地区,15.2%居住在城乡接合部,15.1%居住在边缘城区。从居住房屋的类型来看,接近一半属于普通商品房小区,农村地区占 15%,未经改造的老城区占 12.1%,单一或混合的单位社区占 13.3%,新近由农村社区转变过来的社区占 7.3%,保障性住房社区占 3.8%,别墅区或高级住宅区占 0.8%;超七成家庭拥有 1 套自有住房,16.5%的家庭拥有 2 套自有住房,3 套以上住房家庭占 2.6%,尚有 6.0%的家庭没有自有住房。

表 6-15 问卷中的人员基本情况 单位:%

	崇明	青浦	松江	金山	嘉定	宝山	闵行
居住	5.0	5.0	5.0	5.0	5.0	10.0	5.0
区县	浦东	杨浦	虹口	静安	普陀	徐汇	黄浦
	15.0	10.0	5.0	10.0	5.0	10.0	5.0
地理 区位	中心 城区	边缘 城区	城乡 接合部	城区以外 的镇	农村		
	40.1	15.1	15.2	14.7	15.0		

（续表）

房屋类型	未经改造的老城区（街坊型社区）	单一或混合的单位社区	保障性住房社区	普通商品房小区	别墅区或高级住宅区	新近由农村社区转变过来的城市社区（村改居、村居合并或"城中村"）	农村	其他
	12.1	13.3	3.8	47.6	0.8	7.3	15.0	0.1
自有住房套数(套)	0	1	2	3	4	拒绝回答		
占比	6.0	74.8	16.5	2.3	0.3	0.1		

3）结果分析

由于因变量属于连续变量，因此采用多元线性模型，使用进入的方法进行回归。首先将社区类型和商业资源两类体现市场对房价影响的自变量加入模型中，反映房地产建筑质量的社区类型变量属于定类变量，将其转为哑变量加入模型中，商业资源属于连续变量；然后再加入地理区位和公共资源，作为控制变量，分析在公共资源投入、地理区位不同影响下，房产质量和商业资源是如何作用于房价的。在社区类型和地理区位中，均去掉了农村地区，仅分析在城市区域的状况，结果如表 6-16 所示。

表 6-16　房价的影响因素模型

		模型一	模型二	模型三
	常数	2.742***	2.078***	2.701***
	未经改造的老城区	1.191***	0.539**	0.550**
	单一或混合的单位社区	0.767***	−0.022	−0.088
社区类型	保障性住房社区	0.668	0.856**	0.531
	普通商品房小区	1.245***	0.623***	0.484**
	别墅区或高级住宅区	0.757	0.114	0.161
	新近由农村社区转变来的城市社区	—	—	—
商业资源	商业服务业因子	1.418***	0.815***	0.811***

（续表）

		模型一	模型二	模型三
地理区位	中心城区		2.031***	1.100***
	边缘城区		1.935***	1.222***
	城乡接合部		0.413**	0.102
	城区以外的镇	—	—	—
公共资源	幼儿园医疗因子			−0.041
	公共交通因子			0.458***
	义务教育因子			0.059
	居住环境及文体设施			−0.042
模型拟合度	R	0.693	0.721	0.726
	R^2	0.480	0.520	0.527
	显著性	0.000	0.000	0.000
	F 值	141.477	110.599	78.318

$***P<0.001;**P<0.01$。

模型一加入自变量社区类型和商业资源两类,结果显示,与新近由农村社区转变过来的城市社区相比,未改造的老城区、单一或混合的单位社区、普通商品房小区均呈显著的正相关关系,保障性住宅小区、别墅区或高级住宅区并未表现出显著性,商业服务业资源呈现出显著的正相关关系。

模型二加入了地理区位控制变量,与城区以外的镇相比,中心城区和城乡接合部与因变量房价呈现显著的正相关关系,在加入地理区位控制变量以后,单一或混合的单位住房变得不显著了,说明单一或混合的单位住房对房价的影响是由于其所在区位而产生作用的,保障性住房的显著性由不显著转为弱显著性,未经改造的老城区和普通商品房住房依然呈现显著的正相关,但相关系数下降,说明在同一区位,未经改造的老城区和普通商品房住房的房价较高。控制变量区位变量中,与城区以外的镇相比,中心城区、城区边缘区和城乡接合部均显著地与因变量房价呈正相关。

模型三加入了公共资源控制变量,自变量中未改造的老城区、普通商品房小区与房价的关系依然是显著的正相关关系,商业服务业资源投入与房价呈现显著的正相关。地理区位中,与市县区以外的镇相比,城乡接合部与房价变得不相关了,说明城乡接合部对房价的影响要取决于公共资源配置的状况,中心城区和中心边缘区依然呈现显著的正相关。在公共资源配置中,公共交通资源与房价呈现显著的正相关关系,说明随着交通资源的便利程度提升,房价在逐渐增高。

由此可见,第一个房价品质的影响。在相同资源配置和地理区位下,与新近由农村社区转变来的城市社区相较,普通商品住房的房价更高,然而别墅虽然房价最高,但在模型中并未表现出显著性,主要是因为别墅个案较少,影响了显著性。在本调查中,未经改造的老城区分布在静安区、黄浦区等区域,这些区域是历史较久的商业中心,地理区位和资源配置更加成熟,房价更高;第二个商业服务业因素是非常稳定的正相关因素,说明随着商业服务业可达性的提高,房价升高,由此验证了市场商业服务业配套对房价的影响显著。

进一步分析住房品质与公共资源之间的叠加关系。结果显示,与新近由农村社区转变过来的城市社区相比,单一或混合单位社区、保障性住房社区对房价的影响都不显著了,说明这些社区类型对房价的影响是受到控制变量,公共资源配置的作用而产生的,其他两类依旧呈现显著的正相关关系,其中未经改造的老城区、普通商品房小区对房价的影响程度依次减弱。由此验证了市场利用了公共资源的配置,并叠加了房地产投入的成本差异,使得公共资源的区域差异在房价上表现出来,为人口空间分异的产生提供了可能。

在控制变量中,居住环境及文体设施因子、幼儿园医疗资源因子、义务教育因子没有通过显著性检验,公共交通因子与房价呈显著的正相关关系,说明交通便利性对房价影响更高。需要说明的是,本调研选取了百度数据各街道公共资源可达性的状况,因此并不能完全精确地反映每个个案居住周边的公共资源状况,商业服务业等资本空间分布对城市规划、政策优势等的敏锐度更高,商业服务业等级与密度的相关性更强,百度公共资源数据仅能表现资源的可达性,不能很好地反映公共资源等级配置,对本研究的结果可能造成了一定影响。

6.4　个人偏好导致人口居住空间选择决策的差异

在第5章公共资源配置对人口空间结构的影响效应分析中,通过结构方程和面板数据,均分析得出在特大城市中,高学历白领和蓝领工人两者在居住选择上的差异化路径,其中教育资源、优质公共资源对高学历白领的集聚明显,而对蓝领工人均不显著,本节将从制度因素和主观选择两个方面揭示两者在居住选择中路径差异的形成机理。

6.4.1　蓝领阶层的公共资源选择困境

1) 特大城市户籍制度塑造了两类群体公共资源选择权利的差异

在我国户籍制度中,特大城市户籍制度尚未完全开放,目前居住证制度是特大城市人口管理的主要手段,不同的群体所持居住证的类型不同,获得不同种类的公共资源,并结合房产居住地实行属地化管理。由表 6-17 可见,户籍居民和持积分居住证者,在获得城市公共资源方面没有差异,对于这类群体,获得什么样的公共资源主要取决于房产所在地;另一类是普通居住证持有者,可以有条件获得基本公共资源,比如公租房,具有社保缴费年限和居住证持有年限的要求,虽然子女可以获得义务教育,但是一般而言,义务教育是根据户籍状况和房产状况来排序入学的,对于一些较为热门的小学,很难进入,往往是被统筹到区域内的其他小学,因此选择优质义务教育的可能性比较小。临时居住证持有者也面临同样的困境,2018 年取消了临时居住证,直接并入居住证,但需要有劳动合同或营业执照、本市社保 6 个月证明,这就将无固定居住和就业者排除在外。由此可见,根据是否可以获得选择优质公共资源的条件来看,大致分为两类群体:一类是以户籍人口为主的群体,具有选择区域公共资源的权利;另一类则是普通居住证持有者,可获得基本公共资源,但几乎没有选择公共资源的权利。由此决定了这两类群体在选择区域的时候是具有不同的逻辑路径。

表 6-17　持有不同居住证人群公共资源的权利获得[269]

		户籍居民	居住证持有者		临时居住证持有者
			申请积分的人才	普通居住证持有者	
卫生 计生	公共卫生	※	※	※	※
	计划生育	※	※	※	※
社会 保险	社会保险	※	※	※	
	子女参加居保	※	※		
子女 教育	义务教育、 中职、专科	※	※	※	持证满 3 年且办 理 2 年灵活就业
	高考、中考	※	※		
	公立幼儿园	※	※		
	公租房	※	※	持证两年以上且缴 纳 1 年以上社保	

2）外来蓝领工人以成本收益作为居住决策的重要参考

特大城市户籍制度将外来蓝领工人阻挡在公共资源选择的门外，使得他们在城市中的居住决策选择了另外一种道路。对于外来人口居住选择决策中，最主要的是成本—收益理论。城乡接合部、城市边缘区等地由于其房屋租金低廉、第二产就业机会较多、社区管理松散等原因，成为外来人口适宜的居住区[270][271]。一方面，大量不具有稳定工作的外来人口，不具备公共资源的选择权利，甚至在人口控制严格的超大城市，还不能完全获得与户籍人口相同的公共资源权利，基于生活成本最低下的考量，区域的巨大房价差异迫使外来人口向市县城的边缘区、城乡接合部及市县城区以外的镇居住；另一方面，具有稳定工作的外来人口，虽然获得部分公共资源的权利，但在一些紧缺资源中，主要是教育资源，按照户籍和房产信息分类，排名靠后，实际并不具有选择权，购房成本就成为他们最主要的选择，也会选择则相对具有价格优势的郊区购房。

6.4.2　白领阶层居住决策的困惑

高学历白领对优质教育资源的特殊偏好受到了个人经验的主观影响，同时也受到现有教育资源配置制度的作用。

1）高学历白领在选拔式教育中的经验促使他们更加重视子女基础教育

众所周知，教育资源对收入的作用十分显著，受教育程度越高的人有更高的生产能力和较强的配置能力，能够占据更高的收入、职业和岗位，因此教育的投入对个体未来的发展是至关重要的[272]。在中国计划生育的发展背景下，对孩子的投入已经从数量向质量迅速转变，教育则是其中重要的提高孩子质量的手段。与发达国家不同的是，我国高质量的义务教育集中在公立教育中，因此获得优质教育则是不惜代价的。教育不仅具有经济回报，还具有社会功能，教育对阶层流动具有决定性作用[273]。中国大学生中，属于农业户籍子女的高达 63.3%，他们毕业后，很多人实现了社会地位的转变。高考是选拔式教育，这依然是实现中产的重要渠道[274]。对于特大城市而言，集聚了众多高学历的专业人才，他们是选拔式教育的受益者，深知教育的重要性，通过抢跑，不让子女输在起跑线上等方式，从娃娃抓起，格外重视基础教育[275]。

2）优质教育资源的文化资本代际传递及经济资本保值促使单一需求固化

社会阶层会影响教育资源的获得，正如上述所说的，高学历、高资本这些人是具有文化资本的中产阶层，他们希望将文化资本传递给下一代，通过更高的教育投资，获得更多优质教育资源，当优质基础教育资源成为经济资本和文化资本雄厚家庭的特权时,教育则会加强代际的固化[276]。

在我国小学、初中属于义务教育资源,由政府供给,获得优质教育资源则需要通过购买住房来实现,与其说是成本,不如说是投资,特大城市的房价与优质教育资源紧密相连,即便是在房地产不断调控的状况下,学区房、地铁房等也成为房产保值的重要考量指标,使得教育资源既具有文化传递功能,又具有经济保值前景,不断固化了高学历白领等群体对优质教育资源的单一需求。

6.4.3　优质教育资源稀缺促使需求单一

1) 人力投入的差异性加剧了优质公共资源的稀缺性

教育资源与医疗资源同样,不仅是硬件的投入,还包括软件的投入,即人力资源的投入,在某种程度上好的师资力量投入和好的医护人员资源是决定是否成为优质资源的重要因素,而人的能力是具有差异的,随着时间的推移,即便是同样一个人也存在能力大小的差异,因此师资力量存在差异会加剧优质资源的稀缺性。一般而言,优质学校体现两个方面,一是优秀的教师,从 2014 年本市特级教师的分布来看(见图 6-36),中心城区特级教师比重接近六成,郊区占四成多一点,中心城区特级教师资源多;二是有效的管理,根据上海市教育事业公布的 2015 年上海市特级校长数量计算得出,每百所学校拥有的特级校长数量,无论是中学、小学、幼儿园中心城区每百所学校特级校长的拥有数量均高于郊区,两者共同成就了优秀教育团队。这也将中心城区与郊区学校划分为不同的等级,从教师个人职业发展和规划的角度来看,优秀教师自然愿意向好的学校流动,加入优秀的团队,以提高自己的职业能力,反之则困难。虽然在一些政策上有向郊区倾斜,如职称评审上向在郊区支教一年的教师倾斜,但往往变成中心城区教师评定职称的踏板,长期来看还是不能够留住人才扎根到郊区。

2) 家庭背景导致生源差异引发优质公共资源的马太效应

教育资源与医疗资源又有不同,教育资源除了人力资源的投入,还面对着对人力资本的生产。只要是涉及人,则由于先天个体差异和后天努力差异,个体必然存在差异,因此决定了教育资源既存在师资力量的差异,又存在学生生源的差异,生源的差异取决于家长的重视程度和个体差异,家庭背景至关重要,而不同阶层家庭存在空间分异,使得优质教育资源与人口空间结构形成马太效应,加剧了优质教育空间均等化的难度。

在对部分学生家长进行访谈过程中发现,很多家长为了孩子上学选择在市中心买房,尤其是在教育口碑较好的徐汇、静安、黄浦、杨浦等区域买房,由此导

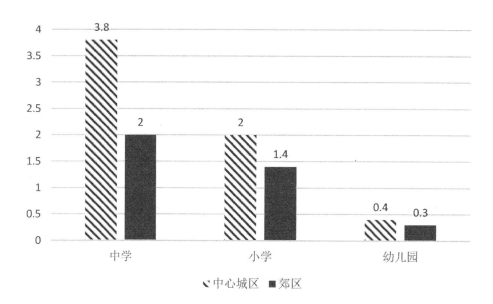

图 6-36　2015 年每千所学校拥有特级校长数量(单位:人)

数据来源:上海教育事业。

致中心城区学生生源要好于郊区,好的生源使得学习竞争氛围更为浓烈,教师教学和学校管理更容易出成绩。在调研中发现,很多优秀教师在教学习成绩好的学生时是游刃有余的,容易出成绩,但在教授生源差一点的学生时还存在一定的不适应,而城乡间生源是有差异的,将中心城区优秀教师安排到郊区轮岗,需要一段的适应期,短期内很难看到学生水平的提高,换言之,通过个别教师的交流和流动,很难在短期带动郊区师资力量的提升,因此一方面要促进优秀教师扎根到郊区,另一方面也在资源有限的情况下,更需要优秀教师带动当地教师,激发出他们的积极性和能力,便于更加熟悉并带教自己的学生。

3) 教育资源分配的空间封闭性促使学区需求不断内卷升级

教育资源是具有空间封闭性的,与户籍和房产相挂钩,之所以有这样的封闭性是由于教育资源本身所决定的,学前教育资源、小学和初中需要具有可达性,因此要求就近入学,必然需要对学校进行划片,而为了便于管理,同时优先保障户籍人口的权益,将入学条件与户籍和房产挂钩。这样的封闭性,导致只有买房且有户籍的人才可以获得相应的学区资格,从而根据房产和户籍种类、时间进行划分,对适龄儿童进行排名,确定录取顺序。在这样的背景下,必然会引发家长尽早买入学区房。

近年来,北京、上海等一些学区实行了摇号入学等政策,在一定程度上缓解了板块内的教育生源均等化,但由于学前教育、义务教育的就近入学要求,在跨区域生源优化的效果并不可行。

6.4.4　优质教育资源合理需求的引导及利用

面对这种对优质教育资源的单一需求,或许感受到的更多是焦虑和内卷,但同时要客观认识这一阶段性特征,在治理的同时,要静待治理效果呈现,也要因势利导,挖掘消极因素的积极影响。

1) 特大城市教育均等化投入不断增强,须静待效果涌现

近些年北京、上海市在教育均等化过程中做了很多工作,这些包括对薄弱地区硬件投入的增加,优质教育集团化等措施,尤其在义务教育均等化中取得了较大的成果。以上海为例,在硬件投入方面,从"十一五"开始,郊区义务教育投资项目数远超过中心城区,主要对于郊区、重点、薄弱区域进行硬件的倾斜投入,包括郊区保障性住房 36 个大型居住社区、郊区新城、部分外来人口集聚的工业园区及产业基地;在软件投入上,自"十二五"开始,统筹城乡师资配置标准;加大特级校长、教师向薄弱学校流动,实行了基础教育高端人才流动制度;结合学区化、集团化办学实践,探索建立"骨干教师的蓄水池",实施乡村教师支持计划与激励计划,吸引优秀人才到乡村任教并扎根;在优质资源投入中,2015 年上海市全面实施了集团化、学区化办学;在重点高中录取比率上进一步向郊区新城倾斜;提出了"新优质教育"的理念,实行《上海市优质学校集群发展三年行动计划(2015—2017)》[277]。

这些优质教育资源的均等化投入的效果逐渐凸显,如近些年民间在"重点"小学等的口碑上发生了较大变化,除了原有的存量"重点"小学外,还出现了一批"第二、第三梯队"学校,即是近些年发展较快的学校,说明优质教育资源的增量提升得到了大众认可,随着时间的推移这种效果会进一步凸显。

2) 正视优质教育资源对人口空间结构的引导作用

优质意味着稀缺,它是必然存在的,需要正视这种引导作用。从本书的分析来看,受教育程度较高的白领阶层对教育资源,尤其是优质教育资源的需求更高,在当前和未来一个相当长的阶段内,特大城市将会继续吸引人才的流入,既包括国内人才,也包含国外人才,优质教育资源可以成为城市吸引力的一个重要因素和品牌,对于提升特大城市都市群的引导力,提高国际城市竞争力具有重要作用。

3) 合理利用优质教育资源对人口空间结构的指挥棒效果

需要利用这种引导效应,在一些资源投入较薄弱的区域,人口素质的低地,可以通过优质教育资源的引入来提升区域的综合实力,提升区域人口增量结构,如郊区的乡村,以上海松江区为例(见表 6-18),松江新城平均受教育程度在11.42,与其他区域受教育程度差距拉开,尤其是西北片区、浦南片区,存在较多农村区域,是优质教育资源的洼地。"十四五"松江作为上海五个新城之一,需要进一步引入优质教育,打造优质教育"品牌",提升整体教育资源配置的水平。

表 6-18   2015 年上海松江区各街镇平均受教育年限 　　　单位:年

	平均受教育年限		平均受教育年限
岳阳街道	11.22	佘山镇	8.47
永丰街道	10.25	小昆山镇	8.32
方松街道	12.65	**西北片区**	**8.41**
中山街道	9.63	车墩镇	8.55
松江工业区	12.84	泖港镇	7.27
松江新城	11.42	石湖荡镇	8.29
泗泾镇	10.85	新浜镇	7.43
新桥镇	10.71	叶榭镇	7.9
洞泾镇	9.99	**浦南片区**	**8.14**
九亭镇	11.07		
东北片区	**10.81**		

数据来源:2015 年上海市 1%抽样调查数据。

6.5   本章小结

本章分析了特大城市公共资源配置与人口空间结构演变的路径差异,从政府和市场的宏观视角,揭示了特大城市公共资源配置的内在逻辑;从居住决策方面,揭示特大城市人口空间分异形成的微观机理。

1) 特大城市公共资源配置与人口空间结构演变的路径差异

伴随着城市人口的郊区化进程,特大城市公共交通、教育医疗资源也向郊区演变分布,但从资源的可达性、密度和优质公共资源分配来看,除绿地资源外,中心城区均好于郊区。

特大城市公共资源配置是滞后于人口空间郊区化速度的,但不同类型公共资源配置又存在差异,表现在:基础教育资源学校郊区化配置与人口郊区化的差距缩小。低龄阶段学校师资配置与人口郊区化速度差异几乎消失,高龄阶段学校师资配置则差距较大。医疗资源硬件投入与郊区化速度差异减少,但软件投入差距并没有显著变化。居住环境类公共资源与常住人口郊区化的速度并没有发生太大变化。

优质公共资源郊区配置滞后于高学历、户籍、白领的郊区化,表现在:外来人口的郊区化速度超过普通资源配置郊区分布,户籍人口郊区配置的状况略低于普通资源配置,但要高于优质资源的郊区布局。高中以上学历人口郊区分布受到优质资源影响显著。第一、二产业人口空间分布不受资源配置影响,公共资源配置对不同第三产业职业影响出现差异。

2) 政府导向下公共资源配置空间差异化

效率导向下公共资源配置的存量差异,主要表现在建国初期的二元体制导致了城乡公共资源配置的存量差异,以及改革开放初期效率优先的导向下城乡公共资源存量差异,人口郊区集中稀释了公共资源配置的存量。

收益及政绩导向下公共资源空间配置的增量差异。进入新世纪以后,由于城乡土地收益率的差异导致公共资源空间配置的增量差异,为了短期内凸显经济和社会成效体现政绩,公共资源投入出现马太效应。

政策导向下公共资源空间配置差异化,城市发展的功能定位不同,发展能级不同,资源投入和政策利好不同,从而导致了公共资源的等级化差异。

3) 市场资本驱动下区域生活品质的等级差异

商业资本打造区域发展品质的等级化差异,不同的区域发展功能下,资本借助政策优势配置了不同的商业资源,形成强强联合,促进房价提升,导致区域生活品质的等级化差异。

房地产品质差异引发了不同区域的房价差异,在相同区位下,普通商品房小区通过物业管理规范、较高的住房品质,保障其价格优势。

市场资本叠加公共资源加剧区域品质的等级化。在政策的利好下,市场资本不仅自己制造区域等级差异,还会叠加公共资源的优势,将其进一步体现在房价中。

4) 个人选择导致人口居住地选择偏好的差异

高学历白领和蓝领工人的居住地选择差异明显,两者居住地选择偏好的形成,既受到客观制度的约束,又是主观主动选择的结果。

客观制度因素制约了外来蓝领工人的公共资源选择。特大城市的户籍制度打造了两类群体公共资源选择权利的差异,制约了外来蓝领工人的公共资源选择权,大部分主要通过成本—收益来决定生活在郊区。

优质教育单一偏好塑造了高学历白领的居住决策。高学历白领的教育资源偏好形成具有主观性:他们在选拔式教育中的经验促使他们更加重视子女教育,优质资源的文化资本代际传递及经济资本保值能力,固化了他们单一需求。

优质教育资源的稀缺性及学区制加剧了需求的单一性。人力资源投入差异加剧了优质资源的稀缺性,家庭背景导致的生源差异引发优质公共资源的马太效应,教育资源分配的空间封闭性促使学区需求不断内卷升级。

客观认识当前对优质教育资源的需求。一方面特大城市教育资源均等化投入不断加强,需静待效果涌现;另一方面要因势利导,充分利用优质教育资源对吸引人才和优化人口空间布局的指挥棒效应。

第 7 章　新型城镇化背景下特大城市人口空间结构优化的现实路径

新型城镇化背景下，要转变以往人口空间结构优化的思路，以人为本，遵循人对空间的多元化需求，通过公共资源的合理配置来优化人口空间结构，缓解过度的人口空间分异，同时转变公共资源投入的路径，避免其加剧人口空间分异。在现实中，依据新型城镇化建设的要求，本书借鉴发达国家在城市化进程中的管理经验提出了通过公共资源配置来优化人口空间结构的实践思路和行动方案。

7.1　国外城市人口空间结构优化的经验和教训

在城市化进程中，大量人口进入城市，伴随着城市化、郊区化的作用，人口空间分异逐渐突出，因此人口空间结构优化是一个系统性工程，绝不是某一个领域单方面的作用，既包含人口空间郊区化的措施，公共资源空间均等化的措施，又涉及公共住房保障等。本书主要从上述几个方面梳理国外发达国家在城市化进程中的经验和教训。

7.1.1　国外城市人口空间演变及人口空间分异特征

1）美国

第二次世界大战后，美国进入了郊区化阶段，在萌芽阶段，富有阶层有感于中心城区居住环境的恶化，开始向郊区迁移，但仍然需要到中心城区工作、购物和娱乐；随着郊区化的发展，居住功能和工业的郊区化进一步推进。联邦政府住房政策向郊区倾斜，私人汽车和高速公路郊区快速布局，商业服务业、购物中心向郊区扩散，在科技革命的推动下，新兴的高科技制造业，如电子、医药、航空航天等在郊区发展并占据主导地位，为这些部门服务的事务所、大公司总部也迁往郊区[278]。至 1970 年,郊区的独立性加强,由单一居住功能向复合型功能融合,促进了多中心城市空间的形成和巨型城市的兴起。郊区化过程还形成了规模巨大、结构复杂的都市连绵区,使美国大都市区的规模不断扩大,数量不断增加。

人口郊区化使得人口结构在空间上重新分配,种族、民族和阶级形成了美国大都市区特有的人口分布模式,郊区成为美国中产阶级集聚区,大多数被白人所占据。中心城区成为黑人、低收入群体的居住区,由于受到歧视面临着失业的困境,成为贫民窟[279]。克拉克对美国 8 个城市 1980 年的少数种族居住隔离指数进行测算,芝加哥中心城区居住隔离最为严重,隔离程度最低的丹佛地区,指数也在 0.7,郊区的隔离指数(0.57)低于中心城区(0.82)。具体来看,黑人种族与白人的隔离程度最高,1980 年芝加哥、洛杉矶、迈阿密、旧金山、纽约五个区域隔离指数均超过 0.7 以上,其次是西班牙种族、亚洲种族[280],在此过程中,接近八成白人主动选择远离其他种族居住。

富有阶层不断逃离中心城区,导致中心城区的衰退和贫富分化加剧。与贫困相伴而生的还有一系列社会问题接踵而至,如犯罪、不当行为、低劣住房、无家可归、疾病等,在城市中形成空间集聚,甚至形成一些基于种族、宗教、国家来源地的"隔坨区",居民几乎没有机会搬离[281]。在市场机制的作用下,由于缺乏投资,贫困地区公共设施缺乏,发展机会流失。

2)英国

英格兰地区人口按照圈层式的发展,进入 21 世纪,9%的人口居住在城市核心区,23%的人口在城市边缘区,43%的人口生活在近郊区,20%的人生活在距离核心区 30 公里外的郊区/乡村。以伦敦郊区为例,艾菲尔德地区曾经一度也沦为伦敦的睡城,但随着新型产业的发展,20 世纪 70 年代早期,办公室产业向郊区扩展,商业、金融业、服务业向郊区扩散,专业型、管理型和办公室工作岗位开始增加,大型零售中心在郊区布局,21 世纪以后,中心城区与郊区在总部企业、批发零售等方面平分秋色。英国伦敦未有汽车的家庭占 1/3,因此郊区公共交通的发展迅速,与此同时艾菲尔德加大公共财政支出,2006 年,18%用于成人社会服务,儿童社会服务占 7%,文化、娱乐、社区住宅服务占 4%,9%用于环境服务,教育支出占 53%,其他社会事务和政府办公占 5%,17%用于建设性投资,教育投入比重十分重视。

在人口结构方面,郊区成为中产阶级居住的区域,其拥有城市的基础设施,也有着乡村风貌,富人则进一步向郊区/乡村集聚,中心城区面临着人口老化,失业人口增加等衰落,"复兴城市"成为英国城市发展的主要内容[282]。早在二战以后,英国为了缓解住房短缺,在近郊区域建立了公共住房,但缺乏有效管理和维护,至 1979 年约有 1/3 家庭生活在公共住房中,其中 11% 的人口属于零收入家庭;20 世纪 80 年代后期,大规模经济状况较好的人口陆续搬离,低收入群体被沉淀下来,沦为贫民区;2004 年零收入群体上升至 69%[283],如托特纳姆大区即是多民族和贫困群体集聚地,成为欧洲集聚代表的"问题街区",超过万名居民主要靠领取救济金度日,犯罪率高于其他区域,平均预期寿命低于平均值。除了贫富阶层的差异以外,进入 21 世纪以来,英国郊区内部也出现了人口分化,向老年化、多民族化、单亲家庭转变,东部、南部部分区域出现了失业人口增多的趋势。

3)日本

第二次世界大战以后,日本经历战后重建和经济复苏,在中心城区较近的区域建立卫星城,但随着城市中心的扩大,最终与中心城区连城一片;20 世纪 60 年代,工业的快速发展,带动了人口快速增长和集聚,为了解决中心城区在交通、住房、环境和能源中的"城市病",日本开始新城建设的热潮,来缓解东京中心城区工作人口的住宅问题,新城成为中心城区的卧城;1986 年开始,新城开始大力发展产业,"向业务核都市"发展,在经历 5 次都市圈规划调整以后,东京实现了由一极集中,向多级多圈层的城市结构演变,各城市副中心功能和分工明确,如多磨地区为高科技产业、研究开发机构、商业、大学集聚地;埼玉政府机构、居住、生活、商务职能,形成了"中心区—副中心—周边新城—邻县中心"的多中心多圈层城市格局,同时政策上向副中心、新城倾斜,加强基础设施建设,扶持企业总部入驻和中小企业集群,促进城市人口、产业共同向新城和副中心集聚[284]。

与欧美国家的人口空间分异不同,日本属于单一民族国家,移民也并未大量涌入,种族、文化并没有在空间上形成隔离,但曾经出现过以职业为特征的居住问题。1920 年,日本化学工业快速攫取,矿工企业建造了"社宅"为矿工职工居住,至 1960 年,能源政策变化,矿业受到严重冲击,矿业工人大量失业,矿工居住区成为失业、低收入的集聚区,引发社会问题。

同时在人口向郊区演进的过程中,日本城市近郊的农村,农业人口与非农业人口混居成为一种常态,非农要素大量进入,造成了传统农村社会和城市社会不同的特殊形态,导致原有居民和外来新居民社会性和空间性的割裂与对立。

4)法国

第二次世界大战结束以后,法国社会经历了战后经济复苏,进入了"光荣 30 年",城市化进入了快速发展阶段,大量农村人口涌入城市,战争带来的住房破坏和人口快速涌入,加剧了城市住房困难。20 世纪 50—60 年代,法国城市里昂、巴黎、马赛等郊区兴建了规模庞大的大型居住社区,在 10 年间,法国新建住宅从 7 万套猛增到 32 万套,解决了住房紧缺。但由于建筑质量不高、社会服务配套不足、就业岗位有限、商业发展欠佳等问题突出,在大型居住区发展后期,收入较好的家庭不断迁出,大型居住区逐渐成为移民群体、失业群体、家庭困难群体的贫民窟。1970 年以后,巴黎等区域进入后工业社会,产业结构调整,部分传统工业街区出现物质、环境的衰退。1990 年以后,法国进入城市化稳定发展时期,经济结构调整和城市转型发展不断深化,巴黎的各种社会问题突出,以文化、收入差距导致的居住排斥现象突出[285]。

5) 经验和教训

在城市化发展中,无论是郊区化,还是大型居住区建设,产业带动、公共设施的区域配套是形成良好区域发展的关键,也就是说公共资源、产业发展等不能完全单独发挥作用,需要多方配套。

欧美等国家的人口空间分异不仅是收入、阶层的分异,还表现出种族、文化、移民的隔离,并一直延续,甚至成为当前社会发展的主要问题,贫民窟经常成为社会冲突、地区冲突的多发地。可见人口空间分异是一个由物质收入、人口阶层、到文化分异的发展阶段。我国特大城市并不存在国外移民和种族的隔离,即使部分受教育程度、职业和户籍的分异,也仅处于中等分异的程度,人口空间分异尚处于可控范围之内。

7.1.2 国外城市人口空间结构的优化的经验和教训

1) 美 国

自 20 世纪 70 年代以来,中心城区的复兴成为美国城市治理的主要内容。1974 年美国国会颁布新法令,要求新社区建设应以分散低收入阶层的空间集聚为目标,通过为低收入群体提供住房实现下层阶级在空间分布上的分散化,以此增加和提升社区的多样性与活力,恢复衰败的社区活力,吸引高收入的居民到败落地区居住,同时在种族混合居住方面,提出了黑人与白人各一半的混居模式,但均以失败告终。20 世纪 80 年代,在内城复兴过程中,市场也曾经起到过主导作用,以房地产开发为特征的商业性活动,以效率优先为核心,开始了以开发商为主导的内城更新,政府则是为私有部门投资活动和经济增长创造良好宽松的环境。20 世纪 90 年代以后,居住的治理更偏向于社区规划,通过开展三向伙伴关系,加强内城社区各方权利的平衡,形成更加民主的方式,内城的复兴转型分阶段、规模,自组织"自下而上"的模式进行。

政府虽然在法律层面上保障住房公平,但由于缺少强有力的政府干预,在社会层面上族群歧视依然普遍;尽管有一系列政策期望通过居住分散来实现族际空间整合,但并无单独法律,而是一般都将其嵌入反贫困计划当中,效果难以准确评估。

2) 英国

20 世纪 70 年代,英国进行了保障性住房的集中建设,但却出现了高失业率、高犯罪率、医疗服务资源欠缺等问题。2007 年,英国出台政策,住房保障转向混合居住形式,商品住宅小区必须包括一定比例的低成本、小户型住房。与此同时,在伦敦郊区的艾菲尔德提出了"绿色艾菲尔德"计划,改变过去和今天的居住环境,增加公园和河流水岸道路,打造有特色的社区,提升郊区的乡村景观,维护社区和谐。具体的项目包括建设社区公园,建设儿童游乐场所,打造郊区自然居住特色,在道路和公共交通中,提出了与中心城区不同的"郊区密度",要求郊区住宅开发需包括社区设施、公共设施等,提升郊区贫困地区的宜居环境。

3) 法国

在 20 世纪 70—80 年代,法国巴黎改变了以拆除并集中居住的城市建设,转而向改善现有住宅为主的城市更新,包括改造困难街区的居住环境,提高住房质量;90 年代法国进入城市化稳定发展期,强调个人的居住权利,抵制社会排斥,展开了以混居为导向的差异性街区治理,包括"城市重点项目计划""城市复兴条约""城市团结与城市更新法",主要目的在于在商品住宅区或富裕群体居住区设定一定比例的社会住宅,实现混居[286],同时增加社会租赁住房建设。

4) 日本

以职业为主的低收入群体集聚过程中,日本对该地区的"社宅"进行了大规模的居住环境改造政策,由市政府牵头,县政府实施,企业资金投入,对住宅改造内容,街区环境政治规划,资金筹备,拆迁计划,公共设施、其他设施的种类及用地规模进行了详细的综合整治[287]。

在城市化进程中出现的城乡隔离问题,日本城市近郊采取了农村混住化的治理,通过地域性居民组织的分化和整合,既维持传统农村社会"私人领域"共同体特点,又构建了具有包容性和开放性的"公共领域",实现新居民与原居民在公共空间领域的融合[288]。一方面保留农民继承祖业和土地继续从事农业生产,另一方面也实现了农民希望城市化的意愿,建立了"农住都市"的景观建设[289]。

5) 经验教训

在国外发达国家的居住隔离治理中,采取了由集中居住向混居的居住方式演变,同时对原有集中居住的大型社区实行了不同程度的治理和城市更新,主要的方式有居住房屋的修建或搬迁,公共服务设施和居住环境的更新等,与日本的不同的是,欧美的社会隔离具有严重的文化种族因素,因此通过混居实现社会融合并不容易。

在我国目前也逐渐由保障房集中居住向混居演变,但已有大型保障房居住区也出现了不同程度的公共资源匮乏,中低收入集聚的问题,在一些特大城市如上海、北京等均采取了各种措施,引入知名商业综合体、品牌房地产,提升公共资源配套等,对原有大型居住区的整治取得了积极效果。

7.1.3 国外城市公共资源空间配置均等化的经验与教训

基本公共资源属于社会福利的范畴,纵观世界福利制度,大致分为三种形态:以英国和北欧国家为代表的"公平至上型"基本公共服务均等化模式,以美国和法国为代表的"市场主导型"模式,以新加坡和俄罗斯为代表的"自主积累型"模式。

1) 美国

美国政府从 20 世纪初开始通过和实施了一系列确保基本公共服务均等化的法律法规,如《社会保障法》《中小学教育法》等,为保障公共服务的均等化提供制度保障。在职能划分上,美国联邦政府在社会保障中与州政府一起承担责任,其他公共资源和服务,如教育、卫生、交通等则由州政府承担供给责任;在供给方式上,近年来,美国大力推行 PPP 模式,促进敦促私营部门按照政府质量和标准进行公共资源和服务的生产,政府给予私营部门融资和运营支撑,并根据私营部门的供给质量支付服务费,实现了多方协调的公共资源供给模式;在绩效评估方面,美国建立"国家绩效评价委员会"提出了公共部门绩效的六大指标,以公民为导向,形成了多样化的评估主体,评估结果向各方反馈;在教育领域,为了阻止阶层分异的代际传递,联邦政府的教育支出向欠发达地区倾斜,同时各州将教育增量投向更困难的学校,采取"有计划的"学生分配制度,保障各学校在学生生源上的平等,不同家庭背景的孩子实行混合分配。

2) 英国等欧洲国家

英国是世界上对社会福利立法最早的国家,1946 年颁布了《国民健康服务法案》,1997 年通过了《公共服务法》。在组织安排上,英国等欧洲国家均采取了"地方自治半自治"模式,明确了各级政府在公共服务中的责任,由地方政府承担供给基本公共服务的职责。在财政支持中,挪威中央政府通过财政制度推行均等化基本公共服务,如提供专项资金保证地方政府特定项目的公共服务,部分基本公共服务项目由上级政府转移给下级政府,以人头方式进行分配,根据人口结构、路途远近、收入水平和需求等考虑再分配。丹麦长期坚持"地区补贴与均等化计划"对各地区公共资源支出需求和税收差距均等化拨款,保持地区均等化发展。在社会参与服务中,英国在80年代初期,推动政府业务委托经营政策;在绩效评估方面,英国利用现代信息技术建立起信息网络,将基本公共服务绩效与日常管理联合,为绩效评估提供全部信息;在基础教育领域,英国采取了较为完善的公共教育支出制度,中央负担公共教育的支出比重不断提升,超过一半,形成了较为稳定的公共教育支出制度[290]。

3）日本

20世纪60—70年代,日本经济迅速崛起,也出现了城乡和地区的差异,同时日本城镇化过程中面临着人口老龄化和空心化导致的资金短缺问题,其公共服务配置的主要特色体现在地方交付税制度的建立,1954年出台了《地方交付税法》,通过5种国家税收等多元化方式形成财政基金,确定了中央和地方之间财政支出分担责任,并按照一定标准在全国各地方政府间进行分配,是一种无条件的转移支付方式,用于保障经济发展水平欠发达地区的公共资源配置。在教育服务、医疗保障、公路、供水等领域提出了基本公共服务的全国统一化、标准化建设[291]。在公共交通配置中,日本并没有传承欧美私家车的发展模式,而是不断扩大轨道交通,形成了独有的"枢纽站文化",轨道枢纽站周边是高密度开发的公共设施建筑和高层公寓[292]。日本以教育立国而闻名,基础教育的均等化首屈一指,在硬件投入中实行标准化设施;在义务教育中实行国库负担法,保障了教育财政资源的均等化,对于特殊地区,实施了孤岛振兴法、人口过疏地区教育特别措施法等,给予落后地区财政支持政策;给予教师不低于公务员的待遇,并采取轮岗制度,均衡师资力量投入,保障偏远地区的教师待遇高于非偏远地区。

4）加拿大

加拿大是世界上公认的基本公共服务均等化较好的国家,在基本医疗保障体系中,全国实行统一标准的国民基本医疗保险,享有基本住房保障;针对偏远地区和农村地区的孩子,给予教育领域的特殊待遇,如专车接送;在财政资金方面,介于区域发展的不均衡,联邦政府承担了各区域财政均等化的责任,给予欠发达地区提供资金兜底;在社区参与中,建立了以行业协会为自律管理,政府宏观管理为辅,社会各方力量参与监督的市场组织监督机制,成为城乡公共服务的重要力量保证[293]。

5) 经验与教训

在公共资源配置,尤其是基本公共资源配置领域,中央和地方承担了不同的职能;在基本公共资源配置领域实行了统一标准化服务;保证地区均等化投入的财政支持至关重要,通过地方转移支付的方式加大对贫困地区公共资源的支付能力;在供给方式上,美国吸纳了市场力量参与基本公共服务的供给,加拿大则采用了社会参与的方式,建立行业协会。

我国特大城市主要面临着由于户籍制度残留导致的外来人口与户籍人口之间部分公共资源获得的差异,但由于我国城乡、区域之间公共资源配置尚存在差异,特大城市公共资源要在资源有限性与覆盖全部常住人口之间实现平衡,这对特大城市人口管理和服务的体制提出了挑战。

7.1.4 我国特大城市人口空间优化可借鉴的经验总结

1) 人口空间演变的规律性经验

国外城市的演变与我国特大城市演变表现出一定的一致性规律,多是圈层式发展,形成多中心格局,郊区在产业发展、公共资源配置和商业配套等功能中逐步完善,最终以是否能够成为独立功能的中心为标志。郊区是与中心城区同等等级的中心,而不是中心城区的附庸,无论是产业发展还是公共资源、商业资源投入,均需以此为基础。

首先,在发展初期,郊区产业往往是中心城区产业升级的附庸,最终大都市多中心格局的成熟标志,则是形成了郊区新型产业的比重与中心城区相当的格局;其次,公共资源配置的跟进是郊区居住功能完善的表现,尤其是交通扩展、教育投入同步的推进;再者,郊区发展的特色明显,英国郊区发展中保留了乡村特色,但在公共服务上则是城市配置,而不是中心城区发展模式的照搬,特色突出,空间多样化给了居民更多的选择。

特大城市多中心发展布局虽然较早,但近些年才进入真正意义上的快速发展阶段,如上海在"十四五"规划中的布局,郊区新城在公共资源配置,尤其是品牌义务教育引入中的力度将有所加强。长久以来,我国特大城市延续了圈层式为主导的发展结构,地铁的布局是中心城区为核心不断向外延伸的,而郊区新城在产业定位中的特色和发展优势尚未显现,产业能级未能形成较强的竞争力。

由此可见,在人口郊区演变的过程,产业、基础类公共资源、生活发展类公共资源的配置需要同步进行,这种配置并非单纯的触角所及,而是真正体现郊区新城的极化效应,并能够与中心城区功能等级接近的配置,形成兄弟平级关系,而不是母子等级关系[294]。

2）我国特大城市人口空间分异及治理的特殊性

在国外大都市郊区化进程中，人口结构的多元化，不可避免出现了人口空间分异，但不同国家城市人口空间分异的表现及形成机制存在差异，由此决定了在治理方式上的差异性。

首先，美国自由主义市场经济在郊区化进程中的主导作用，受到利益的驱动，以种族、民族、文化为主导的富有群体和低收入群体会出现居住上的隔离，在城区复兴过程中，政府主要以法律形式参与城市更新的过程，采取的集中居住或分散居住的住房保障措施，也并没有从根本改变不同阶层的分异和隔离。

其次，以英国为代表的福利国家，在郊区演进过程中依然出现了中心城区的衰落，同时由于英国是世界上工业化发展最早的国家，也是城市化推进最早的国家，甚至在郊区内部也出现了贫困区域，通过对贫困区域居住环境改善、公共空间打造的方式，重新提升贫困地区的宜居性，取得了一定成效，但移民、种族、低收入居住集聚，依然时常形成不稳定因素。

再者，作为亚洲国家的日本，在郊区化过程中，出现了农业本地人口与非农城市人口在同一郊区空间的异质性，由于没有种族、文化的分异，这种城市生活方式在空间上冲突，随着城市化和农业现代化的发展，并不会像美国那样成为影响社会的主要矛盾。

我国特大城市发展中，以户籍、受教育程度、职业为代表的人口空间分异，凸显了制度和社会结构所导致的空间异质性，户籍制度尚遗留，由此将人群分为获得不同福利待遇的群体，并与房产挂钩，成为我国特大城市人口空间分异的主导因素；受教育程度和职业导致的收入和资源获得能力差异，是社会转型期所面临的结构性挑战，与国外种族、文化导致的社会断裂具有根本性的区别。在异质性治理过程中，要借鉴发达国家的经验，城市的更新、居住地的改善，要配套公共资源的配置，以全面提升薄弱区域的居住质量和品质；同时要不断破解限制人口流动和公共资源获得的制度因素，尽快实现各类群体获得权利的空间公平性。

3）公共资源配置对人口结构优化的促进性

在国外城市化进程中，公共资源配置对人口空间分布的影响至关重要。其中，交通作为基础性的公共资源，在郊区化进程中的推动作用突出，不同城市采取了不同的城市交通策略，其中日本东京最值得借鉴，由于其人口密度高，人口规模庞大，因此采取了轨道交通枢纽的发展方式，对我国人口总量多、人口集聚快速的特大城市具有借鉴意义，但交通的郊区演化依然需要以新城为中心点来布局轨道交通,以增强新城多中心极化效应作用的发挥。

其次,在郊区化进程中,不同区域,尤其是中心城区与郊区的公共资源差异化配置特征需要重视,英国在郊区贫困地区的治理中采取了优化居住自然环境的方式,值得借鉴。对我国特大城市而言,郊区具有绿地等自然资源的天然优势,要充分利用和打造这一优势,使其成为吸引人口的长板。

最后,在教育资源空间配置中,一方面,国外在大都市发展过程中均采取了基础教育均等化的措施,在硬件方面采取了标准化投入,在师资方面,通过薪资、教师流转的过程,保障其均等化布局;另一方面,对于贫困区域或资源匮乏区域,则采取了倾斜投入的方式;同时,提升中央财政投入的比重是提升基础教育均等化的保障。就我国而言,需要看到现阶段居民对公共资源需求的迫切性,尤其是对优质教育资源需求的迫切,具有我国文化传统特征,可以将其转变为优势,以此来引入人口结构增量布局,优化人口空间结构分布;优质教育资源的打造需要一定的时间,学校文化和底蕴却不容易马上出现成效,突出特色,强化优势,打造新的优质教育理念,也至关重要。

7.2 新型城镇化背景下特大城市人口空间结构优化的实践思路

新型城镇化背景特大城市需要通过公共资源的配置来优化人口空间结构,主要思路是剥离传统城市化背景下公共资源配置与市场的叠加关系,建立起一种以人的空间需求为本的,公共资源空间配置的逻辑,缓解现有特大城市过度人口空间分异,并实现人口有序流动和合理分布。

7.2.1 人口空间结构优化的实践原则

1) 坚持公平性原则

公共服务是关乎人民基本生活福祉的,实现个人全面发展的基础,应当坚持公平的基本原则。新型城镇化背景下人口优化的原则是实现空间正义,保障每个生活在特大城市的个人获得的公共资源空间正义。

2) 尊重多元化需求

空间正义的实现最终也以尊重人的多元化需求为结果,现阶段,居民对公共资源的需求相对单一,由此导致了对优质资源的盲目需求,随着社会的进步,对公共资源的需求也会多样化,在公共资源配置的时候,则需要结合区域自身的特色,营造出不同特色的公共资源供给场域,打造城市多元化空间,从而满足不同群体的合理需求和选择。

3）秉承系统性观念

首先,特大城市公共资源的配置要考虑中心城区、郊区新城、远郊区等各区域的发展,综合考虑影响人口布局的产业因素、城市功能定位、保障房建设等,协调郊区,尤其是新城"居住—就业"的功能,统筹考虑公共资源的配置。

其次,特大城市作为城市群的增长极,未来"十四五"时期,城市群发展将成为我国空间发展的主旋律,特大城市在公共资源空间配置的时候,要充分考虑未来城市群内人口的流动情况,协调城市群内各城市公共资源配置的状况,制定本区域公共资源空间的配置标准。

4）完善动态性机制

人口流动具有动态性,根据第七次人口普查的结果显示,2010—2020 年间全国人口流动规模陡增,既包括以往的城乡流动、城城流动、跨省流动,还包括大比例人户分离流动人口,"流动时代"到来[295]。《中共中央国务院关于新时代加快完善社会主义市场经济体制的意见》公共资源配置要向按照实际服务管理人口规模配置转变,不仅要把握流动人口变动的状况,还需要关注户籍人户分离人口的动态变化,这给公共资源的配置带来极大挑战,亟待建立起一种适应人口流动的动态性监测和治理的机制,为公共资源配置的动态性提供依据。

7.2.2　人口空间结构优化的行动目标

1）顺应人口空间演变规律实现人口空间合理分布

根据第 3 章的分析可以得出,现阶段特大城市依然处于快速城市化发展阶段,其中北京、上海城市化发展相对较早,与其他重庆、武汉、广州等城市相较,处于快速城市化发展的成熟期,虽然人口流入速度放缓,但主要是受到政策因素的作用,上海"十四五"时期新城的建设将会进一步吸引人口向郊区集中。因此首先人口空间结构优化要顺应人口郊区化的布局,引导各类群体有序郊区化,尽量防止不同收入群体郊区化进程中的差异。

2）重视人口空间结构,优化人口空间结构布局

人口结构包括职业、受教育程度、户籍等结构,其中,职业、受教育程度是个体自然选择能力差异和偏好导致的,从而决定了收入的差异,决定居住地点和品质。现阶段,这种差异依然存在,形成居住分异,需要通过公共资源的配置来提升低收入、薄弱区域的居住品质,引导人口主动混居,最终随着社会结构的转型,不同职业、受教育程度人口收入差异将逐步缩小;户籍导致的人口收入差异,资

源获得差异,引发的人口空间分异是传统城市化发展进程中的遗留,在现阶段公共资源配置是以户籍和房产为依据供给的,因此需要进一步破除制度因素限制。

3) 尊重自由流动权利实现人口有序流动

空间正义的最高层次是实现人口有序和自由流动,居住是个人的选择,个人有权利根据自己的公共资源偏好选择居住地,这种选择是在尊重个体化差异的基础上实现的,而不是受制于贫富差异,因此,城市要着重打造多元化高品质的公共资源,丰富城市空间,引导人口有序选择,自由流动。

7.2.3　人口空间结构优化的基本思路

1) 特大城市人口治理由"人口规模"向"人口空间结构"转型

一直以来,人口规模、人口空间布局是特大城市管理中的重点内容,城市人口关注的焦点亟待由"人口规模"向"人口空间结构"转型,综合考虑人口数量空间分布、人口空间结构及其社会效应。

2) 完善"产业—公共资源—市场资源—人口"相协调的城市空间规划统筹理念

在传统城市化进程,政府政策倾斜下,房产建设、高速公路等基础建设作为城市空间打造的基本单元,逐步转向综合考察产业、公共资源配置、商业资源和人口社会结构等多因素对城市空间进行规划。

3) 充分利用公共资源对人口空间结构影响的指挥棒作用

现阶段公共资源,尤其是优质公共资源配置对人口空间结构的影响作用将会日趋明显,可以充分利用该规律,顺应人口空间结构变动规律,调整人口结构的增量,优化人口空间结构布局。

4) 转变政府在城市空间治理中的职能定位

在传统城市化进程中,由于绩效等因素的考量,政府在城市空间中起到了政策引导的作用,并在一定程度上通过公共资源的投入加剧了城市空间的异质化,新型城镇化背景下,亟待进行职能转型,向"政策引导、补短板兜底"转型,在一些未来亟待开发的区域,给予政策引导,基本公共资源配置跟进,市场资源起主导作用打造城市空间;政府通过公共资源"补短板"的形式对城市空间中的薄弱地带兜底,通过优质资源的导入,提升城市空间的整体质量。

7.3　新型城镇化背景下特大城市人口空间结构优化的策略步骤及重点任务

从需求的层次来看,公共资源的供给由数量的空间均衡,到质量机会空间均衡,直至高水平多元化的差异化供给,供给的水平层层递进。由于区域发展不均衡等现实状况,在实践过程中这三个层次既需要同步推进,每个层次内部又需要逐步进行。

7.3.1　近期的主要任务:公共服务空间均等化

近期,主要是"十四五"期间,特大城市要确保公共资源符合常住人口空间布局的规律,尤其是基本公共服务和基础设施资源。主要任务是加强郊区基本公共服务配置的力度,实现公共资源的空间均等化,包括:

1)注重基本公共资源软件投入的空间均等化配置

特大城市基本公共资源的硬件投入基本上做到均等化配置了,比如社区卫生中心,医院数量的空间配置,但是涉及义务教育、医疗资源这些关乎居民未来发展的基本公共资源,其服务和供给的质量更取决于软件的投入,如师资、医生数量等人的配置,郊区、相对欠发展地区软件配置会薄弱,因此需要通过倾斜投入,增加薄弱地区教师、医护人员的工资收入、优化职业规划等方式,吸引教师、医护人员扎根到郊区,提升薄弱区域公共资源投入的软实力。

2)着力向郊区导入优质公共资源

从目前的发展来看,优质公共资源主要是指居民迫切需求的,但又是较为稀缺的资源,如重点幼儿园、高中、品牌义务教育资源、三级甲等医院等关乎居民的健康、教育等发展问题的社会服务类公共资源。中心城区与郊区之间存在加大差距,也是导致现有人口结构空间分异的重要原因之一。着力向郊区新城引入优质公共资源,解决当前郊区各区域优质公共资源短缺的现状;优质基础教育资源涉及软件的投入,如教师的水平、医生的水平等,必然会导致供给水平的参差不齐,那么这些既迫切、又稀缺的优质资源则需要实现机会的均等配置,引导高水平教师、医护人员向郊区流动,并带动郊区优质资源人员服务水平。

3)以郊区新城为中心突出特色布局公共资源

郊区公共资源的配置等级要持续提升,与中心城区形成相同的等级,这就需要根据郊区的特点,突出特色化公共资源配置。如在基础设施配置领域,以新城为中心,设计向中心城区、郊区新城、其他郊区、甚至相邻长三角其他城市的轨道交通,提升新城的极化效应;在基本公共服务空间布局的标准化配置中,以往特大城市虽然规定了针对人口规模来配置基本公共服务,如义务教育学校、社区卫生中心等,但还需要考虑基本公共资源的可达性、密度等,郊区需在空间配置方面进行标准化要求;在提升服务内容方面,如基础教育特色化办学中,结合产业、环境等优势,提升服务特色和品质。

7.3.2 中期的主要任务:提升优质公共资源能级

中期主要是指 2025—2035 期间,要以常住人口为基础,着力推进特大城市优质公共资源的配置,通过优质公共资源的配置来提升特大城市空间品质,优化人口空间结构;与此同时,特大城市要提升全球城市吸引力,需要城市空间多样性,提升公共资源的使用效率,满足个人需求。

1) 进一步提升优质资源的机会均等化程度

实现竞争性优质公共资源获得规则的公平性。对于重点高中等具有选拔性的优质公共资源,2021 年上海市重点高中向郊区增加了录取配额,要进一步破除特大城市不同区域配额的差异,面向所有常住适龄儿童,按照报考志愿和分数录取,由此避免不同区域优质资源获得差异而导致的用脚投票,引导不同群体顺应郊区化的分布,优化人口空间结构。

非竞争性优质公共资源获得机会的均等化。主要是针对幼儿园、义务教育资源而言,此类资源具有就近入学的要求,当前北京、上海在部分小学或初中实行片区摇号的方式,增加片区内优质资源的机会均等,这种方式可进一步在幼儿园、小学、初中实行,彻底打破优质资源的区域限制,实现机会的均等。

2) 提升优质公共资源配置整体水平及多样化空间

一是特大城市优质公共资源配置具有吸引人才、区域引领的作用,在中期要不断提升特大城市优质公共资源的供给水平,通过各种方式,不断做大优质公共资源的蛋糕,满足人民对高质量生活的要求。

二是打造多元化的城市空间。这是特大城市空间公平性的最高层次,但并不意味着需要放在最后步骤去完成,需要在中期逐步开始落实,这是因为公共资源的投入不仅涉及物质投入,还有文化等氛围的形成过程,物质积累到一定程度才能形成文化体现,通过城市更新,对城市空间改造逐步推进,将物质空间与精神空间结合,形成多元化城市场景,引导人口对城市空间的需求,避免单一需求引发的资源紧缺。

3) 引导人口对优质公共资源的合理需求

优质公共资源既涉及供给领域,又涉及需求领域。需求既有合理的,也有不合理的,在空间打造的时候要区分需求的层次,对合理的空间需求要尊重,但对不合理的需求则需要进行引导。从现阶段来看,对学区房的盲目追捧在某种程度上凸显了个体互相攀比后的心理,会被市场、舆论等利用,偏离合理需求轨道,需要进行疏导;同时要尊重多元化需求,甚至通过多样化城市空间的打造,引导个体的多样化需求,追求美好生活,实现个人价值。

7.3.3　远期的主要任务:进一步破除制度障碍

远期主要指 2035—2050 年至本世纪中叶,要破除制度上的限制公共资源配置和人口自由流动的因素,扭转政府配置公共资源的逻辑,使得公共资源配置充分与人口因素相结合。

1) 彻底扭转政府在公共资源配置中的政绩逻辑

从本书的分析来看,在传统城市化进程中,政绩导向下的政府公共资源配置,以及利润导向下的市场逻辑叠加,加剧了公共资源空间等级化。

公共资源是最关乎民生的,其配置逻辑体现了政府的执政能力和为人民服务的水平,因此要彻底扭转政府在公共资源配置中的政绩逻辑,与市场资源配置的路径相剥离,使用好公共资源这个有效引导人口空间结构优化的手段。一方面优质公共绿地资源主要指山、水等自然景观所在地,具有天然地理属性,无法通过人为的手段进行分配,在涉及需要集中配置的保障性住房时,则可以与这些区域相结合,提升居住水平,避免保障性住房成为人口洼地;另一方面,对于已经成为人口结构“洼地”的区域,可结合优质公共服务的配置,提升区域宜居性,吸引受教育程度较高的人群、户籍人口等自愿主动流入,实现混居。

2) 破除公共资源获得的户籍和房产逻辑

由于户籍制度的影响,特大城市居住证制度将外来人口分为不同的等级,不同等级外来人口所获得的公共资源权利与户籍人口并不完全相同,获取什么样的公共资源取决于人口的户籍和房产状况,尚不能完全按照常住人口空间分布的状况进行公共资源的配置,从而导致择校、挂户口等情况屡禁不止,又会给人口管理带来困难。2017 年国家住建部曾经出台《住房租赁销售管理条例(征求意见稿)》[296],通过立法逐步使租房居民在基本公共资源方面与买房居民享有同等待遇。随后许多特大城市均出台了政策,加快租购并举的住房体系,推进租售同权。特大城市虽然做到了基本公共资源的同权,但在许多其他优质资源中,尚未有实质性进展。《中共中央国务院关于新时代加快完善社会主义市场经济体制的意见》[297]中指出,推动公共资源配置向实际服务人口转变,要充分认识到当前特大城市人口流动性特征,打破公共资源配置的制度因素,依据对城市贡献进行资源配置;打破房产限制,以实际居住状况地来配置公共资源,尊重人的自由流动权利,促进人口的有序流动。

3）亟待建立顺应人口流动规律的资源配置和服务制度

特大城市人口的流动是具有规律性的,顺应人口流动的公共资源配置会提升资源的使用效率,最大限度满足居民需求。首先在特大城市内部,亟待建立起与人口流动性相适应的公共资源配置和人口管理制度,将公共资源获得与人口对城市贡献程度相结合,淡化户籍身份、阶层、受教育程度等的绝对性影响,只要是为城市工作的纳税者,就可以根据其贡献程度获得公共资源的供给,既可以提升劳动者对城市的劳动贡献,又可以保障居民公共服务获得的基本权利和选择权利,而不是限制选择,阻止需求。

城市群将成为未来一段时间我国城市空间发展的主旋律,特大城市在人口空间结构优化中的实践路径,要充分与城市群内的各城市公共资源配置和服务管理制度统筹考虑,适时将制度经验扩展到城市群内部,实现城市群内部人口空间有序流动和合理分布。

进入新时代,我国主要矛盾发生了变化,区域差异、城乡差异客观存在,在公共资源配置领域要逐步从特大城市内部、到城市群、到全国范围的空间正义推进,通过公共资源的配置逐步实现人口结构在特大城市内部的合理优化布局,进而推广到城市群内部、再推广到全国范围内人口空间结构的优化,从而引导全国人口有序流动。

7.4　本章小结

1）国外城市人口空间结构优化的经验和教训

人口空间结构优化是一个系统工程,本书从国外城市化进程中,人口空间演变规律和人口空间分异特征、人口空间结构优化和治理、基本公共资源空间配置三个方面,总结了国外城市化进程中的经验。包括:一是在城市郊区化的进程中,顺应人口发展规律,产业、公共资源和商业服务协同向郊区导入,在地位上郊区产业、公共资源的功能要与中心城区平级,从而才能真正发挥出郊区各类人口的疏导作用;二是国外在居住分异的治理路径上,通过住房改造、公共资源配套来提升低收入群体的集聚,我国人口空间分异并不像国外那样产生种族和文化分异,主要是制度导致的,因此在公共资源配置的提升的同时,需要不断破除特大城市限制人口流动和资源获得的制度障碍;三是国外在城市空间打造的时候,善于利用区域特色,如自然景观和文化景观,打造高品质空间,值得借鉴,同时现阶段我国居民对公共资源需求具有迫切性,可以充分利用该规律优化人口空间结构。

2）新型城镇化背景下特大城市人口空间结构优化的实践思路

在人口空间结构优化的过程中，要坚持公平性原则，尊重多元化需求，秉承系统性观念，完善动态性机制的原则。

人口空间结构优化的行动目标：顺应人口空间演变规律实现人口空间合理分布，重视人口空间结构，优化人口空间结构布局，尊重自由流动权利实现人口有序流动。

人口空间结构优化的基本思路：特大城市人口治理由"人口规模"向"人口空间结构"转型；完善"产业—公共资源—市场资源—人口"相协调的城市空间规划统筹理念；充分利用公共资源对人口空间结构影响的指挥棒作用；转变政府在城市空间治理中的职能定位。

3）新型城镇化背景下特大城市人口空间结构优化的策略步骤及重点任务

近期，注重基本公共资源软件的均等化配置，着力向郊区导入优质公共资源，以郊区新城为中心突出特色布局公共资源。

中期，进一步提升优质资源的机会均等化程度，提升优质公共资源配置整体水平，打造多样化空间，引导人口对优质资源的合理需求。

远期，扭转政府在公共资源配置中的政绩逻辑，破除公共资源获得的户籍和房产逻辑，亟待建立顺应人口流动规律的资源配置和服务制度。

第 8 章　新型城镇化背景下特大城市人口空间结构优化的行动方案

新型城镇化背景下,特大城市人口空间结构优化思路亟待转变,通过重视人口空间结构在城市空间规划和管理中的作用,加快公共资源配置均等化顺应人口演变趋势,提升公共资源管理服务能级,优化人口空间结构,完善顺应人口流动态势的制度保障四个方面论述特大城市人口空间结构优化的行动方案。

8.1　重视人口空间结构在城市规划和管理中的作用

我国经济的快速发展得益于人口红利,然而在城市发展中,人口过度集聚也会引发众多"城市病",一直以来,人口规模是我国经济发展和城市化的关键因素。随着社会经济结构的转型和发展,人口结构将成为未来主导经济发展和城市化持续推进的重要因素,而特大城市人口空间结构对城市空间合理拓展和布局具有重要意义,对于新型城镇化的实现具有至关重要的作用。

8.1.1　从战略高度推动将特大城市人口空间结构优化

新型城镇化是以城乡统筹、城乡一体、产业互动、节约集约、生态宜居、和谐发展为基本特征的城镇化。既有协调全国发展的宏观要求,又应当具有指导不同类型城市发展的具体内容。自 2014 年开始,国家颁布《新型城镇化发展规划(2014—2020)》以来,每年都会根据我国新型城镇化的发展进程,动态调整新型城镇化的主要任务。在《2019 年新型城镇化建设的重点任务》中,明确了超大城市中心城区非核心功能,推动产业和人口疏散的内容,首次提到了超大城市人口数量疏解的任务,但仍然较为单薄。

1）将特大城市人口结构优化纳入新型城镇化的重点任务中

新型城镇化的提出，其根本目的是协调我国城乡发展差异，强调在产业支撑、人居环境、社会保障、生活方式等方面实现由"乡"到"城"的转变，实现城乡统筹发展，最终实现"人的无差别发展"。而人口城市化的规律即是向城市群，向特大城市涌入，城乡差异在某种程度上已经在特大城市内部延续，使得来源地不同、收入不同的群体在特大城市内部的空间居住产生了异质性，因此未来亟待将特大城市人口空间结构纳入新型城镇化的重点任务中，明确特大城市人口空间结构优化布局的要求，为特大城市发展提供指导和依据。

2）将特大城市人口空间结构优化纳入城市空间规划中

在现有各城市空间规划中，有关城市空间布局、范围、功能定位、土地利用、人口规模、交通规划等的要求，并未涉及人口社会结构和优化的内容。特大城市的发展有赖于产业、居住和人口的共同作用，产业决定就业状况，公共资源决定了宜居性，人口结构既是产业布局和公共资源布局的基础，也会受到产业布局和公共资源布局的影响，因此特大城市总体规划中，应当充分考虑不同区域人口结构的分布，一是在产业定位和公共资源配置的时候，要综合判断区域人口空间结构是否能够支撑起未来城市功能定位，即以人口空间结构作为产业定位和公共资源配置的依据；二是预测未来区域发展可能带来的人口结构变动，是否有利于人口空间结构的优化，以及可能由此引发的公共资源使用、区域发展等影响效应。

3）精准把握特大城市基层人口结构并纳入基层工作的重要内容

不同群体对公共服务的需求不同，人口空间结构的差异性不仅决定了公共资源配置的差异化，也决定了基层社区服务的方法和方式的差别，对于精细化管理具有至关重要的作用；此外，基层人口结构也是特大城市宏观人口空间结构优化的基础，因此要夯实对基层人口结构的掌握。一是以居委会为基础，摸清不同小区人口的主要职业、受教育程度和户籍等情况，扎实人口结构数据基础；二是根据各社区人口结构的差异，制定差别化的公共资源配置方案，并定期汇总，为公共资源的多元化、差异化布局提供依据；三是将社区人口结构的差异，纳入基层居委社区服务方式、各区县制订发展规划、引入产业布局和公共资源配置中，要充分考虑人口空间结构布局的差异，尤其是对一些会引发低收入或高收入群体过度集聚，引发过度人口空间分异的项目要予以慎重考虑和评估。

8.1.2 构建资源和要素的协同评估及协调发展机制

构建城市空间评估体系是分析城市空间正义的基础,也是人口空间结构优化的有效手段。城市空间包括人口、公共资源、商业资源、城市景观等,是多位一体的立体空间,在城市规划的时候,需要对特大城市空间进行立体评估。

1)构建特大城市人口空间评估体系

当前城市公共资源配置和城市规划,往往是以人口总量为前提的,但人口不仅有数量概念,还有结构的情况,特大城市内部的人口空间结构至关重要,因此通过公共资源配置引导人口空间结构优化的时候,首先需要了解人口结构、人口空间分布的状况,从而把握居民对城市空间的需求,做到以人为本;此外,人不仅是需求方,同时也是城市空间的一个重要组成部分,需要通过城市空间资源的配置来引导人口空间结构的优化,因此也有必要了解人口空间结构分布的状况,分清人口空间结构的"洼地""高地"。基于此,建议特大城市构建人口空间结构评估体系,达到事前预估和包括事后评估的目的,一是建立人口空间结构事前预估体系,结合 GIS 空间相关性、人口空间集聚性和异质性的数据,从整体上把握特大城市人口空间分异的程度、人口空间集聚的特征等,评估制定出不同的人口空间区域等级,并以此作为城市规划、城市空间治理的依据;二是建立人口空间结构事后评估体系,在项目引入或空间治理之后,不定期对单元空间人口结构进行评估,考量和判定项目发展对区域人口结构带来的影响,并及时进行调整,保证人口结构的动态优化。

2)构建特大城市城市空间综合评估体系

城市空间是物质、社会和精神文化的综合空间,不仅包括城市基础设施配置、公共资源配置,还包括商业资源配置;不仅包括硬件设施的配置,还包括服务的供给状况;不仅包括人口结构、社会关系,还包括文化氛围的状况。城市管理的精细化推进,将以城市空间综合信息的把握为基础,这也是城市公共资源配置和人口管理与服务的基础,由此建议构建特大城市空间综合评估体系。一是评估城市空间的短板,与人口空间结构评估相匹配,综合分析城市空间的洼地,指出哪些因素造成了区域的短板,是否可以通过公共资源的倾斜配置补足;二是评估城市空间的长板,挖掘区域空间的特色,逐步培育空间品牌和文化,打造城市多元空间。在城市更新过程中,通过城市空间的评估,更加精准地与需求进行对接,提升城市品质,增加居民对城市空间的满意度。

3）完善特大城市区域资源和要素协调发展机制

在特大城市郊区新城进行产业布局和工业园区建设的时候，协调公共资源功能规划、人文景观文化打造等资源和要素的协调发展机制。一是公共资源和商业资源的同步协调。产业园区建设和产业项目落地，要根据"规划与定位同步原则"，同时配置加强城市功能规划（住宅、商业、道路、市政等城市规划）的开发，以落实产城融合，推进城市化建设；二是人文要素的协调引入，挖掘区域文化底蕴和当地特色，营造文化氛围，并增加文化场馆等公共资源的水平，提升区域文化资源软实力，深度挖掘城市多元化空间。通过产城融合、资源要素协调布局的机制，提升区域对人口的吸引，优化人口结构布局。

8.1.3　构建人口空间结构及分布的动态监测体系

特大城市人口的流动性既是其保持城市活力的动力之一，但是也增加了准确掌握人口信息的难度，而公共资源的配置是以人口为依据，因此特大城市人口的快速集聚，需要精细化治理，而精细化治理的前提是对人口空间信息的动态把握。

1）把握实有服务人口信息

特大城市人口流动性更强，不仅表现在外来人口居住的流动性，还表现在户籍人口"人户分离"中，要精准辨识公共资源的服务群体，一是建议社区精准掌握本区实有服务人口，并将收集实有服务人口的动态信息作为日常社区日常服务的常规工作；二是定期更新实有服务人口信息，摸清人口变动状况，各类人口，如适龄儿童、老年人口、残疾人群体等规模是社区基层工作的基础，也是公共资源配置的基础；三是建立明确居民对提供实有居住信息中的义务，并通过多种渠道便利居民的填报渠道，可通过所在社区的公众号、二维码等方式，定期让居民确认居住基本信息，抑或是结合大数据等方法，提供社区实有服务人口的结构的信息。

2）创新人口信息获取的方式

当前我们已经进入了大数据时代，"互联网＋"时代，众多领域中引入互联网、大数据等技术手段和管理方式，在获取人口信息中亦需如此。人口信息的获取方式众多，如手机信息、购买物流信息、社区出入信息等，与日常生活相关的信息无处不在。建议建立人口信息收集的多方核实功能，可以充分利用日常搜集的各种信息，及时更新和核对人口动态信息。目前已有许多小程序可以反映所在社区周边人口密度、公共资源等状况，这是一种人口动态信息获取的创新渠道,对居民了解周边信息状况一目了然,也可成为社区基层人口管理和公共资源配置的基础数据。

3）把握人口全过程信息

人口信息不仅仅是基本信息,还包含对个人生活居住全过程的把握,这需要基本信息与个人居住、生活、工作等信息的整合,如工作单位打卡信息、街区摄像头、公共资源办理、护照、纳税、出行、通信等全方位的信息共享,打造出个人居住和工作的整个过程,从而可以更加迅速地调取人口信息以做出公共资源配置的决策,从而更加精准定位目标群体,避免一刀切的方式。由于人口全过程信息涉及众多个人隐私,要尽快出台保护个人信息的法律,对信息的使用主体、用途等需要作出明确规定,保障个人信息使用安全。

8.2　加快公共资源配置均等化顺应人口演变趋势

亟待建立起与特大城市发展水平、人口空间布局、人口变动趋势、地域特色等因素相适应的特大城市公共资源硬件配置标准,以缓解人口导入区公共资源的压力。

8.2.1　进一步明确基本公共服务的配置标准

1）完善基本公共服务硬件投入标准

结合国务院办公厅印发的《关于建立健全基本公共服务标准体系的指导意见》[298],一是系统地修订特大城市基本公共服务硬件投入的均等化措施,在常住人口规模、社区范围大小、服务半径（如 15 分钟服务圈）等方面明确基本公共服务硬件投入的标准;二是根据各区域特点,制定中心城区与郊区各新城的差异化空间布局标准,结合区域可达性、人口密度等因素制定空间布局的标准要求;三是在有市场参加建设的基本公共服务领域,设置服务标准的上限,如私立小学、初中、养老院等,需要设置硬件配置的上限,避免过度奢华。

2）确定基本公共服务人员配置标准

一是完善基本公共服务人员配置标准,根据服务人口总量、人口空间密度等设定基本公共服务人员的配置标准,尤其是发展类基本公共服务,其服务效率和满意度也取决于人员配置。如医疗机构每千名常住人口医生、护理人员的数量、教师负担适龄儿童比例、基本养老照护人员等,这些指标在很多特大城市社区配置中已有相关要求,如上海市《城市居住地区和居住区公共服务设施设置标准》[299]，2006 年《上海市社区卫生服务机构功能与建设指导标准》[300]等，需要根据人口变动状况、人口需求和经济状况及时调整，可与每五年的发展规划同步；二是细化基本公共服务人员配置标准。每个行业结合自身社会事业发展状况，根据居民最关注的基本公共服务，细化人员配置标准和服务标准，如每千名儿童医生数、适龄儿童与职称教师数量等。

3）建立各类型基本公共服务的操作服务指导

根据不同类型基本公共服务配置的特点，制定基本公共服务的操作服务指导。直接面向服务对象提供基本公共服务的人民团体、企事业单位、社会组织在严格执行各级各类标准规范的基础上，按照方便实用、清晰明了、简单易行的要求，结合实际建立服务指南、行为规范、质量承诺、服务记录追溯、服务绩效评价等指导制度。一是进一步完善义务教育领域教师行为规范，规范教师教学质量；二是持续推进学生的素质、德育、体育、健康、生命安全等综合评价体系，转变应试教育思维，打造高水平、专业化的教师队伍；三是在医疗服务领域，建立普通疾病治疗的标准化流程，持续优化医疗服务水平；四是制定社区文化和体育活动举办的频率、规模等基本内容的标准化要求，使基本文化体育服务规范化和持续化。

8.2.2　持续推进优质公共资源硬件的空间均等化发展

1）快速推进优质公共资源硬件投入的空间均等化

在一些特大城市，如北京、上海，基本公共服务硬件投入的均等化配置基本已经实现，但是优质资源硬件配合标准尚不够清晰。为了满足居民高质量公共资源的需求，实现优质资源空间的公平配置，优化人口结构，特大城市应当率先建立优质公共资源配置的硬件标准。一是综合判断优质公共资源的特征，结合居民需求，准确把握优质公共资源空间配置的现状，以区域实际常住服务人口为依据，确定重点幼儿园、重点高中、三级甲等医院等优质公共资源空间配置的标准。二是根据优质资源空间配置标准，向优质资源缺乏地区，列出明确投入计划时间表，逐步实现特大城市优质资源的空间均等化。

2）多方位推动优质资源匮乏区域的硬件投入力度

优质资源匮乏区包括人口快速集聚区和人口结构洼地，未来特大城市在优质资源规划的时候，要充分结合城市人口空间结构评估，引导优质资源到人口结构洼地和人口快速集聚区布局。近年来，许多特大城市在优质资源推广方面取得了较快进展，这些经验值得推广。一是将中心城区优质品牌公共资源导向郊区或人口结构洼地,如建立重点高中分校、跨区域集团化等方式,实行品牌优质资源的空间输入;二是在区域内部,持续通过集团化、托管等方式,带动片区整体公共资源供给水平的提升。

3)结合"互联网+"等新方式多渠道增加优质公共资源的均等化布局

受制于设施投入的空间布局,空间可达性很难做到绝对的统一,"互联网+"很好地解决了空间的距离这一问题,为公共资源质量的提升提供了新的路径。一是提升公共资源的数字共享服务能力,通过互联网医疗、远程医疗体系、健康服务平台等方式,深化优质资源的互联网便利性;二是共享优质教育资源,采取网络教学等方式,将优质教学成果和理念向更广泛区域覆盖;三是文化和体育领域,也可以通过互联网技术整合资源,开通数字文化、预定查询、健康指导、赛事管理等一体化信息服务,多渠道加强薄弱地区获得优质资源的机会。

8.2.3　多方式推动公共资源向薄弱地区倾斜

1)构建公共资源优先投入人口结构洼地的制度

结合特大城市人口结构综合评估和城市空间评估,动态巡查人口结构洼地,评估其城市空间等级,判断人口结构的市场恢复能力,对于一些虽然是人口结构洼地,但市场类资源较丰富的地区或者未来具有市场发展前景的区域,可进一步观察,或通过政策倾斜,加快空间质量提升;对于一些市场类资源缺乏的洼地,则需要建立公共资源优先投入制度,评估公共资源配置的短板,通过绿地拓展、街区环境改造等城市更新方式,抑或是教育集团化、托管等教育资源均等化方式,提升区域城市空间宜居性。

2)提升人口导入区的公共资源优先投入力度

在一些郊区新城,不仅评估人口规模,还需要根据人口导入速度、导入结构等进行综合评估,通过城市空间测评,对于城市公共资源配置远不及人口需求的薄弱区域,需要优先考虑区域内优质资源落户于此;同时可以给予一些政策优惠,加快市场类资源落户,打造区域品牌;除了引入增量以外,也要充分挖掘人口导入区的存量,按照"功能优先、复合利用"的要求,优先扩展和更新已有的公共资源配置,推进公共资源设施的共建共享、错峰使用,或者通过政策优先支持,引导居民举办自组织的文化、体育、育儿等活动,增强服务的软实力。

3)优先辅助薄弱区域结合自身特色打造区域公共资源品牌

特色的打造不仅体现在公共资源种类上,也要体现在公共资源配置内部。上海徐汇区结合原有的基础教育资源优势,打造了"家门口好学校"品牌,取得了较好的成果,得到了家长的认同。其他特大城市,尤其是特大城市的郊区新城在发展过程中,可以借鉴其经验,在某类公共资源内部凝聚地区特色,如教育资源,结合农业特色、当地文化特色、科技特色乃至公益特色、学生实践等,发挥学校优势,打造出自己的品牌,形成教学特色,提升公共资源的品质。政府可优先给予资源薄弱区相关政策、经验的扶持,帮助资源薄弱区域打造特色品牌。

8.3　提升优质公共资源配置能级推动人口空间结构优化

优质公共资源的形成与有效的管理、团队人员配置紧密相关,管理和服务能级的提升对于优质资源的配置至关重要。优质公共资源的管理和人员配置主要体现在教育资源和医疗资源中,优质专业人才向薄弱区域的导入,一方面可以提升当地优质公共资源的能级,优化人口结构;另一方面引导优质团队在郊区新城等优质资源匮乏地扎根,带动已有公共资源服务团队专业技能,本身也会提升区域人口专业素质结构。

8.3.1　引导优秀团队,服务人口导入区或"洼地"

1) 完善城乡间校长、教师和医护人员的统一配置标准

以上海教育资源为例,"十三五"期间在城乡一体化进程中,教育资源的均等化配置已经采取了设施的标准化配置,教师配置的一体化以及对郊区教师在绩效工资、职称评比、业务培训中的倾斜力度,保证了教师待遇上城乡间的一体化程度。但尚缺乏长久机制将优秀师资引入到郊区、扎根郊区的倾斜政策,不仅在教师数量配置上要实施统一标准,还需对不同职称教师的数量和比例进行统一配置标准。

2) 构建激励机制引导优秀团队在郊区或人口结构"洼地"工作

一是建议采用项目补贴的形式,给予自愿到远郊区或人口结构"洼地"就职的特级教师、校长、医疗专家等给予一次性购房补贴,并约定服务期,以经济补偿的形式给予他们生活上、住房上的补偿,提升优秀人员进驻远郊区或人口洼地的积极性;二是在评价优秀教师和医护人员的时候注重向郊区或人口结构"洼地"倾斜,根据各区域的服务人口数、学校数、医院数量,按比例选拔特级教师、特级校长、高职称医生等,选拔郊区的优秀人才,提升本地公共资源服务人员的工作积极性;三是鼓励郊区各区县制定教育和医疗领域的人才计划,给予人才子女就学、医疗服务、住房等的福利。

3）构建优秀团队的区域轮岗制度

主要指在区域内的义务教育资源中，构建优秀教师和校长的轮岗制度，北京东城区在 2014 年采取了该措施，取得了较好的成效。建议在特大城市普遍构建优秀教师的团队区域轮岗制度，在同一所学校的优秀校长和教师，工作满 5～6年，考虑工作地点的便利性，要求进行区域内的轮岗，使"学校人"向"区管校聘"的人才模式转变，通过优秀义务教育教师的区域流动，实现区域内优质教师队伍的均衡化。

8.3.2 引入激励机制，让优质团队扎根资源薄弱区

引入并发展郊区优秀公共资源人才队伍是优质公共资源均等化的关键。对于优秀团队的建设，不仅要选拔市区优秀人员带队，而且要用好郊区优秀人员，带动和提升郊区优秀团队的专业水平，以点带面，从而覆盖和带动更多郊区优秀团队的发展。

1）构建目标导向的优秀管理团队选拔机制和岗位职责定位

一是选拔优秀教师或医护人员的技术团队。跨区域、跨学校选择 1～2 名优秀人员，同时选拔郊区当地学校或医院的优秀技术人员，共同组成优秀技术团队，明确团队目标、团队成员的职责定位、团队的绩效考核机制，将优秀教学、医疗经验等带到郊区并拓展发扬；二是选拔优秀管理人员组建管理团队。选拔 1～2 名优秀管理人员，与郊区当地学校或医疗机构的优秀管理人员组成管理团队，明确管理人员岗位职责、绩效考核，与技术团队共同合作构建优秀师资或医护人员团队，全面带动和提高郊区薄弱学校、医疗机构的管理和专业技术水平。

2）构建薪酬和晋升机制激励优秀工作人员扎根郊区

完善优秀教师、医护人员的绩效考核、职业发展规划，用绩效管理激励优秀人员扎根郊区。一是对具有突出成绩的教师或医护人员团队给予较丰厚的项目经费、薪酬，提供有竞争力的晋升途径，引导优质人员向郊区扎根；二是对优秀管理团队，结合集团化学区化办学、办医的方式，打通管理人员与集团化管理人员的职业晋升通道，提供更加具有竞争性的薪酬。通过薪酬和晋升机制的完善来引导和激励优秀人员扎根郊区；三是打造梯度化的骨干青年技术人员储备力量，尤其是注重选拔人口集聚区和人口洼地的青年教师、医护人员进入骨干技术人员团队，提供一定的激励薪酬、补助，激励当地的青年人员的快速成长。

3）构建全方位的优秀团队绩效考核体系

一是建立全方位的评估机制，包括学校自评、家长评价以及第三方的专业评

估,对考核期结束的优秀管理团队进行考评;二是在教育领域建立"育德、智育、体育、美育、劳育"的素质教育评价指标,在医疗领域建立"医德、医术、医风"的综合评价指标,定期对优秀技术团队进行增量评价,并根据约定时限对优秀技术团队评价考核;三是实时公布绩效评价的结果,让社会了解优秀团队的工作成效,并对学校、教师或医院、医护人员的技术能力和管理水平有全方位、透明的了解。

8.3.3　梳理正确教育观,稳步推进生源均等化层级

由于当前义务教育领域的突出问题,因此针对教育资源中的义务教育资源,不仅需要考虑优质资源供给的扩大和空间均等化配置,还需要推进需求方的均等化配置,主要体现在几个方面。

1) 持续推进义务教育生源的均等化

当前,部分特大城市,如北京、上海市采取了不同程度的摇号入学方式,建议进一步扩大生源均等化的步伐。一是特大城市所有公办初中和私立初中,全部采用片区内摇号入学的方式,实行小升初生源的绝对均等化;二是考虑到小学就近入学的要求更为迫切,可以有条件、逐步限定时间,如五年内实行片区内幼升小摇号入学。

2) 开展重点幼儿园的摇号入学方式

幼儿园虽然不属于义务教育的范畴,但是对特大城市而言,幼儿园的入学率几乎达 100%,为了防止幼儿园形成竞争性选拔,让家长陷入赢在起跑线的误区,建议对于重点幼儿园实行摇号录取,市级幼儿园可实行全市摇号,适龄儿童自愿报名,如果摇中自愿选择是否入学,保证机会的公平;其次,区级重点幼儿园则实行区内摇号或片区内摇号,就近入学。

3) 重点高中面向全市放开限额

一是市级重点高中向各区域放开限额,可在全市公开选拔,给特大城市每个适龄少年同样的机会,并保证入学规则的均等,选拔结果对社会公示,接受社会监督;二是区级重点高中则在区域内进行选拔,学生根据学籍、志愿以及成绩进行录取。

4) 推进家长学校建设,引导家长形成正确教育观

一个学生生源竞争的背后,体现出无数个家庭中焦虑的家长,建议建立家长学校,以社区活动中心或就近学校为依托,定期举行家长教育宣传,指导家长在孩子教育中的困惑,缓解家长在"鸡娃"过程中的过度焦虑;同时定期向家长告知相关教育政策,让家长理解教育政策的目的和导向、畅通有效的政策执行和贯彻途径。

8.4　完善顺应人口流动态势的制度保障

通过公共资源来优化人口空间结构,那么就需要顺应人口流动态势去配置公共资源,同时通过公共资源的配置来优化调整现有人口空间分异的状况。该过程并不是仅仅通过提高公共资源的空间配置均等化就可以实现,而是需要一系列的制度保障。

8.4.1　细化公共资源配置的层次

将公共资源进一步划分为必需类基本公共资源,如义务教育、社区医疗、社区养老等;非必需类基本公共资源,除必需类以外,特大城市内部规定的其他基本公共服务,如幼儿园、高中、基本机构养老等,非基本公共资源,如文化场馆、体育设施等。

1) 必需类基本公共资源实行硬件投入的绝对均等化

《国家基本公共服务标准(2021年版)》[301]提出了"学有所教、劳有所得、病有所医、老有所养、弱有所扶"等的22项公共服务的对象、内容和标准。上海市公布的《上海市基本公共服务"十四五"规划》[302]中指出了部分基本公共服务资源的布局要求,包括社区卫生中心、养老服务点、托育服务点、健身公共空间、体育公园等,其中义务教育办学标准、社区服务中心、社区嵌入式养老规定了需要进行标准化建设。《关于建立健全基本公共服务标准体系的指导意见》中明确表示在基本公共服务配置领域,政府承担兜底职责,但不同类型基本公共服务的财力和物力投入保障须进一步细化,其中义务教育、社区服务中心、嵌入式养老等近期居民最为关注的基本公共资源,需要投入设施的绝对标准化建设,实行全市财政投入的统一化标准。

2) 非必需类基本公共资源设施按等级实行硬件标准化和服务特色化配置

幼儿园、高中、医院、养老院等基本公共服务,虽然未提到标准化建设,但也需要打破行政区域的限制,同一等级的幼儿园、高中、医院、养老院实行标准化配置;实现各区域相同等级医院、养老院的配置数量大致与常住人口规模相一致;在服务中打造特色化服务内容,如幼儿园、高中教育资源,可以根据区域特色和学校特长,打造特色课程,提升资源的特色品质。医院、养老院等则可以根据服务的水平,进行服务特色和等级的打造,满足居民多元化需求。

3）打造非基本公共服务特色化配置要求

文化体育资源、绿地资源等现阶段属于非基本公共资源的领域,但它可以提升区域的生活品质,营造区域文化空间,则可根据区域的优势,打造具有区域特色的设施配置空间,注重多元化空间的实现和精细化、专业化、特色化的服务;同时不断引导和拓展居民对优质资源的认识范围,如健康设施、体育场所、文化景观等的打造和宣传,不断拓宽居民对公共资源的需求,引导形成需求的多元化发展。

8.4.2　创新公共资源配置的方式

1）推进特大城市户籍改革的力度

特大城市和超大城市尚存留户籍制度,不同类型居住证获得的公共资源具有差异化,未来户籍制度的改革将进一步在超大城市、特大城市推进。一是调整完善特大城市积分落户政策,逐步放宽特大城市的落户限制,明确特大城市、超大城市面向城市群内部,直至全国放开户籍的时间;二是特大城市人口治理的对象是所有常住人口,进一步降低公共资源获得门槛,建立教育资源、医疗卫生等基本公共服务与常住人口挂钩的机制,以实际权利和义务对等的方式,将纳税情况、社会保障情况与获取公共资源权利和范围相挂钩,实现权利与义务的对等。

2）实行人口的属地化服务管理

现有人口服务的属地化管理依然是以户籍和房产为依据的传统公共资源配置方式,特大城市人口流动性不仅仅表现在外来常住人口的流动性,而且还表现在户籍人口的流动性,城市人户分离状况也比较突出,如为了学区房而空挂户等现象,一直都是城市人口治理和服务中的难点,属地化管理也要体现在户籍人口管理和服务中。以实际常住地来分配公共服务,将属地化管理落实到社区,可采取通过水、电、煤气等日常生活使用的状况,社区智能门卡的使用频率,绿码出现的地理位置等大数据信息,核实居民的实际居住地点,并以此作为适龄儿童入学等享受各种公共资源的依据之一。

3）推动城市群基本公共资源的协调共享

特大城市是城市群的重要增长极,国家也提出了城市群内部城市的协调发展要求,因此建议个别城市群,在特大城市试点,制定城市群内部的基本公共资源协同的领域、项目、保障范围等配置标准,创建基本公共资源配置的政策协调试点工作,协同推进和优化部分基本公共服务共享共建清单,以及公共资源设施空间配置标准化的协同布局,跨区便捷结算等机制,推进基本公共资源配置的区域协调工作。

4）完善特大城市基本公共资源的多元化供给

一是以基本公共资源划分层次为依据，明确政府、社会组织、市场在不同层次基本公共资源的范围、内容和对象；二是积极引导市场参与，进一步降低市场进入部分基本公共资源配置的门槛，放宽准入条件、赋予平等法律地位，给予配套补贴、融资优惠等；三是完善相应的政策法规，构建起制度约束机制，优化和约束市场在参与基本公共资源配置中的行为，实行规范化指导；四是加大社会组织进入基本公共资源配置的政策倾斜力度，通过优惠政策，鼓励社会组织进入幼儿抚育、公共文化和体育、养老服务等资源供给的领域，形成多主体、多形式的基本公共资源配置模式。

8.4.3 明确政府职能确保财政投入

1）明确政府在不同层次基本公共资源配置中的职能范围

在基本公共资源配置领域，政府承担兜底职能，其中必须类基本公共资源实行市级财政投入的绝对均等化，明确市级和区级财政分担投入的比例；非必须类基本公共资源则承担兜底职能，鼓励市场、社会资金投入到基本公共资源配置中，政府起到政策引导、监管等职能；其他非基本公共服务领域，则由区级政府来承担兜底、打造的职能；特大城市市级政府在优质公共资源配置中发挥协调的功能，牵头建立不同区域之间品牌资源的联动机制，畅通区域协调机制。

2）设置公共资源配置的区域协调统筹基金

无论是软件还是硬件的投入，都需要政府财政基金的保证，特大城市现有公共资源投入是以区县为主体，市级进行统筹，这在某种程度上导致了部分公共资源配置的差异。现阶段，为了确保区域间基本公共服务的均等化投入，可拿出部分财政资金作为统筹账户，通过城市空间的评估，对薄弱的郊区进行倾斜的财政投入，从而加快薄弱地区的公共资源的增量供给。

3）动态调整市级财政均等化投入的范围

未来在某些事关居民亟需的公共资源领域，需要采取市级财政均等化配置的机制。首先，要理清需要市级财政均等化的公共资源领域和范围。主要是在一些居民重点关注的基本公共资源领域，如义务教育生均财政投入，不同等级的职称教师工资水平投入，保证教师收入的大致相同和稳步提升，从而确保公立义务教育资源软件配置的公平性；其次，随着时间的推移，城市化阶段的推进，纳入市级财政均等化投入的公共资源类型需要不断调整和拓展，如在养老公共资源投入、健身设施投入等,需要进行评估,及时动态调整市级财政均等化的范围。

8.5 本章小结

1) 重视人口空间结构在城市规划和管理中的作用

将特大城市人口空间结构优化上升到战略高度:纳入新型城镇化的重点任务,纳入城市空间规划,上升到区域基层工作的基本内容。

构建资源和要素协同评估及协调发展机制:构建人口空间评估体系,城市空间综合评估体系,完善特大城市资源和要素协调发展机制。

构建人口空间结构及分布的动态监测体系:掌握实有服务人口信息,创新人口信息获取方式,把握人口全过程信息。

2) 加快公共资源配置均等化顺应人口演变趋势

进一步明确基本公共资源的配置标准:完善基本公共资源硬件投入标准,确定基本公共服务资源人员配置标准,建立各行业基本公共资源行业服务指导。

持续推进优质公共资源硬件的空间均等化发展:快速推进优质公共资源硬件投入的空间均等化,多方位加大优质资源匮乏区域的硬件投入力度,结合"互联网＋"等方式多渠道增加优质公共资源的均等化布局。

多方式构建公共资源向薄弱地区倾斜投入的机制:加快构建人口结构洼地的公共资源优先投入制度,提升人口导入区的公共资源优先投入力度;优先帮助薄弱区域结合自身特色打造区域公共资源品牌。

3) 提升优质公共资源管理服务能级优化人口空间结构

引导优秀团队,服务人口导入区或人口"洼地":完善城乡间校长、教师和医护人员的统一配置标准,构建激励机制引导优秀团队在郊区或人口洼地工作,构建优秀团队的区域轮岗制度。

引入激励机制,让优秀人才扎根到资源薄弱区:构建目标导向的优秀团队选拔机制和岗位职责定位,构建薪酬和晋升机制激励优秀工作人员扎根郊区;构建全方位的优秀团队绩效考核体系。

树立正确教育观,稳步推进生源均等化的层级:持续推进义务教育生源的均等化,开展重点幼儿园的摇号入学方式,重点高中面向全市放开限额,推进家长学校建设引导家长形成正确教育观。

4) 完善顺应人口流动态势的制度保障

细化公共资源的层次,明确配置标准:必须类基本公共服务资源的绝对均等化投入,非必须类基本公共资源设施按等级实行硬件标准化和服务特色化配置,打造非基本公共服务特色化配置要求。

创新公共资源配置的方式,破除制度障碍:进一步推进特大城市户籍制度改革的力度,实行人口服务的属地化配置管理,推动城市群基本公共资源的协调共享,完善特大城市基本公共资源的多元化供给。

确保公共资源配置的财政投入,明确政府职能定位:明确政府在不同层次公共资源配置中的职能范围,设置公共资源配置的区域协调统筹基金,动态调整市级财政均等化投入范围。

参考文献

［1］藤田昌久，保罗·克鲁格曼，安东尼·维纳布尔斯.空间经济学:城市、区域与国际贸易［M］.梁琦,译.北京:中国人民大学出版社,2005.

［2］弗里茨·马克卢普.美国的知识生产与分配［M］.孙耀君,译.北京:中国人民大学出版社,2007.

［3］约翰·弗农·亨德森,雅克·弗朗索瓦·蒂斯.区域和区域经济学手册(第四卷):城市和地理［M］.郝寿义,孙兵,译.北京:经济科学出版社,2012.

［4］Derek G，Ron J，Geraldine P. The Dictionary of Human Geography［M］. Oxford，UK：John Wiley & Sons，2009.

［5］Duncan O D，Duncan B A. A Methodological Analysis of Segregation Indexes［J］. American Sociological Review，1955，20(2):210–217.

［6］Blau P M. Inequality and heterogeneity：a primitive theory of social structure［M］. New York，NY：Free Press，1977.

［7］顾朝林,克斯.北京社会极化与空间分异研究［J］.地理学报,1997,52(5):385–385.

［8］戴维·哈维.后现代的状况——对文化变迁之缘起的研究［M］.阎佳,译.北京:商务印书馆,2004.

［9］萨森.全球城市:纽约、伦敦、东京［M］.周振华,等译.上海:上海社会科学院出版社,2005.

［10］沈建法,王桂新.90年代上海中心城人口分布及其变动趋势的模型研究［J］.中国人口科学,2000(5):45–52.

［11］闫庆武,卞正富.人口空间分布的异质性测量［J］.地理研究,2009(04):893–900.

[12] 李昕.人口调控需重视人口空间分布和结构优化[N].北京观察,2020.12：http://www. bjzx. gov. cn/zxqk/bjgc/bjgc202012/sdf202012/202012/t20201217_31640.html.

[13] Samuelson，Paul A. The Pure Theory of Public Expenditure[J]. Review of Economics & Statistics，1954，36(4)：387 - 389.

[14] 张海丽.城市公共产品有效供给的偏好显示机制研究[D].西安：西北大学,2008.

[15] 沈荣华.各级政府公共服务职责划分的指导原则和改革方向[J].中国行政管理,2007,000(001)：9 - 14.

[16] 高军波,周春山.西方国家城市公共服务设施供给理论及研究进展[J].世界地理研究,2009,18(004)：81 - 90.

[17] 陈昌盛.中国政府公共资源：体制变迁与地区综合评价[M].北京：中国社会科学出版社,2007.

[18] 陈海威.中国基本公共服务体系研究[J].科学社会主义,2007,000(003)：98 - 100.

[19] 国务院.国家基本公共服务体系"十二五"规划[A/OL].中国新闻网.(2012 - 07 - 20). https://www. chinanews. com. cn/gn/2012/07 - 20/4047081.shtml.

[20] 国家发展改革委，等. 国家基本公共服务标准 2021：发改社会〔2021〕443号[A/OL].发展改革委网站.(2021 - 3 - 30). http://www. gov. cn/zhengce/zhengceku/2021 - 04/20/content_5600894.htm.

[21] 詹姆斯·M.布坎南.公共物品的需求与供给[M].马珺,译.上海：上海人民出版社,2009.

[22] 闫龙飞.我国准公共品多元化供给研究[D].成都：西南财经大学,2012.

[23] Rossio. The Intro-urban Migration Process[J]. Geography Annular，1955(8)：23 - 38.

[24] Alonso W. Location and Land Use[M]. Cambridge：Harvard University Press,1964.

[25] Clark，W. A. Residential Mobility and Neighborhood Change：Some Implicationgs for Racial Residential Segregation[J]. Urban Geography，1980,1(2)：95 - 117.

[26] 郑思齐.城市经济的空间结构——居住、就业及其衍生问题[M].北京：清华

大学出版社,2012.

[27] 王德利.北京城市宜居性的综合测度与提升路径[J].中国人口·资源与环境,2013(02):11-17.

[28] 石忆邵,张蕊.大型公园绿地对住宅价格的时空影响效应——以上海市黄兴公园绿地为例[J].地理研究,2010,29(003):510-520.

[29] John L.Glascock,丰雷,刘迎梅,包晓辉.公共交通易达性对香港房价的影响分析——Hedonic模型的应用[J].统计与决策,2011,000(003):30-33.

[30] 冯皓,陆铭.通过买房而择校:教育影响房价的经验证据与政策含义[J].世界经济,2010,033(012):89-104.

[31] 中共中央关于制定国民经济和社会发展第十一个五年规划的建议[A/OL].新华网.(2009-2-14).http://views.ce.cn/subject/gg/2005/jy/200902/14/t20090214_18207498.shtml.

[32] 仇保兴.新型城镇化从概念到行政——如何面临我国面临的危机与挑战[EB/OL].(2015-5-28).https://www.docin.com/p-827457673.html.

[33] 国民经济和社会发展第十二个五年规划纲要[A/OL].新华社.(2011-3-16).http://www.gov.cn/2011lh/content_1825838.htm.

[34] 李克强.统筹推动稳增长调结构促改革 完成全年经济社会发展主要任务[N].广西日报.(2013-7-10).https://news.12371.cn/2013/07/10/ARTI1373421146680611.shtml?from=groupmessage&isappinstalled=0.

[35] 国家新型城镇化规划(2014—2020)[N].新华社.(2014-3-16).http://www.gov.cn/zhengce/2014-03/16/content_2640075.htm.

[36] 国家发改委,等.关于印发国家新型城镇化综合试点方案的通知:发改规划[2014]2960号[EB/OL].新华社.(2015-2-14).http://www.gov.cn/xinwen/2015-02/04/content_2814341.htm.

[37] 国家发展改革委员会.2019年新型城镇化建设重点任务:发改规划〔2019〕617号[EB/OL].新华社.(2019-4-8).http://www.gov.cn/xinwen/2019-04/09/content_5380627.htm.

[38] 国家建设委员会.关于当前城市建设工作的情况和几个问题的报告[S]//陈光.城镇化进程中的城市布局问题[J].理论动态,2013(31):9.

[39] 国家建设委员会,城市建设部.城市规划定额指标暂行规定:(80)建发城字492号[S].国家城市建设总局,(1980-12-16).http://law168.com.cn/doc/view?id=106965.

[40] 城市规划条例[J].城市规划,1984(2):5.

[41] 中华人民共和国城市规划法[J].城市规划,1990(02):4-7.

[42] 国务院.国务院关于调整城市规模划分标准的通知:国发〔2014〕51号[EB/OL].新华社.(2014-11-20).http://www.gov.cn/zhengce/content/2014-11/20/content_9225.htm.

[43] 仇立平.城市文化:特大城市社会治理的基础[J].青年学报,2020,000(001):49-53.

[44] 上海市中国特色社会主义理论体系研究中心.努力走出一条符合特大城市特点和规律的社会治理新路子[J].求是,2016(11):51-53.

[45] 李春玲.特大城市社会治理创新需要新视角[J].求知,2016,388(05):64-64.

[46] Harvey M. Choldin. Cities and Surburbs[M]. McGraw-Hill Book Company,1985.

[47] Burgess E. W. The Growth of the City in R.E. Park[M]. Chicago: University of Chicago Press,1925.

[48] Administration U, Hoyt H. The Structure and Growth of Residential Areas in American Cities[J]. Development, 1941, 19(3):453-454.

[49] Duncan R. Man, Mind and Land: A Theory of Resource Useby Walter Firey[J]. Sociological Quarterly, 1961, 2(2):138-140.

[50] Perry C.A. The Neighbourhood Unit(Monograph I), Neighborhood and Community Planning, of the Regional Survey of New York and Its Environs[J]. New York: In Committee on Regional Plan of New York and Its Environs,1929.

[51] Wheaton W C. Urban Residential Growth Under Perfect Foresight[J]. Journal of Urban Economics, 1982, 12(1):1-21.

[52] Ferg C N. Commuting Distances in a Household Location Choice Model with Amenities[J].Journal of Urban Economics,2008(63):116-129.

[53] Wolpert J. Behavioral Aspects of the Decision to Migrate[J]. Papers in Regional Science, 1965, 15(1):159-169.

[54] Vos J D, Witlox F. Do people Live in Urban Neighbourhoods Because They Do Not Like to Travel? Analysing an Alternative Residential Self-selection Hypothesis[J]. Travel Behaviour & Society, 2016, 4:29-39.

[55] Feitelson，E. An Hierarchical Approach to the Segmentation of Residential Demand：Theory and Application［J］. Environment & Planning A，1993，25(4)：553 – 569.

[56] Rex John，Robert Moore. Race，Community，and Conflict：A Study of Sparkbrook［M］. London：Oxford University Pressl，1967.

[57] Hartmanm Chester W. Innovation Diffusion as a Spatial Process［M］，Chacigo：University of Chacigo Press，1975.

[58] David Harvey. The Condition of Postmodernity：An Inquiry into the Origins of Cultural Change［M］. Oxford：Blackwell，1989.

[59] Castells M.The Urban Question：A Marxist Approach［M］. Cambredge：MIT Press，1979：502.

[60] Mark Gottdiener，Ray Hutchison. The New Urban Sociology（second edition）［M］.McGraw-Hill Higher Education，2000.

[61] Echazarra，A. Residential Segregation of the Foreign Population in Madrid′s Metropolitan Area a Quantitative Analysis［J］. Revista Internacional De Sociología，2010.68(1)，165 – 197.

[62] Johnson M P，Ladd H F，Ludwig J. The Benefits and Costs of Residencial Mobilicy Programmes for the Poor［J］. Housing Studies，2002,17(1)：125 – 138.

[63] Musterd S. De Winter M. Conditions for Spatial Segregation：Some European Perspectives［J］. International Journal of Urban and Regional Research，1998,22(4)：665 – 673.

[64] Talen E.Design That Enables Diversity：the Complications of a Planning Ideal［J］. Journal of Planning Literature，2006,20(3)：233 – 249.

[65] Boyle P. Rural In-migration in England and Wales 1980—1981［J］. Journal of Rural Studies，1995，11(1)：65 – 78.

[66] Mcclure K. Deconcentrating Poverty Through Homebuyer Finance Programs［J］. Journal of Urban Affairs，2005，27(3)：211 – 233.

[67] Bolt G，Phillips D，Kempen R V. Housing Policy，(De)segregation and Social Mixing：An International Perspective［J］. Housing Studies，2010，25(2)：145 – 148.

[68] Katz P. The New Urbanism：Toward an Architecture of community［M］.

McGraw-Hill,1994.

[69] Emily,Talen. Design for Diversity: Evaluating the Context of Socially Mixed Neighbourhoods[J]. Journal of Urban Design,2006,11(1):1 - 32.

[70] Dekker K,Van Kempen R. Urban Govemance within the Big Cities Policy-Ideals and Practice in Den Haag, the Netherlands[J]. Cities, 2004,21(2):109 - 117.

[71] 张善余.近年上海市人口分布态势的巨大变化[J].人口研究,1999(05):16 - 24.

[72] 宁越敏.90 年代上海流动人口分析[J].人口与经济,1997(02):9 - 16.

[73] 李路路.社会结构阶层化和利益关系市场化——中国社会管理面临的新挑战[J].社会学研究,2012,000(002):1 - 19.

[74] 杨上广,王春兰.大城市社会空间演变态势剖析与治理反思——基于上海的调查与思考[J].公共管理学报,2010,007(001):35 - 46.

[75] 黄吉乔.上海市中心城区居住空间结构的演变[J].城市问题,2001,000(004):30 - 34.

[76] 郑静,许学强.广州市社会空间的因子生态再分析[J].地理研究,1995,14(2):15 - 26.

[77] 王兴中.中国城市生活空间结构研究[M].北京:科学出版社,2004.

[78] 冯健,周一星.1990 年代北京市人口空间分布的新变化[J]. 城市规划,2003(15):55 - 57.

[79] 许学强,叶嘉安.广州市社会空间结构的因子生态分析[J].地理学报,1989,56(4):385 - 399.

[80] 尹志刚,焦永刚,马小红,等.北京城市贫困人口致贫原因分析[J].人口与发展,2002,008(004):36 - 44.

[81] 李志刚,吴缚龙.转型期上海社会空间分异研究[J].地理学报,2006(02):199 - 211.

[82] 李志刚,吴缚龙,肖扬.基于全国第六次人口普查数据的广州新移民居住分异研究[J].地理研究,2014,33(011):2056 - 2068.

[83] 肖扬,陈颂,汪鑫,黄建中.全球城市视角下上海新移民居住空间分异研究[J].城市规划,2016,40(003):25 - 33.

[84] 何炤华,杨菊华.安居还是寄居? 不同户籍身份流动人口居住状况研究[J].

人口研究,2013,037(006):17－34.

[85] 钟奕纯,冯健.城市迁移人口居住空间分异——对深圳市的实证研究[J].地理科学进展,2017,36(1):125－135.

[86] 王春兰,杨上广,何骏,刘陆雪.上海城市社会空间演化研究——基于户籍与职业双维度[J].地理研究,2018,37(11):114－126.

[87] 吴启焰,刘春卉.边缘化新白领的中产阶层化研究:内容、理论构架与未来[J].人文地理,2015,30(1):40－44.

[88] 顾朝林,盛明洁.北京低收入大学毕业生聚居体研究:唐家岭现象及其延续[J].人文地理,2012,27(5):20－24.

[89] 戴晓晖.中产阶层化:城市社会空间重构进程[J].城市规划学刊,2007(2):25－31.

[90] 张瑜,仝德,Ian MacLACHLAN.非户籍与户籍人口居住空间分异的多维度解析——以深圳为例[J].地理研究,2018,37(12):209－217.

[91] 李强,李洋.居住分异与社会距离[J].北京社会科学,2010,2010(1):4－11.

[92] 禤铃沂,龚岳,李贵才.中国特大城市居住分异特征与演化研究:2000—2015[J].城市问题,2020,000(002):31－38.

[93] 张海娜,朱贻文,邓晓翔.快速城市化背景下居住空间分异与失地农民社会融合的作用机制研究[J].地理科学进展,2021,40(1):135－146.

[94] 吴启焰,崔功豪.南京市居住空间分异特征及其形成机制[J].城市规划,1999,023(012):23－26.

[95] 刘冰,张晋庆.城市居住空间分异的规划对策研究[J].城市规划,2002,26(12):82－85.

[96] 周峰,樊永斌.市场经济体制下南京城市居住空间变化及其动力机制研究[J].南京社会科学,1998(01):72－77.

[97] 易成栋.制度安排,社会排斥与城市常住人口的居住分异——以武汉市为例的实证研究[J].南方人口,2004,19(3):58－64.

[98] F L Wu. China's emerging cities:the making of new urbanism[M].London:Routledge,2007.

[99] 杜德斌,等.中国城市的社会极化与居住分布研究[N].教育部人文社会科学研究规划基金项目,2001.

[100] 徐菊芬,张京祥.中国城市居住分异的制度成因及其调控——基于住房供给的视角[J].城市问题,2007(04):95－99.

[101]杨上广.大城市社会空间结构演变的动力机制研究[J].社会科学,2005,
　　　000(010):65-72.

[102]吴启焰,张京祥,朱喜钢,徐逸伦.现代中国城市居住空间分异机制的理论
　　　研究[J].人文地理,2002,017(003):26-30.

[103]王桂新,沈续雷.上海市人口迁移与人口再分布研究[J].人口研究,2008
　　　(01):58-69.

[104]赵聚军.保障房空间布局失衡与中国大城市居住隔离现象的萌发[J].中国
　　　行政管理,2014,000(007):60-63,68.

[105]邢兰芹,王慧,曹明明.1990年代以来西安城市居住空间重构与分异[J].城
　　　市规划,2004,28(006):68-73.

[106]何邕健,李楠,董晓玉.1990年以来天津市中心城区居住空间结构演变[J].
　　　城市问题,2006(06):65-69.

[107]陈颂,汪鑫,那鲲鹏,肖扬.转型新时期上海房权空间分异格局和机制研究
　　　[J].城市发展研究,2016(7):18-23.

[108]孙斌栋,吴雅菲.中国城市居住空间分异研究的进展与展望[J].城市规划,
　　　2009,000(006):73-80.

[109]虞蔚.城市社会空间的研究与规划[J].城市规划,1986(6):25-28.

[110]蒋亮,冯长春.基于社会—空间视角的长沙市居住空间分异研究[J].经济
　　　地理,2015,35(6):78-86.

[111]朱宇.1990年代上海市人口和就业变化的空间格局和国际对比[J].经济地
　　　理,2004(6).

[112]徐卞融,吴晓.基于"居住—就业"视角的南京市流动人口空间分异研究
　　　[J].规划师,2010,26(7):113-120.

[113]周春山,杨高,王少剑.深圳农民工集聚空间的演变特征及影响机制[J].地
　　　理科学,2016,36(011):1643-1653.

[114]张少尧,时振钦,宋雪茜.城市流动人口居住自选择中的空间权衡分
　　　析——以成都市为例[J].地理研究,2018,37(12):196-208.

[115]孟兆敏,吴瑞君.人口变动与公共服务供给的适应性分析——以上海市为
　　　例[J].人口与社会,2013(1):17-21.

[116]高军波,周春山,王义民,等.转型时期广州城市公共服务设施空间分析
　　　[J].地理研究,2011,030(003):424-436.

[117]赵秀池.北京市优质公共资源配置与人口疏解研究[J].人口研究,2011,35

(004):75-84.

[118] 周春山,刘洋,朱红.转型时期广州市社会区分析[J].地理学报,2006(10):40-50.

[119] 周春山,江海燕,高军波.城市公共服务社会空间分异的形成机制——以广州市公园为例[J].城市规划,2013(10):84-89.

[120] 方长春.体制分割与中国城镇居民的住房差异[J].社会,2014,000(003):92-116.

[121] 陈映芳.征地与郊区农村的城市化[M].上海:文汇出版社,2003.

[122] 陈映芳.棚户区:记忆中的生活史[M].上海:上海古籍出版社,2006.

[123] 曹现强,朱明艺.城市化进程中的城乡空间正义思考[J].理论探讨,2014,000(001):139-144.

[124] 陈培阳.中国城市学区绅士化及其社会空间效应[J].城市发展研究,2015,022(008):55-60.

[125] 冯革群,马仁锋,陈芳,Jutta Hebel.中国城市社会空间转型解读——以单位空间向社区空间转型为例[J].城市规划,2016,40(001):60-65.

[126] 杨上广,丁金宏.极化开发的人口空间响应及社会效应研究——以上海浦东新区为例[J].华东师范大学学报(哲学社会科学版),2004(05):67-72,124.

[127] 杨上广,王春兰.大城市社会空间结构演变及其治理——以上海市为例[J].城市问题,2006,000(008):47-53.

[128] 宋伟轩.大城市保障性住房空间布局的社会问题与治理途径[J].城市发展研究,2011,18(8):103-108.

[129] 公理,应联行.新时期杭州市区人口空间特征研究及规划对策[J].现代城市研究,2012(03):31-38.

[130] 高向东,吴瑞君.上海人口空间移动与公共管理和服务资源配置研究[J].科学发展,2013(03):58-71.

[131] 姚永玲,王帅.北京市城市公共服务与人口空间分布[J].人口与经济,2014(5):62-68.

[132] 单文慧.不同收入阶层混合居住模式——价值评判与实施策略[J].城市规划,2001,25(2):26-32.

[133] 李志刚,薛德升,魏立华.欧美城市居住混居的理论、实践与启示[J].城市规划,2007,31(002):38-44.

[134] 马昕琳,柴彦威,张艳.郊区配建社区的居住混合与行为分异——以北京美和园社区为例[J].城市发展研究,2020,027(003):55-62,76.

[135] 陆杰华,王伟进.当代中国城市层级体系的变迁特点分析——基于2001年和2011年地级市的观察[J].中国特色社会主义研究,2014(01):74-80.

[136] 孙斌栋,王旭辉,蔡寅寅.特大城市多中心空间结构的经济绩效——中国实证研究[J].城市规划,2015,39(8):39-45.

[137] 于学军,翟振武,杨凡,李建民,穆光宗.为什么要建设"人口均衡型社会"?[J].人口研究,2010,34(3):42-54.

[138] 张善余.产业调整与上海城市人口再分布[J].华东师范大学学报(哲学社会科学版),2001(04):85-90.

[139] 覃成林,周立云,覃成菊.北京城市人口增长调控研究[J].中国人口·资源与环境,2002,000(006):143-145.

[140] 王咏笑,敬东,袁樵.上海市以功能布局优化带动空间布局优化的研究——从产业空间分布的视角[J].城市规划学刊,2015,000(003):94-100.

[141] 张尚武,晏龙旭,王德,刘振宇,陈烨.上海大都市地区空间结构优化的政策路径探析——基于人口分布情景的分析方法[J].城市规划学刊,2015,226(06):20-27.

[142] 万勇,王玲慧.城市居住空间分异与住区规划应对策略[J].城市问题,2003(06):76-79.

[143] 叶迎君.居住空间分异初探[J].规划师,2001(03):94-97.

[144] 吕露光.从分异隔离走向和谐交往——城市社会交往研究[J].学术界,2005,000(003):106-114.

[145] 苏振民,林炳耀.城市居住空间分异控制:居住模式与公共政策[J].城市规划,2007(02):45-49.

[146] 王波.城市居住空间分异研究[D].上海:同济大学,2006.

[147] 黄志宏.城市居住空间构建结构模式的演变[D].北京:中国社会科学院,2006.

[148] 张姚俊.1950—1960年代上海卫星城规划建设的得与失[N].东方早报,2015:http://www.cssn.cn/zgs/zgs_gs/201507/t20150701_2056748_1.shtml.

[149] 黄友琴,易成栋.户口、迁移与居住分异——以武汉为例的实证研究[J].城

市发展研究,2009,16(006):36-40.

[150] 上海市人民政府.上海市城市总体规划[S]//上海城市规划志编委会.上海城市规划志—第二篇上海城市总体规划[A].上海市地方志办公室.(2003-9-4).http://www.shtong.gov.cn/Newsite/node2/node2245/node64620/node64621/index.html.

[151] 冯健.转型期中国城市内部空间重构[M].北京:科学出版社,2004.

[152] 上海市人民政府.上海市国民经济和社会发展第十一个五年规划纲要[M].上海:上海人民出版社,2016.

[153] 国务院.关于推进上海加快发展现代服务业和先进制造业建设国际金融中心和国际航运中心的意见:国发〔2009〕19号[EB/OL].人民日报.(2009-4-14).https://wenku.baidu.com/view/d5c93d29dd80d4d8d-15abe23482fb4daa58d1d95.html.

[154] 上海市人民政府.上海市国民经济和社会发展第十二个五年规划纲要[M].上海:上海人民出版社,2011.

[155] 上海市人民政府.上海市城市总体规划(1999—2020)[EB/OL].上海2035,2001.https://www.supdri.com/2035/index.php?c=channel&molds=oper&id=5.

[156] 上海市人民政府.上海市国民经济和社会发展十五计划[EB/OL].一网通办,2001.https://www.shanghai.gov.cn/nw4043/index.html.

[157] 中共中央关于构建社会主义和谐社会若干重大问题[N].新华社.(2006-10-18).http://cn.chinagate.cn/reports/2007-02/01/content_2365493.htm.

[158] 孟兆敏,吴瑞君.快速城镇化背景下城市公共资源有效性评价[M].北京:中国社会科学出版社,2016.

[159] 国家发展改革委.2021年新型城镇化建设和城乡融合发展重点任务:发改规划〔2021〕493号[EB/OL].规划司,(2021-4-13).https://www.ndrc.gov.cn/xwdt/tzgg/202104/t20210413_1272201.html?code=&state=123.

[160] 中华人民共和国国民经济和社会发展第十四个五年规划和2035年远景目标纲要[EB/OL].新华社,(2021-3-12).http://zrzyhghj.zhumadian.gov.cn/web/front/news/detail.php?newsid=205901.

[161] 黄国华.我国城市郊区化的动因、特点及路径[J].江海纵横,2011,000(008):17-19.

[162] 周婕,罗道,谢波.2000—2010年特大城市流动人口空间分布及演变特征——以北京、上海、广州、武汉等市为例[J].城市规划学刊,2015(6):56-62.

[163] 朱静.城市居住空间分异的结构与文化解释[J].城市问题,2011(04):55-60.

[164] 杜德斌,崔裴.论住宅需求,居住选址与居住分异[J].经济地理,1996,016(001):82-90.

[165] 王桂新.新中国人口迁移70年:机制、过程与发展[J].中国人口科学,2019(5):2-14.

[166] 中共中央,国务院.国家新型城镇化规划(2014-2020)[EB/OL].新华社,(2014-3-17). http://www.gov.cn/xinwen/2014-03/17/content_2639873.htm.

[167] 穆光宗.树立中国特色的"人口优化观"[J].党政干部参考,2013(4):20-20.

[168] [法]亨利·列斐伏尔.空间与政治[M].第2版.李春,译.上海:上海人民出版社,2008.

[169] Terry, Nichols, Clark. Mahing Culture Into Magic: How Can it Bring Tourists and Residents? [J]. International Review of Public Administration,2007(12):13-25.

[170] Gottdiener, M., Pickvance, C. G. Urban life in Transition[M]. Thousand Oaks: Sage Publications,1991.

[171] Echazarra A. Segregación Residencial de Los Extranjeros en al Drea Metropolitan de Madrid: Un Análisis Cuantitativo[J]. Revista Internacional de Sociología,2010(68):165-197.

[172] 王佃利,于棋.空间生产与新型城镇化差异空间的塑造[J].福建论坛:人文社会科学版,2017,000(009):148-154.

[173] 陆小成.空间正义视域下新型城镇化的资源配置研究[J].社会主义研究,2017(1):120-128.

[174] 乔洪武,曹希.新型城镇化建设必须重视空间正义[N].光明日报,2014:http://theory.rmlt.com.cn/2014/0618/281062.shtml.

[175] 新华网评.新型城镇化是贪大求快的克星[N].中华人民共和国中央人民政府门户网站,2013:https://baike.baidu.com/reference/9899627/

7601ZMsWs8IRpRe ＿ D8c ＿ JukZRFvmMwm6s1rjUzfRS8dlcxlL ＿ dc-
tMIVWIKaMQuCqQF0d8HUrD7zq83wSJXqD6FCysAUGMsx4uvUuOC-
MFxbZSg.

[176] 郑红.新型城镇化:走出资本扩张空间悖论的现实路径[J].求实,2015,415
(11):69－75.

[177] 余佳,丁金宏.大都市居住空间分异及其应对策略[J].华东师范大学学报:
哲学社会科学版,2007(01):72－77.

[178] 国家发展改革委.关于培育发展现代化都市圈的指导意见:发改规划
〔2019〕328 号.发展改革委网站,(2019－2－21).http://www.gov.cn/
xinwen/2019－02/21/content_5367465.htm.

[179] 陆小成.新型城镇化的空间生产与治理机制——基于空间正义的视角[J].
城市发展研究,2016,23(9):94－100.

[180] 黎石秋.新型城镇化应以人为本[N].湖南日报,2013:http://theory.
people.com.cn/n/2013/0529/c40531－21662504.html.

[181] 王志刚.差异的正义:社会主义城市空间生产的价值诉求[J].思想战线,
2012,038(004):121－124.

[182] 陆学艺.当代中国社会流动[M].北京:社会科学文献出版社,2004.

[183] 魏宗财,甄峰,秦萧.广州市保障房住区居住环境品质及其制度影响因素
研究[J].地理科学,2020,40(01):92－99.

[184] 陈燕.新型城镇化战略对城市居住空间分异影响研究[J].南京社会科学,
2014,000(012):23－29.

[185] 尹德挺.人口有序管理的国际经验与中国实践——基于流动人口服务管
理的视角[J].人口与经济,2012,000(002):18－24.

[186] Tiebout C M. A Pure Theory or Local Expenditure[J].Journal of
Political Economy,1956,64(5):416－424.

[187] 顾朝林,克斯.北京社会极化与空间分异研究[J].地理学报,1997,52(5):
385－385.

[188] 孟兆敏,潘鑫.基础教育资源配置对上海市人口空间演变的影响[J].城市
问题,2018,274(05):34－45.

[189] 刘厚莲,韩靓.深圳市人口空间分布及其优化路径[J].城市观察,2019,64
(06):61－71.

[190] 国务院发展研究中心社会发展研究部课题组.上海城市人口总量控制与

结构优化研究[J].科学发展,2014,000(005):69-81.

[191] 焦斌龙.市场起决定性作用的深刻内涵[N].山西日报,2014.2:http://theory.people.com.cn/n/2014/0225/c40531-24456949.html.

[192] 李长学.新马克思主义城市空间理论与中国新型城镇化理论比较研究[D].中共中央党校,2018.

[193] 吴磊,黎斌,晁恒,李贵才.城市,空间与权力:城市政治地理研究的论域,路径与态势[J].城市发展研究,2020,027(004):37-42.

[194] 国家发展改革委.基本公共服务标准(2021年版)[EB/OL].新华社,(2021-4-21).http://www.gov.cn/xinwen/2021-04/20/content_5600891.htm.

[195] 孙全胜.空间正义的价值诉求及实现路径[J].学术交流,2020,31(12):55-67.

[196] 国家发展改革委.2020新型城镇化建设和城乡融合发展重点任务:发改规划〔2020〕532号[EB/OL].规划司,(2020-4-9).https://www.ndrc.gov.cn/xxgk/zcfb/tz/202004/t20200409_1225431_ext.html.

[197] 谢伏瞻."迈向'十四五'的城市中国:人文、智慧与生态"[C].中国城市百人论坛2020年会,2020.

[198] 袁超.马克思主义城市空间正义理论在西方的发展脉络及其理论贡献[J].伦理学研究,2020(3):13-18.

[199] 曹现强,张福磊.空间正义:形成,内涵及意义[J].城市发展研究,2011,18(004):后插1-后插5.

[200] 高向东,孙文慧,郑敏.上海城市人口郊区化的经济因素分析[J].中国人口·资源与环境,2006(03):62-65.

[201] 中共北京市委,北京市人民政府.北京市2016—2035城市总体规划[EB/OL].北京日报,(2017-9-30).http://www.gov.cn/xinwen/2017-09/30/content_5228705.htm.

[202] 上海市人民政府.上海市城市总体规划(2017—2035)[EB/OL].上海发布,(2018-1-4).https://www.shio.gov.cn/TrueCMS/shxwbgs/2018n_1y_fbtp/content/e7c97c76-86c0-4cce-9321-8ef27691434e.html.

[203] 天津市人民政府.天津市城市总体规划(2015—2020)[EB/OL].天津市规划和自然资源局,(2020-12-31).http://ghhzrzy.tj.gov.cn/ywpd/cxgh_43015/ghgs/202012/t20201231_5278487.html.

[204] 刘焱.关于天津城市功能区域划分的研究[C].纪念中国地学会在津成立100周年纪念大会暨学术报告会.中国地理学会;天津市地理学会,2009.

[205] 南京市人民政府.南京市总体规划(2018—2035)[EB/OL].南京市规划局.(2018 - 12 - 25).http://www.nanjing.gov.cn/hdjl/zjdc/yjzj/bqzj/201812/t20181225_1347617.html.

[206] 广州市人民政府.广州市城市总体规划(2017—2035)[EB/OL].南方日报,(2018 - 2 - 26).http://www.gd.gov.cn/gdywdt/dsdt/content/post_83084.html.

[207] 冯健,周一星.北京都市区社会空间结构及其演化(1982—2000)[J].地理研究,2003(22):465 - 483.

[208] 江苏省人民政府办公厅.关于推动非户籍人口在城市落户的实施意见:苏政办发〔2019〕90 号[EB/OL].江苏省人民政府公报,(2019 - 12 - 24).http://www.jiangsu.gov.cn/art/2019/12/31/art_46144_8896994.html.

[209] 谢桂华.中国流动人口的人力资本回报与社会融合[J].中国社会科学,2012(4):103 - 124.

[210] Doeringer.P.B. and Piore.M.J. Internal Labor Markets and Manpower Analysis[M]. Lexington.MA:D.C.Heath.1971.

[211] 边燕杰,李路路,李煜,郝大海.结构壁垒,体制转型与地位资源含量[J].中国社会科学,2006,000(005):100 - 109.

[212] 许欣欣.从职业评价与择业取向看中国社会结构变迁[J].社会学研究,2000,015(003):69 - 87.

[213] 许欣欣.社会,市场,价值观:整体变迁的征兆——从职业评价与择业取向看中国社会结构变迁再研究[J].社会学研究,2005(4):82 - 119.

[214] 李春玲.当代中国社会的声望分层——职业声望与社会经济地位指数测量[J].社会学研究,2005(02):74 - 102.

[215] 李强,刘海洋.变迁中的职业声望——2009 年北京职业声望调查浅析[J].学术研究,2009,12(9):34 - 42.

[216] 折晓叶,陈婴婴.中国农村"职业—身分"声望研究[J].中国社会科学,1995(06):83 - 95.

[217] 李强.当代中国社会分层:测量与分析[M].北京:北京师范大学出版集团,2015.

[218] 李路路.社会结构阶层化和利益关系市场化——中国社会管理面临的新

挑战[J].社会学研究,2012,000(002):1-19.

[219] 韩俊.走出二元结构:农民工、城镇化与新农村建设[M].北京:中国发展出版社,2006.

[220] 陆学艺.破除城乡二元结构,实现城乡经济社会一体化[J].社会科学研究,2009(4):104-108.

[221] 孙立平.城乡之间的"新二元结构"与农民工流动[C]//李培林主编.农民工——中国进城农民工的经济社会分析[M].北京:社会科学文献出版社,2003.

[222] 侯力.从"城乡二元结构"到"城市二元结构"及其影响[J].人口学刊,2007(2):32-36.

[223] 甘满堂.城市农民工与转型期中国社会的三元结构[J].福州大学学报(哲学社会科学版),2001,15(4):30-30.

[224] 李强,王昊.中国社会分层结构的四个世界[J].社会科学战线,2014(09):174-187.

[225] 王春兰,杨上广.上海社会空间结构演化:二元社会与二元空间[J].华东师范大学学报(哲学社会科学版),2015,47(006):30-37.

[226] 李扬,刘慧,金凤君,汤青.北京市人口老龄化的时空变化特征[J].中国人口资源与环境,2011(11):131-138.

[227] 高军波,周春山,江海燕,等.广州城市公共服务设施供给空间分异研究[J].人文地理,2010,025(003):78-83.

[228] 郑思齐.公共品配置与住房市场互动关系研究述评[J].城市问题,2013,000(008):95-100..

[229] 黄荣清.1980年代以来北京市城市化过程中人口分布的变化[J].人口研究,2005(05):21-28.

[230] 任远,张放.城市化阶段和大城市地区不同区域人口空间变动——以上海静安区、浦东新区和南汇区为例[J].人口学刊,2006(04):35-39.

[231] Waldfogel J. The Median Voter and the Median Consumer:Local Private Goods and Residential Sorting[J]. NBER Working Papers,2006,63(2):567-582.

[232] Wu F L. China's Emerging Cities:The Making of New Urbanism[M]. London:Routledge,2007.

[233] 金桥.关于优化社区人口结构、促进大居健康发展的调研报告[J].社会学

（智库报告），2016,000(002)：24－29.

[234] 李铁立,李诚固.区域产业结构演变的城市化响应及反馈机制[J].城市问题,2003(5)：50－55.

[235] 赵成伟,孙启明.京津冀人口与第三产业分布匹配研究——兼论影响首都人口疏解效果的因素[J].求是学刊,2018,045(006)：53－60.

[236] 毛中根,叶胥.全面建成小康社会与中国居民消费发展[J].南京大学学报（哲学·人文科学·社会科学），2016,053(003)：53－61.

[237] 李力行.周广肃.代际传递、社会流动性及其变化趋势[J].浙江社会科学,2015(4)：9－15.

[238] 吴瑞君.外来人口聚居区的教育问题及其管理创新研究——以上海为例[J].华东师范大学学报（哲学社会科学版），2012(7)：16－23.

[239] MacKinnon，D. P. Introduction to Statistical Mediation Analysis[M]. New York：Routledge,2008.

[240] 王培,王焱鑫,崔巍.面板数据的因子分析[J].贵州大学学报：自然科学版,2009,26(006)：10－13.

[241] 郑兵云.多指标面板数据的聚类分析及其应用[J].数理统计与管理,2008,027(002)：265－270.

[242] 孟兆敏.城市公共资源配置的有效性评价[D].上海：华东师范大学,2013.

[243] 陈强.高级计量经济学及 STATA 应用[M].北京：高等教育出版社,2014.

[244] 高铁梅.计量经济分析方法与建模：EVIEWS 应用及实例[M].北京：清华大学出版社,2009.

[245] 上海市人民政府.上海市每个郊区县都有一家三级医院[R/OL]（2012－12－25)：http://www.gov.cn/gzdt/2012－12/25/content_2298064.htm.

[246] 政务院.政务院关于改革学制的决定[N].人民日报,（1951－10－3).http://www.ce.cn/xwzx/gnsz/szyw/200705/28/t20070528_11515563.shtml.

[247] 曾晓东,周惠.城市幼儿教育体制改革问题的提出及改革建议[J].幼儿教育·教育科学,2009,000(003)：1－5,8.

[248] 佚名.关于扩大医疗卫生服务有关问题的意见[J].广州市政,1989(9).

[249] 葛延风,丁宁宁,贡森,等.对中国医疗卫生体制改革的评价与建议（概要与重点)[J].中国发展评论：中文版,2005,7(A01)：1－14.

[250] 曲正伟.秩序的扩展：改革开放三十年我国教育政策的演进路径[J].教育

理论与实践,2010(04):21-24.

[251] 李景源,陈威.中国公共文化发展服务报告[M].北京:社会科学文献出版社,2007.

[252] 黄金平,汪建强.上海改革开放40年[N].澎湃新闻,2018-10-1:http://finance.sina.com.cn/china/2018-10-01/doc-ihkvrhpr8363667.shtml.

[253] 金桥,徐佳丽.上海大型居住社区的特征、问题与未来发展——基于2014年问卷调查数据的分析[J].城市与环境研究,2016(1):15-28.

[254] 朱锡金.对大型居住社区的概念认知和上海住宅建设发展的断想[J].上海城市规划,2011,000(003):3-6.

[255] 周俭,黄怡.营造城市大型居住社区的多样性[J].上海城市规划,2011,000(003):22-25.

[256] 尹维娜,徐靓.从大型居住社区到新市镇——上海金山北站大型住区规划思考[J].城市规划学刊,2012,000(0z1):154-158.

[257] 马士江,许俭俭.大都市郊区大型居住社区交通支撑优化和提升思考——以上海市松江南站大型居住社区为例[C].中国城市规划年会论文,2012.

[258] 张翔.大型居住社区交通规划研究——以上海市嘉定黄渡大型居住社区交通规划为例[J].交通与运输,2013(05):16-18.

[259] 周素红,程璐萍,吴志东.广州市保障性住房社区居民的居住—就业选择与空间匹配性[J].地理研究,2010,29(010):1735-1745.

[260] 中国(海南)改革发展研究院.基本公共资源与中国人类发展[M].北京:中国经济出版社,2008.

[261] 高向东.大城市人口分布变动与郊区化研究[M].上海:复旦大学出版社,2004.

[262] 邱雪忠.级差地租理论在旧城改造中的应用[J].商场现代化,2007,000(02X):379-380.

[263] 沈彩蓉.上海轨道交通投资建设模式的改革[J].上海城市管理,2004(04):62,61.

[264] 王洁敏,凌凯敏.注重解决民生问题,徐汇区发布首批10个区级标准[N].东方网,2018:http://city.eastday.com/gk/20181219/u1ai12090915.html.

[265] 赵燕菁.伟大的七十年——中国城市规划演进的资本—货币视角[J].城市规划,2019,43(09):17-21.

[266] 上海易居房地产研究院.综合体撬动上海城市副中心的新发展[J].住宅与房地产,2011(1):16-20.

[267] Barry M,Dalton T. Housing prices and policy dilemmas:a peculiarly Australian problems? [J]. Urban Policy and Research,2004,22(1):69-71.

[268] 石忆邵,李木秀.上海市住房价格梯度及其影响因素分析[J].地理学报,2006,61(006):604-612.

[269] 孟兆敏,张健明.上海市人口调控政策的评价研究[J].西北人口,2016,37(3):59-66.

[270] 彭震伟,路建普.上海城市人口布局优化研究[J].城市规划学刊,2002(02):21-26,79.

[271] 翟振武,侯佳伟.北京市外来人口聚集区:模式和发展趋势[J].人口研究,2010(01):30-42.

[272] 杜鹏.我国教育发展对收入差距影响的实证分析[J].南开经济研究,2005,000(004):47-52.

[273] 刘艳.论教育对第二次世界大战后美国社会阶层流动的影响[J].学术论坛,2007(01):183-185.

[274] 李强.中国中产社会形成的三条重要渠道[J].学习与探索,2015(2):11.

[275] 刘运华,查啸虎.完善教育选择功能促进弱势阶层子女的上升流动[J].教育科学论坛,2008(03):11-12.

[276] 李路路,石磊,朱斌.固化还是流动?——当代中国阶层结构变迁四十年[J].社会学研究,2018,33(6):1-36.

[277] 上海市教委.上海市新优质学校集群发展三年行动计划(2015—2017 年)[EB/OL].青年报,(2015-11-9). http://app.why.com.cn/epaper/qnb/html/2015-11/19/content_275192.htm.

[278] 王旭.美国城市历史[M].北京:中国社会科学出版社,2000.

[279] 刘艳艳.美国城市郊区化及对策对中国城市节约增长的启示[J].地理科学,2011,31(7):891-896.

[280] 田东海.美国城市的居住差异现象分析[J].国外城市规划,1998,02(2):11-11.

[281] 杨上广.大城市社会极化的空间响应研究——以上海为例[D].上海:华东师范大学,2005.

[282] 叶齐茂.发达国家郊区发展系列谈之一——英国人的郊区:介于美国和大陆欧洲郊区之间[J].小城镇建设,2008(04):42-49.

[283] 吕洪业,沈桂花.英国住房保障政策的演变及启示[J].行政管理改革,2017(6):4.

[284] 刘乃全,周效门,刘学华,姜乾之.转型关键期上海优化人口空间结构的政策建议[J].科学发展,2014(10):84-88.

[285] 刘健.城市快速发展时期的社会住房建设:法国的教训与启发[J].国际城市规划,2012(04):7-16.

[286] 郑希黎.1970年以来法国城市更新政策的演变及特征[C].2018中国城市规划年会.2018.

[287] 厉基巍,毛其智,有田智一,秋原雅人.近代日本老工业城市发展过程中"社宅街"的形成、演变及改良[J].城市发展研究,2010(5):30-34.

[288] 王猛,邓国胜.日本城市近郊农村混住社会的治理模式及其对中国的启示[J].中国第三部门研究,2019,000(002):45-64.

[289] 俞慰刚.日本城市问题研究[M].上海:华东理工大学出版社,2016.

[290] 廖文剑.西方发达国家基本公共服务均等化路径选择的经验与启示[J].中国行政管理,2011(03):97-100.

[291] 张忠利,刘春兰.发达国家基本公共服务均等化实践及其启示[J].中共天津市委党校学报,2013,000(002):72-76.

[292] 刘贤腾.东京的轨道交通发展与大都市区空间结构的变迁[J].城市轨道交通研究,2010(11):6-12.

[293] 王家录,张磊,娄昭.加拿大城乡公共服务均等化经验借鉴及启示[J].世界农业,2011(06):36-40.

[294] 孙斌栋,魏旭红.多中心能够缓解城市拥挤吗?——关于上海人口疏解与空间结构优化的若干认识[J].上海城市规划,2015,000(002):56-59.

[295] 周皓.中国人口流动模式的稳定性及启示——基于第七次全国人口普查公报数据的思考[J].中国人口科学,2021,35(3):28-41.

[296] 住房和城乡建设部.住房租赁销售管理条例(征求意见稿)[EB/OL].住建部信息中心,(2017-5-19).https://wenku.baidu.com/view/0de3475e01768e9951e79b89680203d8cf2f6a4a.html.

[297] 国务院.中共中央国务院关于新时代加快完善社会主义市场经济体制的意见[EB/OL].新华网,(2020-5-18).http://www.gov.cn/xinwen/

2020－05/18/content_5512696.htm.

［298］中共中央办公厅,国务院办公厅.关于建立健全基本公共服务标准体系的指导意见［S］.新华网,(2018－12－12). http://www.xinhuanet.com/politics/2018－12/12/c_1123843910.htm.

［299］上海市住房和城乡建设管理委员会.城市居住地区和居住区公共服务设施设置标准［M］.上海:同济大学出版社,2020.5.

［300］上海市卫生健康委员会.上海市社区卫生服务机构功能与建设指导标准:沪卫规〔2020〕011号［S］.上海市卫生健康委员会网站.(2020－8－21). https://wsjkw.sh.gov.cn/zcfg2/20200821/5ff26ab290c2475d89cd21b28ed7d0c7.html.

［301］国家发改委等.国家基本公共服务标准(2021年版)［S］.新华社.(2021－4－20). http://www.gov.cn/xinwen/2021－04/20/content_5600891.htm.

［302］上海市人民政府.上海市基本公共服务"十四五"规划:沪府发〔2021〕5号［EB/OL］.一网通办.(2021－5－31). https://www.shanghai.gov.cn/nw12344/20210531/b1955844fbec439d9168f90d6fb54b60.html.

索 引